ESG
경영의 초석

환경 경영

ESG경영의 초석

환경경영

초판 1쇄 인쇄일 2022년 2월 18일
초판 1쇄 발행일 2022년 2월 25일

지은이 손준호
펴낸이 양옥매
디자인 김영주

펴낸곳 도서출판 책과나무
출판등록 제2012-000376
주소 서울특별시 마포구 방울내로 79 이노빌딩 302호
대표전화 02.372.1537 **팩스** 02.372.1538
이메일 booknamu2007@naver.com
홈페이지 www.booknamu.com
ISBN 979-11-6752-123-1 [03320]

ESG 경영의 초석

환경경영

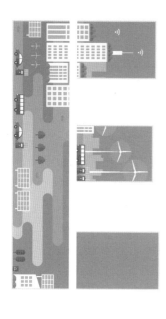

손준호 지음

지속 가능한 발전을 위한 경영전략

책나무
과무

머리말

코로나19가 촉발하고 기후변화 및 환경오염 등의 다양한 원인으로 인하여 기업 경영에 있어서도 화두가 되는 관점이 재무적인 요소에서 비재무적인 요소로 옮겨지고 있다. 최근 들어 'ESG경영'이라는 키워드가 자주 눈에 보이는 이유도 같은 맥락이다. 다양한 이해관계자의 니즈가 ESG를 요구하고 있는 까닭이기도 하다.

'ESG'란 'Environment', 'Social', 'Governance'의 머리글자를 딴 단어로, 기업 활동에 친환경, 사회적 책임 경영, 지배구조 개선을 통해 지속 가능한 발전을 할 수 있다는 철학을 담고 있다. 우리나라 정부도 마찬가지로 사업을 영위하고 있는 기업체들에게 ESG 의무 공시를 요구하였고, 유럽연합 역시 기업의 환경경영, 인권경영 등의 활동을 의무적으로 시행하도록 입법을 추진하고 있다.

기존에 이윤만을 추구하던 경영 구조에서는 등한시되었던 이 요소들이 이제 더 이상 등한시되지 않도록 다양한 이해관계자들이 주시하고 있다. 물론 그 이해관계자들의 범위에 소비자들도 포함되고 있기에 결국에는 이윤을 추구하기 위해서는 ESG를 고려하여야 한다는 결론이 도출된다. ESG가 기업의 생존에 미치는 영향이 커진 만큼, 기업도 ESG를 고려한 경영전략을 수립하여 지속 가능한 경영을 위한 접근이 되어야 한다.

이 책에서는 새로운 패러다임으로 부각되는 ESG의 이해를 돕기 위해

ISO 국제표준화기구에서 제정된 환경경영시스템 표준을 풀이하여 ESG의 초석이 되는 환경경영시스템의 수립, 실행 및 유지를 위한 접근을 지원하고 있다.

환경경영을 우선적으로 적용하여 ESG경영에 어떻게 대비해야 할지 대응 전략 등을 탐구할 수 있도록 할 것이며, 환경경영에 대한 방향성을 이끌어 내는 방법론을 토대로 기업의 사회적 책임과 지배구조의 역할을 적용하는 방안에 대해서도 고심할 수 있는 기회가 되기를 바란다.

2022년 2월

소준호

차례

머리말 · · · 4

제1부 환경경영시스템

1. 국제 환경 동향 · · · 12
2. 환경경영시스템 개요 · · · 65
3. ISO 14000의 제정과 체계 · · · 69

제2부 HLS, RBT (Risk-based Thinking)

4. HLS(High Level Structure) · · · 78
5. 리스크 기반 사고(Risk-based thinking) · · · 84

제3부 환경측면 및 환경영향

6. 환경측면 및 환경영향평가 개요 · · · 94
7. 환경측면/환경영향의 정의 · · · 95
8. 환경측면/환경영향의 평가 절차 · · · 100

제 4부 ISO14001:2015 요구사항 및 사용지침

머리말 · · · 108

개요 · · · 110

환경경영시스템 – 요구사항 및 사용지침 · · · 116

1. 적용범위 · · · 116
2. 인용 표준 · · · 117
3. 용어와 정의 · · · 117
4. 조직의 상황 · · · 123
5. 리더십 · · · 126
6. 기획 · · · 131
7. 지원(support) · · · 146
8. 운용 · · · 158
9. 성과 평가 · · · 164
10. 개선 · · · 174
11. 부속서 A (참고) · · · 179
12. 부속서 B (참조) · · · 205
    참고문헌 · · · 208
    용어 색인 · · · 209

제5부 지원 기법

1. 환경라벨링(EL: Environmental Labeling) · · · 212
2. 환경성과평가(EPE: Environmental
   Performance Evaluation) · · · 226
3. 전과정평가(LCA: Life Cycle Assessment) · · · 244
4. 녹색경영시스템(GMS: Green
   managements system) · · · 258

제6부 법규 및 기타 요구사항

1. 국내 환경 관련 주요 법규 · · · 268
2. 국내 환경법의 체계 · · · 283
3. 주요 국내 환경법 요약 · · · 284
4. 환경 관련 법규 소개 · · · 287
5. 환경기준 · · · 291
6. 자연환경보존법 주요 내용 · · · 299
7. 대기환경보존법 주요 내용 · · · 307
8. 수질 및 수생태계 보전에 관한 법률 주요 내용 · · · 316
9. 소음 · 진동관리법 주요 내용 · · · 320
10. 폐기물관리법 주요 내용 · · · 322

제1부 **환경경영시스템**

1. 국제 환경 동향
2. 환경경영시스템 개요
3. ISO 14000의 제정과 체계

1
국제 환경 동향

1) 21세기 환경문제와 기후변화

21세기 지구는 화석연료의 과다한 사용으로 인한 이산화탄소(CO_2)의 급격한 배출량으로 대기권에 체류하는 에너지가 증가해 기온이 크게 상승하여 지구온난화 현상을 겪고 있다. 그뿐만 아니라 수자원에 대한 부실한 관리로 인해 세계적으로 심각하게 물이 부족해 인간의 생존마저 위협하는 물 부족 현상, 폭발적인 인구 증가로 인한 환경의 질적 저하와 자원 소비에 의한 환경 파괴, 그리고 오존층 파괴에 따른 환경문제, 줄어드는 산림과 농경지 면적의 감소에 따른 환경문제 등의 문제가 대두되고 있다.

(a) 미래의 도전 10대 과제

우리가 미래에 직면할 가장 중요한 도전은?

① 에너지(Energy)

② 물(Water)

③ 식량(Food)

④ 환경(Environment)

⑤ 빈곤(Poverty)

⑥ 테러 및 전쟁(Terrorism & War)

⑦ 질병(Disease)

⑧ 교육(Education)

⑨ 민주적 사회(Democracy)

⑩ 인구(Population)

2008년: 60억 명
2050년: 100억 명

※ 에너지가 부족하면, 테러 및 전쟁 위험은 높아지고 물과 식량 공급
은 낮아지며, 질병은 늘어 갈 것이다.

(b) 국제사회의 움직임

① 환경 위기와 자원 위기 동시 직면

- 기상재해와 생태계 파괴 등으로 인류의 생존 위협

- 에너지 다소비체계 지속 시 기후변화로 인한 경제 손실 전망: 매년
  세계 GDP의 5~20%('06, 스턴보고서)

- 개도국의 경제개발, 인구 증가 등에 따른 에너지 · 자원 부족 및 가
  격 상승

〈미래를 위협하는 3대 트렌드('08.9. 토마스 프리드만)〉

Hot(지구온난화), Flat(세계화와 중산층 확산), Crowded(인구 증가)
※ 3대 트렌드는 동시에 복합적으로 작용하여 문제를 더욱 심화시킴
① 기후변화 ② 자원수요 증가 ③ 독재산유국으로의 부의 이동 ④ 에너지 양극화
⑤생물다양성 감소

② 세계는 지금 Green Race 중

- 선진국은 자원의 효율적 이용과 환경오염 최소화에 국력 집중

- '요소 투입' 위주의 기존 경제성장은 환경적 · 경제적 측면에서 한계
  도달

- 녹색기술 육성 및 환경 규제를 통한 새로운 성장 동력 추진

- "빈곤은 위계적이지만, 스모그는 민주적이다." (울리히 벡 뮌헨대 교수)

(c) 세계 에너지 동향 및 전망

① 원별 에너지 수급 현황

- 세계 1차 에너지는 글로벌 경제성장과 함께 꾸준히 증가하여(연평균 2.4%) 12년 기준 134억toe를 공급

- 세계 GDP 성장률(World Bank) : ('90~'00) 2.9% → ('01~'12) 2.6%

- 에너지 원별 공급 구성을 보면 석유가 31.5%로 가장 많은 비중을 차지하고 있으며, 석탄(28.9%), 천연가스(21.3%) 순으로 공급

[세계 최종 에너지 소비원별 구성 현황]

(단위 : 백만toe)

구분	2000	2005	2010	2012	증가율 ('00~'12)
석유	3,124	3,450	3,619(41.4%)	6,652(40.7%)	1.3%
석탄	576	732	859(9.8%)	908(10.1%)	3.9%
천연가스	1,123	1,195	1,343(15.4%)	1,366(15.2%)	1.7%
전력	1,091	1,302	1,540(17.6%)	1,626(18.1%)	3.4%
열	247	259	272(3.1%)	287(3.2%)	1.3%
신·재생 등	927	992	1,107(12.7%)	1,139(12.7%)	1.7%
합계	7,088	7,930	8,741	8,979	2.2%

출처:World Energy Outlook 2014 New Policies scenario(IEA)

② 권역별 에너지 수급 현황

- 권역별 에너지 공급 현황을 보면, 중국과 중동, 그리고 아시아 국가들이 세계 에너지수요 증가를 주도

- 특히, 중국은 연평균 7.8%의 높은 에너지 공급 증가율을 보이며 '09년에는 미국을 추월하였으며, 세계 에너지의 5분의 1 이상을 차지

– 유럽, 미국 등 주요 선진국
들의 에너지 공급량은 감소
또는 둔화하는 추세

〈최종 에너지 소비 비중(2012년)〉

③ 세계 에너지 수요 전망

– 국제에너지기구(International
Energy Agency, IEA)에 따르면,
'40년 세계 에너지 수요는 신
규 에너지정책을 시행할 경우 '12년 대비 37% 증가한 182.9억toe에
이를 것으로 전망
– 이는 현재 에너지정책을 유지할 경우의 에너지 수요인 200.4억toe보
다 8.7% 절감된 수치
– 지속적으로 경제성장과 생활수준이 향상되고 있는 중국, 인도 및 중
동국가들이 향후 세계 에너지 수요 증가분의 60%를 차지

[세계 권역별 에너지 수요 비중 추이 및 전망]

(단위 : 백만toe)

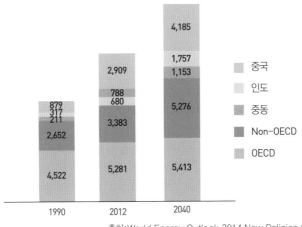

출처:World Energy Outlook 2014 New Policies scenario(IEA)

– 석탄, 석유, LNG 등 전통 화석연료는 2040년에도 여전히 주력 에너지로 사용될 예정이며(74%), 신재생에너지는 정책적 인센티브 및 기술 발전, 화석연료 가격 상승 등으로 공급 비중이 19%까지 확대될 전망

– 세계 최종 에너지 소비의 경우, 2040년까지 '12년 대비 약 40% 증가하여 125억toe에 달할 전망

[원별 · 부문별 세계 에너지 수요 전망]

구분	에너지 수요(백만toe)					비중(%)		증가율(%)
	1990	2012	2020	2030	2040	2012	2040	2012 ~ 2040
1차 에너지 공급	8,782	13,361	14,978	16,720	18,293	100	100	1.1
석탄	2,231	3,879	4,211	4,342	4,448	29	24	0.5
석유	3,232	4,194	4,487	4,689	4,761	31	26	0.5
LNG	1,668	2,844	3,182	3,797	4,418	21	24	1.6
원자력	526	642	845	1,047	1,210	5	7	2.3
수력	184	316	392	469	535	2	3	1.9
바이오 매스 / 폐기물	905	1,344	1,554	1,796	2,002	10	11	1.4
그 외 신 · 재생 에너지	36	142	308	581	918	1	5	6.9
최종에너지 소비	6,290	8,943	10,174	11,437	12,487	100	100	1.2
석탄	768	909	1,106	1,108	1,014	10	8	0.4
석유	2,607	3,642	4,009	4,329	4,477	41	36	0.7
LNG	947	1,339	1,575	1,875	2,191	15	18	1.8
전력	834	1,628	2,008	2,466	2,930	18	23	2.1

구분	에너지 수요(백만toe)					비중(%)		증가율(%)
	1990	2012	2020	2030	2040	2012	2040	2012 ~ 2040
열	335	287	305	321	327	3	3	0.5
바이오매스 / 폐기물	796	1,110	1,212	1,325	1,418	12	11	0.9
그 외 신 · 재 생 에너지	4	28	49	83	130	0	1	5.6

출처:World Energy Outlook 2014 New Policies scenario(IEA)

④ 에너지 주요 공급 루트

한국, 어느 국가에서 원유 도입하나
(단위: 만 배럴)
'2010년 기준. 자료: 지식경제부

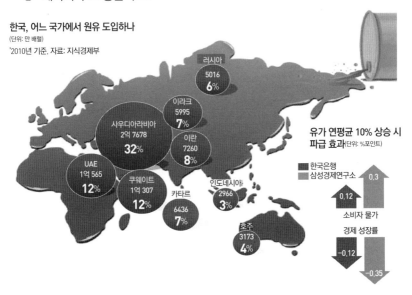

(d) 지구온도의 상승

- 화석연료에서 배출된 CO_2가 지구온난화의 주범

- 산업혁명(1800년대) 이후 대기 중의 CO_2 농도 대폭 증가(280 → 380PPM)

| 화석연료에서 배출된 CO_2가 기후변화의 주범임

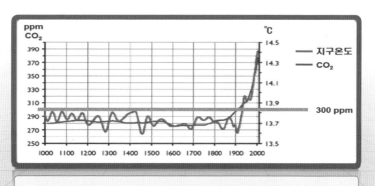

지난 40만년간 CO2 농도가 300ppm을 넘은 것은 20세기가 처음임

(e) 지구온난화의 영향

- 지난 100년간(1906~2005) 약 0.74℃ 상승, 평균 해수면은 20세기 동안 10~20㎝ 상승(IPCC 4차 보고서, 2007)
- 추운 날(서리 내리는 날): 모든 면적에서 감소
- 적설 면적: 1960년대 이후 면적 10% 감소
- 기상 관련 경제 손실: 과거 40년 동안 10배 증가

① 지구온난화로 인한 빙하 감소

[기온 상승으로 녹고 있는 알래스카 베링빙하] [킬로만자로산의 만년설 감소]

 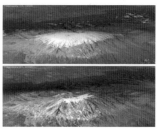

[극지방 빙하의 급격한 감소] 좌: 2005년, 우: 2007년

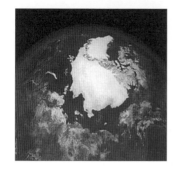 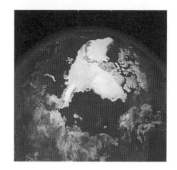

② 기상이변의 급증 및 규모 확대

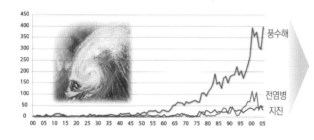

최근 20~30년간
자연재해 빈도
크게 증가

[美 플로리다주 해일] [루이지애나주 허리케인] [말라리아 발생 지역 확대]

③ 지구 평균 온도 상승에 따른 영향

기온 상승	물	식량	보건	육지	자연환경
1℃	안데스산맥의 작은 빙하 소멸	온대성지역 곡식량 소폭 증가	연간 최소 30만 인구 기후 관련 질병으로 사망	캐나다, 러시아 등 한대지역의 해빙으로 건물 및 도로 손상	최소 10%의 생물 멸종 위기
2℃	남아프리카, 지중해 등 기후 변화 취약 지역 물 공급량 20~30% 감소	열대 지역 농작물 대폭 감소	아프리카 인구의 최대 6,000만 명 말라리아에 노출	매년 1,000만 명 해안지역 홍수로 피해	15~40% 생물 멸종 위기
3℃	남유럽에서 10년마다 심각한 가뭄 발생	1.5~5.5억 명 추가로 기근에 노출	100만~300만 명 영양실조로 사망	매년 최대 1.7억 명 해안 지역 홍수로 피해	20~50% 생물 멸종 위기
4℃	남아프리카 및 지중해의 물 공급량 30~50% 감소	아프리카 농작물 15~35% 감소	아프리카 인구 최대 8,000만 명 말라리아에 노출	매년 최대 3억 명 해안지역 홍수로 피해	북극지방 동토대의 절반 상실
5℃	히말라야 대빙하 소멸	해양 산성화 가속화	-	해수면 상승으로 플로리다 등 저지대 해안지역과 뉴욕, 런던, 도쿄 등 수장	-

(f) 한반도에 미치는 기후변화의 영향

- 21세기 말 서해안과 동해안 중부까지 아열대 기후구 북상 전망
- 2100년 해수면 상승(1m)으로 여의도 면적의 300배가량 침수
- 서울 연평균 온도 100년간 2.4℃ 상승
- 서울의 온난화 속도는 전 세계 평균의 3배
- 연 강수량은 1,156㎜에서 1,580㎜로 27% 증가
- 한반도 '생물지도'의 변화
- 냉수성 어종(명태, 도루묵 등)의 생산 급감, 온수성 어종(오징어, 고등어 등)의 생산량 증가

– 아열대 기후대 증가로 사과 생산량은 감소한 반면 복숭아, 감귤 재
배 면적은 약 7배로 증가

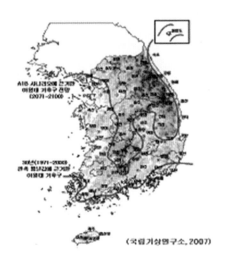

(국립기상연구소, 2007)

(g) **기후변화의 원인**

– 기후변화는 온실가스로 인한 지구온난화의 결과
– 대표적 온실가스인 CO_2의 84%는 에너지 사용 과정에서 발생
– 6대 온실가스: CO_2(이산화탄소), CH_4(메탄), N_2O(아산화질소), PFCs(과
불화탄소), HFCs(수소불화탄소), SF_6(육불화황)

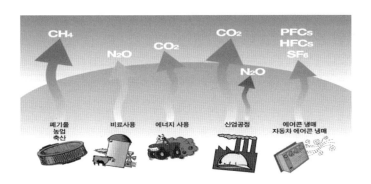

(h) 기후변화 문제 대두

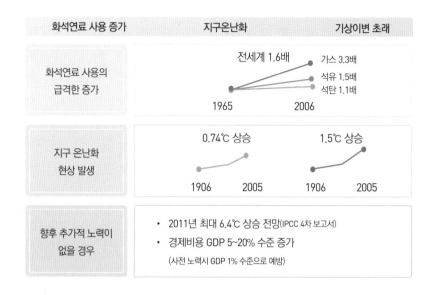

화석연료 사용 증가	지구온난화	기상이변 초래
화석연료 사용의 급격한 증가	전세계 1.6배 1965 → 2006	가스 3.3배 석유 1.5배 석탄 1.1배
지구 온난화 현상 발생	0.74℃ 상승 1906 2005	1.5℃ 상승 1906 2005
향후 추가적 노력이 없을 경우	• 2011년 최대 6.4℃ 상승 전망(IPCC 4차 보고서) • 경제비용 GDP 5~20% 수준 증가 　(사전 노력시 GDP 1% 수준으로 예방)	

(i) 글로벌 온실가스 감축시나리오 및 감축수단(IEA)

① 전 세계 대기 중 CO_2 농도

- 금세기 말까지 1,000PPM으로 상승할 전망(평균온도 6℃ 상승)

- CO_2 농도(현재 추세 유지 시): (산업혁명 이전) 280PPM → (현재) 380PPM → (2100년) 1,000PPM

② CO_2 농도 안정화 정책 시나리오

- CO_2 농도를 450PPM(평균온도 2℃ 상승)에서 안정화하기 위한 정책 시나리오 발표('09, IEA)

- 시나리오 추진 시 필요한 주요 감축수단으로 에너지 효율 개선, 신재생 에너지, 원자력 확대, CCS(Carbon Capture and Storage) 등을 제시

[에너지 효율 개선(에너지 절약,발전 효율 제고 등)이 전체 감축량의 약 60% 차지할 전망]

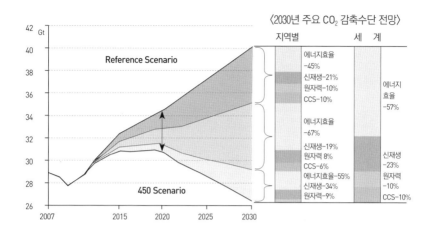

〈2030년 주요 CO$_2$ 감축수단 전망〉

(j) 기후변화 논의 주요 경과

[국제 기후 변화 동향]

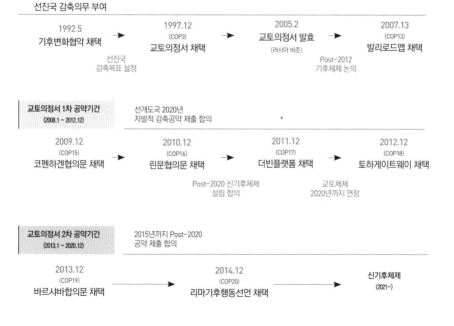

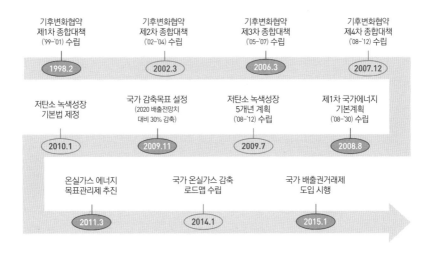

[국내 에너지 · 기후 변화 동향]

(k) 기후변화 대응 국제 논의 동향

- '92년, 리우 환경개발회의에서 '기후변화에 국제연합기본협약 (UNFCCC)' 채택

- '94년 3월, 기후변화에 국제연합기본협약(UNFCCC) 발효

- '97년, 선진국의 온실가스 의무 감축을 위해 교토의정서 채택

- '05년 2월, 교토의정서 발효

- '01년, 미국은 교토의정서 비준거부

- '06년 '아태 기후변화 파트너십'(별도체제) 출범(회원국: 미국, 한국, 일본, 중국, 호주, 인도), EU 배출권거래제 Phase Ⅰ('05~'07), Phase Ⅱ ('08~'12), Phase Ⅲ('13~'20) 추진

- '07년 12월, 2012년 이후 모든 선진국 및 개도국의 참여하는 기후 변화 대응 체제 마련을 위한 협상 개시(발리로드맵 채택)

- '08년, 교토의정서 제1차 공약 기간 개시(~'12년)

- '09년 12월, Post-2020 기후변화체제에 관한 구속적 합의를 위한 포괄적인 합의문 채택은 실패하였으나, 비공식 합의를 통해 코펜하겐 협정문(Copenhagen Accord)을 도출하여 향후 협상 진전의 토대 마련
- '10년 12월, 칸쿤 합의문 채택하여 지구 평균온도 상승을 2℃ 이하로 억제하기로 결정, 개도국에 대한 재정 지원 메커니즘(녹색기후기금) 설립 합의 등 공식화
- '11년 11월, 더반플랫폼을 채택하여 2020년 이후 모든 기후변화협약 당사국이 참여하는 법적 체계 설립 합의, 교토의정서 2차 공약 기간 연장 합의, 녹색기후기금 사무국 유치국 선정 절차 진행
- '12년 11월, 도하게이트웨이를 채택하여 교토의정서 개정을 통한 2차 공약 기간('13~'20) 확정, '07년 발리에서 시작된 기후변화 대응 장기협력 협상트랙(AWG-LCA) 종료, 2020년 이후 신기후체제 설립을 위한 더반플랫폼 특별작업반 논의 일정 합의, 녹색기후기금 사무국 송도 유치 최종 승인 등 합의
- '13년 11월, 바르샤바 결정문을 채택하여 모든 국가들이 2020년 이후의 감축 목표를 준비하여 2015년 말 제21차 당사국총회 이전까지 제출하기로 합의하는 한편, 산림 분야 '바르샤바 REDD+ 프레임워크', 적응 분야 '손실 및 피해 대응을 위한 바르샤바 국제 메커니즘' 신규 설립

(1) 최근 논의 동향

제20차 당사국총회(페루 리마, '14년 12월)

① 더반플랫폼 특별작업반

- 감축목표 등 각국의 기여(INDCs)의 범위, 제출 시기, 협의 절차, 제

출 정보 등 INDCs 관련 사항을 상당 부분 결정

- 범위: INDCs에 감축 목표를 중심으로 하되 적응 관련 사항(adaptation component)도 포함하는 것에 합의

- 제출 시기: INDCs 제출 준비가 된 국가는 2015년 3월까지, 여타 국가는 COP21에 충분히 앞서(well in advance of COP21) 제출하기로 한 제19차 바르샤바 당사국총회 결정문을 재확인

- 감축 목표 후퇴 방지: 각국이 현재의 감축 행동을 넘어서는 강화된 자발적 기여를 제출하도록(progression beyond the current undertaking of the Parties) 하는 것에 합의

② 신기후체제 협정문 준비

- 2015년 말 파리 당사국총회(COP21)가 채택하기로 한 신기후체제 협정문의 주요 항목이 포함된 문서(element paper)를 확정하였으며, 동 문서를 토대로 신기후체제 협정문안을 본격 조율할 예정

③ 2020년까지(Pre-2020)의 감축 강화

- 현재의 감축 목표가 산업화 이전 대비 지구 평균기온 상승을 2도 또는 1.5도 이하로 억제하기에는 미흡하다는 데 공감하고, 기존의 2020년까지의 기후변화 대응행동 이행에 대한 점검 절차와 감축 촉진 방안을 마련

[참고] 제20차 당사국총회(2014) 주요결과

(결정문 채택) 종료시한(12일)을 이틀 넘기는 협상 끝에 cop 결정문인 "Lima Call for Climate Action"을 채택, 14일(일) 02:30경(한국시간 14일(일) 16:30경) 폐막

- Post-2020 감축목표 등 각국의 기여(INDC; intended nationally determined comtribution) 제출 범위, 제출 시기, 협의 절차, 제출 정보 등을 담은 당사국총회 결정문 채택

- 제출 준비가 된 국가는 2015년 3월까지, 여타 국가는 COP21에 충분히 앞서(well in advance of COP 21) 제출, 사무국은 2015년 10월 1일까지 제출된 INDCs의 종합적 효과 (aggregate effect)에 대한 종합보고서(synthesis report)를 2015. 11. 1.까지 준비
- 감축 목표와 함께 적응 관련 사항도 함께 제출
- 감축목표와 함께 제출하여야 할 정보의 종류 결정
⇨ INDCs 작성, 제출에 관한 지침이 확정되어 많은 당사국이 내년에 감축목표 등을 담은 INDCs를 제출하여야 할 것으로 예상
• 2020년 이후 신기후체제를 규정하는 협정문("2015 Agreements") 작성을 위한 주요 요소 (elements) 도출

- 2015년까지 합의하기로 한 2020년 이후 신기후체제 합의문의 초안에 담길 주요 요소에 대한 공식문서(elements paoer) 마련
- 2015년 5월까지 협상문안 초안을 작성하도록 하여 본격적인 신기후체제 문안협상에 들어갈 준비를 마무리
• GCF의 초기 재원조성 목표액인 100억 불 초과 확보
• 2020년까지(Pre-2020)의 감축을 강화하기 위하여 기존의 2020년까지의 기후변화 대응 행동 이행에 대한 점검절차 마련

-추가적인 감축이 가능한 부문(신재생에너지,건축 도시 등)을 분석하여 기술보고서와 정책 결정자용 요약보고서를 작성하여 추가적인 감축을 유도하기로 합의

(m) 각국의 온실가스 감축 목표

[부속서 Ⅰ 국가의 교토의정서상 의무 감축 목표]

국가	1차 공약기간('08~'12)	2차 공약기간('13~'20)
EU 15개국	-8%	-20%
미국	-7%	없음
캐나다	-6%	없음
일본	-6%	없음
폴란드	-6%	-20%

국가	1차 공약기간('08~'12)	2차 공약기간('13~'20)
헝가리	-6%	-20%
크로아티아	-5%	-20%
뉴질랜드	0	없음
러시아	0	없음
우크라이나	0	-24%
노르웨이	+1%	-16%
호주	+8%	-0.5%
아이슬란드	+10%	-20%

* 미국은 교토의정서 비준 거부, 캐나다는 교토의정서 탈퇴('11.12월), 일본ㆍ뉴질랜드ㆍ러시아는 2차 공약기간 미 참여

** 교토의정서 개정('12.11월 , 제19차 당사국총회)으로 교토의정서 2차 공약기간('13~'20)동안 선진국 감축목표 재설정

['09년 코펜하겐 합의문에 따른 부속서 I 국가 감축 행동 서약 내용]

국가	기준년도	2020년 감축목표	참고사항
뉴질랜드	1990	10~20%	• 지구기온2℃이상 상승억제에 대한 국제적 합의 달성 • 선진국은 뉴질랜드 목표에 상응한 목표 설정 • 선발 및 다배출 개도국의 경우 자국의 능력에 맞춰 감축행동에 동참 • LULUCF에 관한 실질적 규정 존재 • 광범위하며 효율적인 국제탄소시장 설정
미국	2005	17%	• 미국 에너지기후법(Waxman-Markey 법안)에 명시되어 있는 감축 목표 • 법안에 명시된 4단계 감축목표(2020년 17%,2025년 30%, 2030년 42%, 2050년 83%)
일본	1990	25%	• 모든 주요 경제국들이 공정하고 효과적인 국제체제에 동참 • 야심찬 감축목표 설정에 모든 주요 경제국들의 동의 전제
호주	2000	5% (15~25%)	• 무조건적으로 5% 감축 • 450PPM 달성을 위해 개도국이 감축에 동참할 경우 15% 감축 • 대기 중 이산화탄소 농도를 450PPM 이하로 안정화하는 국제적 합의가 이루어질 경우 25% 감축 가능

국가	기준 년도	2020년 감축목표	참고사항
EU	1990	20% (30%)	• 선진국 간에 상응하는 목표를 설정하고 개도국들의 참여가 이어질 경우 2020년까지 1990년 대비 30% 감축
러시아	1990	15~25%	• 러시아 산림부문에 대한 적절한 배출량 산정 • 모든 주요 다배출 국강의 의무부담 부여
캐나다	2005	17%	• 미국 법률에 부합하는 목표설정

* 일본 후쿠시마 원전사고 이후, 2020년까지 2005년 대비 3.8%로 감축목표 변경('13.11월 발표)

['09년 코펜하겐 합의문에 따른 비부속서 Ⅰ 국가 감축 행동 서약 내용]

국가	기준 년도	2020년 감축목표	참고사항
한국	–	30% (BAU 대비)	• 기후변화에 대한 정부 간 패널(IPCC)이 권고한 최고수준의 감 축 범위(15~30%)
남아공	–	34% (BAU 대비)	• 2025년까지 BAU 대비 42% 감축 • 선진국의 재정 · 기술이전 · 역량강화 지원 전제
멕시코	–	30% (BAU 대비)	• 선진국의 재정 · 기술지원 전제
브라질	–	36.1~38.9% (BAU 대비)	• 선진국의 재정 및 기술적 지원조건(협약4.1,4.7,12.1(b), 12.4, 10.2(a)) • 협약상 선진국의 개도국 지원 의무 언급 • 아마존 · 케라도 유역의 산림파괴 예방 • 방목지 복구 사업 시행 • 농작물–가축 통합 시스템 구축 • 무경운농업 • 에너지효율 개선 • 바이오연료 비중 확대 • 수력발전을 통한 에너지공급 확대 • 대체연료 개발 • 철강산업
인도	2005	20~25% (탄소원단위)	• 의무적인 아닌 자발적 성격의 감축목표임을 분명히 함
중국	2005	40~45% (탄소원단위)	• 일차에너지 소비에서 비 화석연료의 비중을 15%까지 확대 • 4,000만 헥타르의 산림면적 및 13억 입방미터의 산림축적량 목표

(n) 녹색성장을 필요로 하는 이유

자원, 에너지, 환경 위기 동시 직면

자연고갈 위기	에너지 소비 증가	온실가스 배출 증가	물 부족 심화
자원 가채년수 (석유 42년, 가스 60년, 석탄 122년) BP statistical Review('09)	'30년까지 전세계 에너지 소비량 40% 증가('07기준) 국제에너지기구 (IEA,'09)	기존 경제체제시 세계 GDP 매년 5~20% 감소 영국 Stern Review('06)	UN 세계 수자원 개발 보고서 ('03)

(o) 신재생 에너지의 정의

- 기존의 화석연료를 변환시켜 이용하거나 햇빛, 물, 지열, 강수, 생물 유기체 등을 포함하는 재생 가능한 에너지를 변환시켜 이용하는 에너지로 11개 분야 지정(신에너지 및 재생에너지개발 이용보급촉진법 제2조)
- 신에너지(3개): 연료전지, 석탄액화·가스화, 수소에너지
- 재생에너지(8개): 태양열, 태양광발전, 바이오, 풍력, 소수력, 지열, 해양에너지, 폐기물에너지

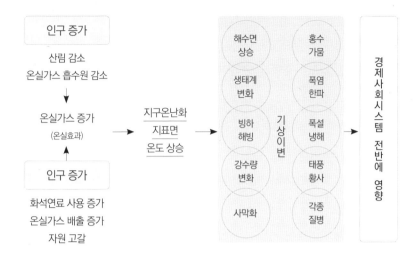

[기후변화 메커니즘]

2) 국제환경협약

이제 환경문제가 세계적인 문제로 발전하여 많은 국제적인 환경협약이 체결되고 환경보호를 위한 무역규제도 강화되고 있는 현실이기 때문에, 환경부에서는 국제 협력관실을 두어 기후변화협약, 생물다양성협약 등 각종 국제환경협약에 대처하고, UNEP, OECD 등 환경 관련 국제기구 및 주요 국가와의 환경협력을 추진하고 있으며, 중국과 일본 등 인접국가와의 대기오염, 해양오염 등 당면 문제 해결을 위한 협력을 추진하고 있다.

현재 국제적으로 약 221개의 환경 관련 협약이 체결되어 있으며, 이 중에서 해양 분야 협약이 약 3분의 1로 86건에 이르고 있다. 우리나라는 기후변화협약, 생물다양성협약 등 45개 환경협약에 가입되어 있다(2004. 12. 31. 현재).

(a) 기후변화협약/교토의정서

① 협약 채택 배경 및 경과

- 20세기 이후 더욱 가속화된 산업화 영향으로 석탄과 석유를 포함한 화석연료의 사용이 급증하여 온실가스(Greenhouse gas) 다량 발생(이산화탄소 60%, 메탄가스 15~20%, 아산화질소, CFCs, 오존 등 20%).

- 온실가스의 영향으로 지구온난화 현상이 심화되고 해수면이 상승하며 홍수, 허리케인, 해일 등 기상이변이 나타나는 기후변화 초래.

- 기존의 국제법은 대기오염 행위를 국제법 위반으로 간주하여 금지하고 있으나 온실가스 방출로 인한 기후변화를 효율적으로 규제하지 못하여 전지구적 차원의 협약 필요성이 대두됨.

- 1979년, 1990년 세계 2차 세계기후회의(WCC)에서 기후변화협약 채택 합의. 인간활동에 의해 기후변화가 초래될 가능성과 그로 인하여 발생될 악영향을 방지하기 위한 조처의 필요성을 인정하고, 기후변화방지를 위한 기후협약을 채택. 기후변화협약에 관한 정부간 패널(IPCC)이 협약 협상을 주도함.

- 1989년 오타와 선언과 헤이그 선언에서 제시된 기후변화 패널의 제안에 기초를 두고 오염 예방, 감소, 통제를 위한 모든 적절한 조치를 취할 것을 요구하면서 기후변화 패널의 제안은 기후변화에 대처할 수 있는 강력한 제도적 기구의 설립을 제시.

- 1991년 이후 5차례에 걸쳐 개최된 정부 간 협상위원회(INC)에서 각국 입장을 조정, 주요 쟁점을 토의한 이래 1992년 5. 9. 기후변화 협약 채택, 1994. 3. 21. 발효. 2005. 11. 31. 현재 서명 166개국, 비준 189개국(한국: 1993. 12. 14. 서명)

② 기후변화 협약의 목적(제2조)

- 대기 중 온실가스를 기후에 영향을 미치지 않는 수준으로 안정화시키는 데 그 목적이 있으며, 생태계가 기후변화에 자연스럽게 적응되고, 식량생산이 위협받지 않으며, 지속 가능한 개발이 가능하도록 충분한 시간적 범위 내에서 온실가스의 안정화 수준이 달성되도록 요구한다.

③ 기후변화협약의 기본원칙(제3조)
- 차별적 책임론: 선진국과 개도국이 공동책임을 지며 동시에 차별적인 책임을 진다.
- 국가별 특수성을 고려: 개도국의 특수한 여건과 필요를 고려한다.
- 예방조치 원칙: 기후변화에 의한 피해를 예방적 차원에서 방지한다.
- 지속 가능한 개발권: 당사국은 지속 가능한 개발을 증진할 권리를 보유한다.
- 자유무역의 원칙: 기후변화 방지를 이유로 자의적인 차별 조치 또는 위장된 무역 규제 조치를 취하지 못한다.

④ 약속 사항(Commitment)
• 모든 당사국의 약속 사항
  - 정보 제공의 의무
  - 당사국의 국가 보고서 작성 및 통보 의무
  - 당사국의 온실가스 관련 정책 수립, 공표 의무
  - 최초 보고서 작성, 유엔에 제출 의무(제12조)
  - 온실가스의 인위적 배출을 규제, 감축 또는 방지하는 에너지, 수송, 산업, 농업, 임업, 폐기물 관리 분야의 기술, 관행 및 공정의 개발, 적용, 확산을 촉진하고 협력
  - 온실가스 흡수원과 저장소의 지속 가능한 관리를 촉진, 보존, 강

화하며 이를 위해 협력

- 선진국(부속서 Ⅰ)의 약속 사항
  - 온실가스 배출 제한 여부(제4조2항)
  - 36개 선진국
- 선진국(부속서 Ⅱ)의 약속 사항
  - 재정 및 기술 지원 의무(제4조3항)
  - 25개 선진국

⑤ 교토의정서(Kyoto Protocol)

- 채택 배경
  - 기후변화협약은 기본 협약(framework treaty): 국가 간 약속 사항 (commitments)과 온실가스 배출의 자발적인 제한 등 기본적 의무에 비중
  - 기후변화협약 제17조에 근거하여 교토의정서 채택(1997년): 협약 내용을 보완하는 구속력 있는 법제도로 구체적 감축 의무와 감축 일정 명시
  - 2001년 10월 모로코 마라케시에서 열린 제7차 당사국회에서 채 택된 마라케시 협정(교토의정서의 핵심은 부속서 Ⅰ에 해당하는 국가들의 온실가스 배출 제한에 법적 구속력을 두는 데 있다)
  - (채택) 1997. 12. 11. (발효) 2005. 2. 16. (서명 84개국, 비준 141개국)
  - (한국) 1997. 12. 11. 서명, 2005. 2. 16. 발효
- 주요 내용
  - QELROS(온실가스 제한 및 감축 목표, Quantified Emission Limitation & Reduction Objects) 설정: 2008년~2012년(제1차 공약기간)까지 부속서 Ⅰ, 36개 선진국은 전체의 배출량을 1990년 대비 평균 5.2% 감 축하며(1차 의무감축 대상국), 그 밖의 국가들 중 2차 의무 감축 대상

국은 2013년~2017년까지 온실가스의 배출을 감축한다.

- 각국의 감축 목표: 독일 · 프랑스 · 덴마크 · 이탈리아 · 스위스 · 동유럽 8%, 미국 7%, 일본 · 캐나다 · 헝가리 · 폴란드 6%, 크로아티아 · OECD 회원국 5% 이상 감축, 러시아 · 뉴질랜드 · 우크라이나 유지, 노르웨이 · 호주 · 아이슬란드 증가 허용

- 감축 대상 온실가스: 이산화탄소(CO_2), 메탄(CH_4), 아산화질소(N_2O), 수소불화탄소(HFCs), 육불화황(SF_6)

- 부문별/오염원칙(sectors/source categories): 에너지/산업공정/농업/폐기물 부문 및 솔벤트 및 기타 이해제품 이용 부문

- 이산화탄소 흡수원(sinks) 인정: 토지 이용, 토지 이용 변경, 삼림 복원, 조림 활동 등 인정

• 교토 메커니즘(Kyoto mechanism)이란?

- 온실가스 감축 목표 달성을 위해 채택한 신축적 메커니즘

- 선진국들이 온실가스 감축 의무를 자국 내에서 이행하는 데 일정한 한계가 있으므로, 제3국의 의무 감축 초과 달성분을 구입하거나 공동사업을 통한 감축분 이전, 온실가스의 상품화 등 허용

- 온실가스 저감 관련 기술 시장 확대, 개도국의 참여 확대 의도

• 청정개발제도(Clean Development Mechanism, CDM)

- 선진국이 개도국에 온실가스 저감사업을 추진하고 감축분을 선진국의 감축 실적(credits)으로 인정하는 제도(2000년부터 시행 중)

• 배출권거래제도(Emissions Trading, ET)

- 온실가스 감축 의무가 있는 선진국(부속서 I)이 자국에 할당된 감축 의무를 초과 달성하는 경우, 추가 감축분을 다른 나라에 배출권으로 팔 수 있도록 하는 제도(2008년부터 시행 예정이나 국제사회에서 배출권 거래 개시)

- 공동이행제도(Joint Implementation, JI)
    - 선진국(부속서 I) 간 온실가스 감축 프로젝트 공동 수행에 따른 배출량 감축분을 투자국으로 이전할 수 있는 제도(2008년부터 시행)
    - 교토의정서가 발효되기 위해서는 온실가스 배출량의 55%를 차지하는 55개국 이상의 비준이 필요하나 2001년 미국(약 26% 차지)의 탈퇴로 의정서 발효 가능성이 희박했으나, 2004. 10. 2. 러시아가 비준함으로써 2005. 2. 16. 의정서 발효(2005. 2. 1. 현재 141개국 비준국가 전체 배출량은 61.6% 차지)

(b) 비엔나협약과 몬트리올의정서

① 공식 명칭

- 오존층 보호를 위한 비엔나협약(The Vienna Convention for the Protection of the Ozone Layer)
- 오존층 파괴물질에 관한 몬트리올의정서(Montreal Protocol on Substances that Deplete the Ozone Layer)

② 오존층 파괴와 과학적 논쟁

- 오존층의 존재와 역할
    - 대기는 지표면으로부터 약 1,000km의 높이까지로, 기온 분포에 따라 대류권, 성층권, 중간권, 열권으로 분류됨. 오존층(ozone layer)은 대류권 바로 위에 위치한 성층권(지상 15~50km) 중 30km 부근에 오존이 밀집된 기층으로 성층권 전체에 비교할 때 매우 얇은 층을 형성하며, 태양의 자외선을 차단하여 지구상의 동식물을 보호하는 기능을 가짐.

- 오존량을 지상기압으로 압축하면 두께가 0.3cm 정도에 불과하고 재생 과정이 수십 년에 이르므로 파괴에 취약함.

- 오존층의 파괴
  - 인공 화학물질인 프레온가스(CFCs: 염화불화탄소)나 할론은 대기 배출 후 10년 경과 시 성층권에 이르러 오존층을 파괴한다는 이론이 1974년에 처음 발표됨.
  - 실제 남극 오존층이 계속 파괴되어 1984년에는 1950년대 후반(오존층 측정초기)의 60% 수준에 불과한 것을 발견하였으며 1987년에는 10~15km의 고도에서 약 95%가 상실되었음이 관측됨.

- 오존층 파괴의 영향
  - 인체와 동물에 미치는 피해: 피부암(통계상 오존 농도가 1% 감소하면 UV-B 양은 대개 2% 증가하고 피부암은 3~4% 증가, 매년 약 5만 명의 환자 증가), 백내장(오존 1% 감소 시 0.6% 증가, 매년 약 10만 명 이상 시력 상실)
  - 식물 및 해양플랑크톤의 피해: 엽록소 파괴로 인한 식물개화 저해, 잎 크기 감소, 농산물 수확 감소, 플랑크톤의 생산량 감소로 해양 먹이사슬 파괴

- 과학적 논쟁
  - 1974년 미국 캘리포니아대학의 F.셔우드롤런드와 미국 MIT 공대의 마 리오몰리나 교수가 오존층 두께에 영향을 미치는 화학적 메커니즘 규명, CFC가 오존층 파괴의 주범이라는 주장 제기
  - 프레온가스는 1928년에 처음으로 개발되어 부작용 없고 독성 없는 이상적인 산업화학물질로서 각광을 받은 물질, 선진국들은 염화불화탄소의 생산과 소비를 통해 커다란 상업적 이익을 누림
  - 이후 1985년 영국 남극 탐사대 과학자들에 의해 오존층 파괴 사실 입증, 1988년 미 항공 우주국의 종합보고서 등에서 언급

③ 협약 목적과 채택 및 발효 경과

• 비엔나협약

 – 1985. 3. 22. 채택, 1988. 9. 2. 발효, 오존층 보호(가입국 188개국)

 – 오존층 파괴 예방을 위한 법적 · 행정적 조치 실시, 오존층 보호를 위한 조사 연구, 관찰 및 정보 교환 등 추상적 의무만 당사국에 부과

 – 협약 강화를 위한 의정서 채택 근거 마련

 – 우리나라: 1992. 2. 27. 서명, 1992. 5. 27. 발효

• 몬트리올의정서

 – 1987. 9 16. 채택, 1989. 1. 1. 발효 (우리나라 1992.05.27 발효), 비엔나 협약 보완, 구체적인 감축 일정과 규제조치 규정(가입국 122개국)

 – 오존층 파괴물질 규제 조치(부속서 A, B, C, E): CFC 5종과 할론 3종, 메틸브로마이드 등 모두 96종

 – 비당사국과 규제 물질의 수출입 금지(제4조)

 – 개도국에 대한 특별 고려(제5조)

 – 우리나라: 1992. 12. 10. 서명, 1993. 3. 10. 발효

④ 비엔나협약의 주요 내용

• 당사국의 일반적 의무

 – 인간 건강과 환경을 보호하기 위해 적절한 조치를 취할 의무

 – 체계적인 관측, 연구 및 정보 교환 의무

 – 적절한 입법, 행정 조치를 위한 의무

• 연구 및 체계적 관측 의무

 – 오존층에 영향을 미칠 수 있는 물리적 · 화학적 작용

 – 오존층 변화, 특히 태양 자외선의 변화로 초래되는 인간 건강에

미치는 (생물학적) 영향

- **법률, 과학 및 기술 분야 협력**(제1, 2항)
  - 당사국은 오존층을 보호하기 위해 과학, 기술, 사회경제 분야에서 정보를 상호 교환하도록 촉진하고, 장려한다.
- **자료 제출**

⑤ **몬트리올의정서 체제의 주요 내용**

- **오존층 파괴물질의 규제 조치**(제2조)
  - 몬트리올의정서(1987): CFC 5종과 할론 3종 등 8종
  - 런던개정안(1990): CFC 10종, 사염화탄소, 메틸클로로포름 추가 지정, 총 20종으로 확대
  - 코펜하겐의정서(1992): 40종, 34종, 메틸브로마이드 추가 지정, 규제 대상물질 총 95종으로 확대
  - 몬트리올개정안(1997): 메틸브로마이드 추가 규제, 수출입 규제
  - 북경개정안(1999): BCM(브로모클로로메탄) 추가지정, 총 96종으로 확대
- **개도국에 대한 특별 고려**(제5조)
  - 개도국은 오존층 규제 물질의 기본적 국내 수요를 충족시키기 위해 제2조의 규제 조치의 준수를 10년까지 연장할 수 있다.
  - 이러한 당사자의 1인당 연간 소비량은 0.3kg을 초과하지 못한다.
- **무역 규제 조치**
  - 비당사국과 무역 금지 조치(환경과 무역의 연계)
  - 규제물질 및 규제물질 함유 제품의 수출입 금지
  - 관련 기술 수출 규제
- **자료 제출**(제7조)

- 당사국은 규제물질에 관한 생산, 수입 및 수출량에 관한 자료를 사무국에 통보한다.

(c) **생물다양성 협약**(The Convention on Biological Diversity)

① 생물다양성이란? (생물다양성 협약 제1조)

- 지구상에 있는 생물의 총체적 다양성을 의미

- 육상, 해상 및 그 밖의 수출 생태계와 이들 생태계가 부분을 이루는 복합생태계 등 모든 분야의 생물체 간의 변이성

- 일반적으로 종 내의 다양성(유전적 다양성), 종간 다양성, 생태계 외 다양성의 세 가지 측면을 의미

- 지구상에서 확인된 생물은 175만 종이나, 서식지 파괴 및 과잉 포획으로 생물다양성의 급속한 파괴, 열대우림 생물 매년 0.5%(5만 종 이상) 멸종, 2010년에는 33%가 멸종될 것으로 예상되어 인류와 지구의 존립 기반 위협

- 이로 인해 해충과 질병에 취약한 환경을 만들고 생물의 환경보호 역할을 감소시키며, 생물종의 유전다양성을 해치게 됨

② 협상 과정

- 1987년 UNEP 집행이사회에서 생물다양성 보전을 위한 협약 제정을 결정, 5년간의 준비 작업 끝에 1992년 협약 채택

- 생물다양성 협약: 1992. 5. 22. 리우 회의(UNCED)에서 서명을 위해 채택, 1993. 9. 11. 발효, 2005. 1. 현재 188개국 가입(우리나라 1992. 6. 13. 서명, 1994. 10. 3. 발효)

- 카르타헤나 의정서: 2000. 1. 29. 채택, 2003. 9. 11. 발효, 2005.

1. 현재 111개국 가입(우리나라 2000. 6. 9. 서명, 미가입)

③ 협약 목적
• 유전자원에 대한 적절한 접근과 기술이전을 통한 생물다양성 보존
• 다양한 생물다양성 자원의 지속적 이용
• 유전자원의 상업적 이용 기타 이익의 공평한 분배

④ 협약의 원칙(제3조)
- 당사국은 자국의 환경정책에 따라 자원을 개발할 수 있는 주권적 권리(자원개발주권)를 가진다.
- 동시에 당사국의 관할권 내의 활동이 다른 국가의 환경이나 국가관할권 밖에 있는 지역의 환경에 피해가 발생하지 않도록 보장할 책임을 진다.

⑤ 카르타헤나 의정서(Cartagena protocol on biosafety, 2000)
• 채택 과정
  - Agenda 21 제15장(생물다양성 보존)에 따라 생물다양성과 생물자원의 지속 가능한 이용을 보존하고 생물다양성 내용을 구체화하며 생명공학기술에 의해 만들어진 유전자변형생물체(LMOs: Living Modified Organisms)의 국가 간 이동을 안전하게 관리하기 위한 의정서의 필요성이 제기
  - 1996~1999년까지 6차 회의를 거쳐 초안 작성
  - 1999. 2. 22. 제1차 당사국 특별총회
  - 2000. 1. 29. 캐나다 몬트리올에서 열린 특별당사국총회에서 채택
  - '생명공학안전성에 관한 카르타헤나의정서'로 명명
  - 2000. 5. 나이로비에 있는 생물다양성협약회의에서 50개국 서명

- 주요 내용
  - 적용범위(제4조): 인간 건강에 대해 위해(Risk)를 끼치고 생물다양성의 보전 및 지속 가능한 이용에 부정적 영향을 미칠 가능성이 있는 모든 유전자변형물체(LMOs)의 국가 간 이동, 경유, 취급 및 사용에 적용된다.
  - 사전통보의 절차: 수출국이 수입국에 사전 통보 절차 / 수입국이 수출국에 동의 절차
  - 직접적인 식용, 사료용, 가공용 LMOs에 대한 절차
  - 사전예방원칙
  - 위해성 평가
  - Biosafety Clearing-House
  - 표시(제18조): 직접적인 식용, 사료용, 가공용으로 사용되는 유전자변형생물체에 LMOs 표시 / 밀폐사용을 위한 유전자변형생물체에 LMOs 표시 / 수입당사국에 의도적 도입을 위해 예정된 유전자변형생물체에 LMOs 표시 / 함께 명기할 사항(수출자, 수입자의 성명, 주소, 접근 방법, 저장, 운반, 적합한 사용 방법) / 책임 및 배상

(d) 멸종위기에 처한 야생 동식물종의 국제거래에 관한 협약(CITES: Convention on International Trade in Endangered Species of Wild Fauna and Flora)

① 채택 목적

불법 거래나 과도한 국제 거래로부터 멸종위기에 처한 야생 동식물을 보호하기 위하여 야생 동식물의 수출입 국가들이 상호 협력하여 국제 거래를 규제함으로써 서식지로부터의 무질서한 채취 및 포획을 억제하기 위함

② 경과

- 1972. 6. 유엔인간환경회의에서 협약 채택을 위한 회의 개최 결정
- 1973. 2. 워싱턴에서 협약 채택을 위한 전권회의 개최, 협약 채택(81개국 참가)
- 1975. 7. 1. 발효(2005. 2. 현재 167개국이 가입하였음)
- 우리나라는 1993. 7. 9. 가입하여 같은 해 10. 7. 협약 발효(120번째)
- 한약재인 웅담과 사향에 사용되는 부속서 Ⅱ의 '곰과 전종' 및 '사향노루속 전종'은 국내 대책 마련을 위해 3년간 유보한 바 있으며 동 유보 기간은 1996. 10. 6. 만료

③ 주요 내용

- 구성
  - 본문(전문 및 25개조)과 4개 부속서로 구성
- 목적
  - 협약 규정에 따라 당사국 승인을 얻지 않는 CITES 규제 대상 야생동식물은 거래를 규제(제3, 4, 5조)
- 거래통제의 예외 (제7조)
  - 당사국의 영토를 통과하거나 협약 규정이 적용되기 전에 포획, 채취되었다고 인정되는 경우
  - 과학 목적 또는 과학 기관 간에 비상업적으로 대여, 증여 또는 교환될 경우 등
- 당사국의 조치의무(제8, 9조)
  - 협약 규정의 이행 및 협약 내용에 위반된 거래의 방지 조치 이행
  - 부속서상의 종의 표본의 거래에 대한 기록 유지 및 동 기록의 사무국 제출
  - 동식물 교역에 따른 수출입 허가서 및 증명서 발급

- 거래허가서 부여 및 증명서 발급을 담당할 관리당국 지정
- 수출입 과정이 동식물의 생존에 미치는 영향력을 판정할 과학당국 지정
- 비당사국과의 거래(제10조)
  - 비당사국 정부가 협약상의 허가에 필요한 사항과 실질적으로 일치하는 문서를 발부하면 당사국은 비당사국과도 거래 가능
- 당사국회의(제11조)
  - 최소한 매 2년마다 정기 당사국총회 개최
- 협약불이행에 따른 감시 및 규제조치(제13조)
  - 당사국이 협약 규정을 효과적으로 이행하지 못한 경우, 사무국은 동 사실의 해당 당사국 통보 및 시정 조치 요구
  - 차기 당사국회의에서 동 문제를 재검토하고 권고 사항 등 구체적인 규제 재조치 논의

④ 국제적인 이슈가 되는 주요 대상종
- 호랑이 보호
  - 호랑이는 전 세계에 5천~7천 마리 정도 생존하는 것으로 추정되며, 그 수가 급격히 감소하고 있어 국제적인 보호 조치가 없을 경우 멸종 우려
  - 멸종 원인은 서식지의 감소, 호랑이 가죽이나 고기, 뼈에 대한 수요 등 다양하나 국제사회는 이 중 특히 호랑이 감소의 원인으로 우리나라와 같은 한약재 사용 국가를 지목하고 호랑이 보호에 적극적으로 참여할 것을 강력히 요구
  - 제9차 당사국총회(1994. 11. 미국)에서는 호랑이 보호를 위한 결의를 채택

– 사무국은 이를 이행하기 위하여 호랑이 서식 현황, 수요자 현황, 보호를 위한 활동 내용 등이 포함된 국가보고서의 제출을 요구하여 우리나라는 1996년 4월 제출

• 코뿔소 보호

– 전 세계에 걸쳐 1만여 마리밖에 남아 있지 않아 멸종이 우려

– 코뿔소 감소의 가장 큰 원인은 밀렵으로, 코뿔소 뿔의 가격은 같은 무게의 금값보다 비싸게 거래될 정도여서 생계의 어려움을 겪고 있는 많은 아프리카인들이 목숨을 걸고 밀렵에 나서는 실정

– 코뿔소 뿔은 주로 한약재, 단검집 등으로 이용되고 있어 호랑이와 마찬가지로 한약재 사용 국가인 우리나라, 대만, 중국 등 동아시아 국가에 대한 비난이 고조

• 기타 사항

– 기타 북미산 곰, 고래, 상어, 사향 등의 남획 또는 불법 거래 등이 국제적 쟁점으로 논의되고 있거나 새로이 대두될 전망

– 최근 재외한국인 및 한국 관광객들의 외국에서의 불법 곰 포획, 거래 및 한국으로의 반입 등으로 인하여 국제적인 비난이 고조되고 있으며, 이를 이유로 1997. 2. 6. 미국의 동물보호단체들(130여 개)은 미 내무부장관에게 미국의 펠리수정법(Pelly Amendment)을 적용하여 한국에 무역규제를 가하도록 청원하여 1998년 미 정부 관계자가 우리나라를 방문하여 현장조사를 실시한 바 있음

– 섬유, 피혁, 기타 업종이 영향을 받음

구분	대상	수출입 규제
부속서 I	국제적으로 멸종 위기에 처한 동식물 (사자, 호랑이, 용설란 등 556종)	상용 목적의 거래 금지 (단, 수출증명서, 수입허가서 구비)

구분	대상	수출입 규제
부속서 II	멸종위기에 처할 우려가 있는 동식물 (사슴, 올빼미, 선인장 등 262종)	상용 목적의 거래 허용 (단, 수출증명서, 수입허가서 구비)
부속서 III	당사국이 보호조치를 위한 동식물 (인도, 살모사, 네팔 양귀비 등 241종)	상용 목적의 거래 허용 (단, 수출증명서, 수입허가서 구비 또는 원산지증명서 구비)

(e) 람사르협약(Ramsar Convention)

① 람사르협약의 정의(제1조1항 & 제2조1항)

- 소택지(marsh), 토탄지(peatland), 늪 또는 물이 있는 지역 및 조수 시 6m를 넘지 않는 해양지역으로, 인공적이거나 자연적일 경우, 영구적이거나 일시적일 경우, 물이 고여 있거나 흐르고 있는 경우, 담수이거나 건조 시 염수인 경우 모두 포함

- 물새 서식지로 특히 중요한 경우

② 습지의 유형 및 면적

- 강, 호수, 해안의 석호, 맹그로브(mangrove) 숲

- 토탄지, 산호초, 영어장, 농경지

- 저수지, 염전, 자갈 채취장, 운하

- 갯벌

- 대륙붕 일부(습지의 면적: 지표면적의 6%, 5억 7천만ha)

③ 습지의 중요성(주요 역할)

- 습지는 가장 생산적인 생명 부양의 생태계이며 습지의 보호는 생물학적, 수리학적 그리고 경제적 이유에서도 매우 중요

- 수조류(水鳥類), 어류, 양서류, 파충류 등 식물의 기본적 서식지
- 홍수와 한발을 조절하는 등 기후 조절 역할
- 물의 공급, 농업, 어업, 에너지원, 야생동물 서식처, 관광 등의 이용가치로 매년 9천억 달러의 서비스 창출 효과 추산
- 지하수 등 물 부족으로 인한 식량 부족을 개선하는 효과
- 아열대 해수 소택지는 가장 비옥한 건초용 목초지보다 두 배 이상의 유기물질을 생산
- 미국 대서양 연안에서 수확되는 상업상 주요한 어패류의 3분의 2가량 생산

④ 협약 채택 경과
- 협약 채택 및 개정 현황
    - 간척과 매립, 오염 등에 의한 습지 훼손, 특히 물새 서식지로서 중요한 습지가 훼손되어 가는 것을 막기 위해 국제협약의 필요성이 제기되어, 1960년 국제 수금류 조사국(IWRB: International Waterfowl & Wetlands Research Bureau) 주최, 실무자(기술)회의를 통한 협약 준비 작업
    - 1971. 2. 2. 이란의 람사르(RAMSAR)에의 조인(이에 따라 이후에는 '람사르협약'이라고 통칭), 1975. 12. 21. 발효, 이후 1982년 12월, 1987년 5월 두 차례 부분 개정
    - 정식 명칭: 물새 서식지로서 특히 국제적으로 중요한 습지에 관한 협약(Convention on wetlands of international importance especially as waterfowl habit)
    - 이후 물새뿐만 아니라 모든 동식물의 서식물로서의 습지 보존 및 이용으로 협약 목적 확대
- 발효 및 가입 현황

- 1971. 2. 2. 채택, 1975. 12. 21. 발효
- 2005. 1. 31. 현재 미, 일, 중, 러 등 144개국
- 우리나라 1997. 3. 28. 협약 가입, 1997. 7. 28. 발효

⑤ 주요 내용
· 협약등록습지(Ramsar List of Wetlands)
  - 2005. 1. 20. 현재 지정습지는 1,401개소 총 1억 2천 2백만ha 면적
· 람사르 습지 목록 기준
  - 1999년 제7차 당사국총회에서는 습자목록의 선정 기준을 3개의
    범주로 나누어 규정
  - 제1범주: 대표적 또는 특이한 습지 범주
  - 제2범주: 동식물에 근거한 일반적 범주
  - 제3범주: 물새에 근거한 특별한 범주
· 습지 보전 및 현명한 이용 계획(Wise use)
  - 생태계의 자연적 특성을 유지하면서 이와 양립하여 인류에게 이
    익을 줄 수 있는 지속 가능한 이용 의미
· 자연보호구 설치(제4조)
  - 각 당사국은 습지에 자연 보호구를 설치하여 습지와 물새의 보전
    을 촉진하고 그 감시를 위한 적절한 조치를 취해야 한다(제1항).
  - 협약 기구

(f) **바젤협약**(Basel Convention on the control of transboundary movements of hazardous wastes and their disposal)

① 바젤협약의 목적

- 협약 가입국에 대해 유해폐기물의 국가 간 이동 및 그 발생을 억제하고, 발생된 폐기물에 대해서는 환경적으로 건전한(Environmentally Sound) 처리 및 개도국 내에서 발생되는 폐기물에 대해서는 적절한 처리를 할 수 있도록 지원할 의무를 규정하기 위함

② 바젤협약의 경과
- 1970년대 이후 유해폐기물의 국가 간 이동에 따른 몇몇 사건이 국제적인 주목을 받게 된 것을 계기
- 1981. 11. 우루과이 몬테비데오에서 주관으로 열린 정부 간 회의에서 몬테비데오 프로그램 탄생, 그 주요 의제 중 유해폐기물의 국가 간 이동 문제 포함
- 1984: UNEP는 유해폐기물의 안전관리를 위한 전문가 실무단 (AdHoc Working Group of Experts on the Environmentally Sound Management of Hazardous Wastes)을 설치
- 1987. 10. 유해폐기물의 적정관리에 관한 협약을 준비하기 위한 법률, 기술전문가 특별실무그룹회의 조직위원회 개최
- 1988. 2.~1989. 3. 제1차~제5차 특별실무그룹회의 개최
- 1989. 1. 20.~22. 전권 대표회의 개최, 바젤협약 채택(34개국 서명)
- 1992. 5. 5. 협약 발효(협약사무국: 제네바 소재)
- 우리나라는 1994. 2. 28. 바젤협약에 가입하였고, 1994. 5. 29. 국내법과 동시에 협약이 발효됨
- 2005. 1. 현재 가입국 수: 163개국
- 1999. 12. 제5차 당사국총회(스위스 바젤)에서 책임배상의정서 채택/미발효
- 2005. 1. 현재 서명국 13개국, 가입국 4개국

- 제1차 당사국회의(1992) 제7차 당사국회의(2004) 진행 중

③ 바젤협약 적용범위
- 협약 적용 대상은 유해폐기물 기타 폐기물
  - 유해폐기물: 45개 카테고리(부속서 I) 및 유해성질(부속서 II) 폐기 경로에 따라 18가지, 폐기 성분에 따라 27가지 폐기물로 구분
  - 폐기물: 국내법 규정에 의해 처리되거나, 처리가 의도되거나, 처리가 요구되는 물질 또는 물건
  - 기타 폐기물: 생활폐기물 및 생활폐기물 소각 후 남은 잔재
- 협약 범위에서 제외되는 폐기물
  - 방사성 폐기물
  - 선박의 통상적 운용에서 나오는 폐기물

④ 바젤협약의 주요 내용
- 당사국의 일반적 의무
- 예외적인 국가 간 이동 허가
- 유해폐기물의 이동 규제
- 주무관청 및 연락관
- 폐기물 목록

⑤ 책임보상의정서(Basel protocol on Liability and compensation)
- 유해폐기물의 국가 간 이동 및 처리로부터 발생하는 손해의 책임과 보상 규정, 사고 발생 시 손해책임 주체는 수출자 및 처리자로 지정, 과실에 의한 피해에 대해서는 무한책임배상의무, 무과실에 의해 발생한 피해에 대해서도 배상의무 부과, 손해배상을 위한 보험/재정적

보증의무 규정

- 발효 전망: 의정서 발효에는 20개국의 비준이 필요하나 현재 비준국 4개국(보츠와나, 토고, 이디오피아 등) 발효에는 시간이 걸릴 듯

(g) 사막화 방지협약

① 협약 개요

- 공식 명칭
- 심각한 한발 또는 사막화를 겪는 아프리카지역 국가 등 일부 국가들의 사막화를 방지하기 위한 협약(United Nations Convention to Combat Desertification in Those Countries Experiencing Serious Drought and/or Desertification Particularly in Africa)

- 협약 발표
- 1996. 12. 26. 가입국: 187개국(2003. 8. 1. 현재)
- 우리나라는 1994년 10월 파리에서 협약에 서명, 1999. 8. 1. 159번째로 가입

- 주요 목적
- 유엔은 이대로 가면 전체육지 면적의 3분의 1이 사막화될 것으로 진단. 해마다 6~10만㎢가 모래땅으로 변하고 있음.
- 이로 인해 발생되는 기상이변, 산림 황폐 등으로 심각한 한발 및 사막화의 영향을 받고 있는 국가들의 사막화 방지를 통한 지구환경 보호

② 협약의 주요 내용

- 원칙(3조)
  - 사막화 방지 프로그램의 이행

- 소지역적, 지역적, 국제적 협력 증진
- 커뮤니티 간, 정부 간, 및 비정부기구 간 협력
- 협약상 의무(4, 6조)
  - 선진국, 개도국 공통: 양·다자 협정을 통한 사막화 방지 장기 전략 수립, 빈곤 퇴치 전략과 사막화 방지 사업의 연계, 재원 동원을 위해 기존의 양·다자 간 재정 체계 및 협정 활용 장려
  - 선진국의 의무: 피해국, 특히 아프리카 국가와 최빈국의 사막화 방지활동 지원, 실질적 규모의 자금 및 기타 형태의 원조 제공, GEF를 통한 추가적이고 새로운 재원 동원 촉진, 피해 개도국의 사막화 방지 기술 습득 조장·촉진 등
- 재원(20조)
  - 선진국은 실천 계획 이행을 위한 실질적 재정 지원 및 신규 지원 등
  - 피해국은 능력 범위 내에서 재원 동원
  - 사용 가능한 모든 재원 및 재정 체계의 활용, 기타 자발적 재정 지원

③ 협약 운영체계
- 당사국총회
  - 협약 이행 상황 검토, 산하기구 예산 및 활동 계획 승인
  - 1999년 제3차 당사국총회는 11. 15.~26. 브라질에서 개최
  - 2001년 제5차 당사국 총회 시까지 매년 개최, 이후 격년 개최
- 상설 사무국
  - 소재지: 독일, 일본
  - 당사국총회 및 행정지원 기능
- 과학기술위원회
  - 사막화 및 한발 피해 방지 관련 과학기술 자문 등

④ 논의 동향

- 심각한 한발 또는 사막화의 영향을 받는 국가(특히 아프리카 국가)들에 대한 재정적·기술적인 지원과 이를 위한 재정 체계 수립, 그리고 개도국의 사막화 대응 노력을 향상시키기 위해 1993년 5월부터 1994년 6월 기간 중 5차례에 걸친 정부 간 협상위원회를 통해 협약이 체결됨
- 동 협약에서는 사막화 피해 개도국에 대한 적절한 고려 및 이들 국가에의 사막화 방지를 위한 지식 및 기술 제공에 대한 내용을 담고 있음
- 사막화 현상은 산림황폐화, 토양침식을 포괄하는 개념으로서 아프리카를 비롯한 남미·중동·인도 등 아시아 국가들까지도 사막화의 영향을 받고 있으며 특히 인접 국가인 중국의 사막화가 확대될 경우 황사도 증가할 것으로 예상
- 우리나라의 경우 성공적인 산림녹화 실현, 화학비료의 남용과 산업체에서 발생되는 오염물질에 의한 토양오염 방지 대책 등 사막화 방지와 관련된 시책들을 효과적으로 추진하고 있음을 비추어 볼 때, 지구환경보전이라는 의미에서 동 협약에서 지속적인 관심과 지원이 필요

(h) 남극조약(Antarctic Treaty)

① 남극의 국제법적 지위

- 다른 육지와의 차이: 선점의 대상이 아님, 영유권 동결, 주권 행사 시 속지주의가 아닌 속인주의 원칙
- 공해, 심해저와의 차이: 잠재적 영유권 분쟁 대상, 일부 국가는 영유권을 주장하며 인류공동유산 개념에 반대, 현재로서는 개발보다 보존 주장이 절대 우세, 심해저의 경우 기술적·상업적 이유로 개발 지연

- 군사연습, 무기실험 금지
- 환경보호에 관한 남극조약의정서(1991년 채택, 1998. 1. 14. 발효)에서는 광물자원 개발을 50년간 금지로 수정

② 협약 개요
- 1959. 12. 1. 채택, 1961. 6. 23. 발효
- 당사국: 2000. 1. 현재 44개국
- 우리나라: 1986. 11. 28. 가입, 1989. 10. 18. 협의당사국 지위 취득

③ 주요 내용
- 남극지역은 평화 목적에만 이용, 군사적인 이용은 금지, 그러나 과학 연구 및 평화적 목적의 군 요원 및 장비 사용은 허용(제1조)
- 남극지역에서 과학 조사의 자유 보장(제2조)
- 과학 조사를 위한 국제 협력의 증진(제3조)
- 남극영유권 주장 동결(제4조)
- 남극지역에서 핵폭발, 방사능 폐기물 처분 금지(제5조)
- 조약 적용 대상은 남위 60도 이남의 지역(제6조)
- 협의 당사국은 남극지역 내의 모든 기지, 시설 및 장비를 조사할 수 있는 감시원 지명 권한 보유(제7조)
- 감시원은 자신의 국적국의 관할권에만 복종(제8조)
- 조약 가입 후 과학기지 설치 또는 과학 탐험대 파견 등의 실질적인 과학 연구 활동을 수행하는 기간 동안 남극조약협의 당사국(ATCP) 지위 획득 허용(제9조 제2항)
- 협의당사국의 요청이 있는 경우 조약 발효 30년 후(1991년) 조약 재검토 회의 개최(제12조 제2항)

- 가입은 UN회원국에게는 조건 없이 그리고 비회원국의 경우 모든 남극 조약 협의 당사국의 동의를 조건으로 개방(제13조 제1항)

(i) 런던협약(London Convention)

① 협약 체결 배경

- 1972년 유엔인간환경회의(UNCHE) 준비위원회에서 정부 간 해양오염 작업그룹(IWGMP: Inter-Governmental Working Group on Marine Pollution) 설치
- 정부 간 해양오염 작업 그룹에서 해양 투기 규제에 관한 협약 초안과 보고서 준비
- 1972년 런던에서 열린 정부 간 폐기물 투기협약 회의에서 런던협약 체결

② 정식 명칭

- 폐기물 및 기타 물질의 투기에 의한 해양오염 방지에 관한 협약(Convention on the Prevention of Marine Pollution by Dumping of Wastes and Other Matters)
- 초기에는 '런던 덤핑협약'이라 불렸으나 일반적으로 'London Convention'이라고 함

③ 협약의 주요 내용

- 협약 목적
  - 모든 해양 오염원을 효율적으로 통제하고 폐기물 기타 물질의 해양 투기를 통제함으로써, 해양오염을 예방하는 데 있다.
  - 런던협약은 이러한 목적을 달성하기 위해 협약 당사국에 폐기물 해양 투기 방지 의무를 부과함.

- 해양투기의 정의
  - 선박, 항공기, 기타 해양인공구조물로부터 폐기물 기타 물질을 바다에 고의적으로 버리는 행위
  - 선박, 항공기, 기타 해양인공구조물을 바다에 고의적으로 버리는 행위
- 협약의 적용범위
  - 런던협약은 각 국가의 내수(internal waters) 밖에 있는 모든 해양지역에 대해 적용되도록 규정하고 있다(내수는 이 협약의 적용범위에 적용되지 않는다).
- 해양투기 규제 방식(3개의 카테고리)
  - 유독성이 가장 강한 물질(black list): 유기 할로겐 화합물, 수은, 카드뮴 및 그 화합물
  - 다음으로 유독성이 강한 물질(grey list): 비소, 납, 동, 아연 등
  - 나머지 물질(white list)

④ 해양 투기 규제 대상

- 준설 물질   - 산업 폐기물   - 해상 소각
- 하수 오니   - 핵 폐기물

⑤ 채택 및 발효 경과

- 1972. 12. 런던협약 채택: 82개국 대표 및 국제기구 참석, 1975. 8. 30. 협약 발효, 2004. 12. 현재 80개국 가입
- 1993. 11. 개정: 방사능물질의 해양투기 금지
- 1996. 10. 개정 의정서 채택, 1996. 11. 7. 채택, 미발효
- 2004. 12. 현재 16개국 비준: 아일랜드, 뉴질랜드, 노르웨이, 캐나다, 덴마크, 독일 등

- 런던협약 15개 당사국을 포함한 26개국이 비준한 때로부터 30일 후에 발효(제25조)
- 우리나라: 런던 협약 1993. 12. 21. 가입, 1994. 1. 20. 발효, 개정의정서 미가입, 미발효

⑥ 개정의정서의 의의 및 일반적 의무
- 1996년의 개정의정서는 원칙적으로 모든 폐기물의 해양투기 금지
- 폐기물 소각 규제: 폐기물의 소각을 명문으로 금지
- 런던협약에 비해 훨씬 강력한 규제 방식(해양투기제도의 새로운 전환점)
- 이 개정의정서는 'Protocol'이라는 명칭으로 되어 있지만 실제로는 런던 협약을 완전히 고쳐 쓴 새로운 협약임

⑦ 일반적 의무
- 사전 예방적 접근 방법(precautionary approach): 환경적 피해가 발생하기 전에 미리 예견하고 회피함으로써 환경 피해를 감소시키거나 제거하는 데 드는 비용을 감소시키기 위한 것
- 오염자 부담 원칙(polluter pay principle): 오염행위를 한 자가 오염을 제거하는 데 드는 비용이나 오염으로 인하여 발생한 손해의 비용을 부담한다는 원칙

3) 환경 관련 주요 국제기구

(a) UN기구

① UNEP(유엔환경계획: United Nations Environment Program)

- 1972. 12. 15. 제27차 UN 총회 결의에 의해 설립(케냐 나이로비 소재)
- 환경 관계 유엔 활동의 방향 설정, 조정 및 관련 정책 지침 제공
- 환경보호에 관해 각국 정부에 조언 및 정보의 제공
- 지역별 사무소 운영: 아태지역 UNEP 사무소(UNEP ROAP)

② UNCSD(유엔지속개발위원회: UN Commission on Sustainable Development)

- 1993. 2. 16. UN ECOSOC 산하기구로 발족(UN 본부: 뉴욕 소재)
- 대기, 해양, 토양, 담수 등 39개 분야로 구성된 의제 21에 대한 각국
  의 이행 상황 감독 평가
- 리우 유엔환경개발회의에서 채택된 '리우선언' 실천 방안 강구
- Rio+5, WSSD 등 지속 가능 개발 관련 정상회의 준비
- 지역별 사무소 운영

③ ESCAP(아태경제사회 이사회: Economic and Social Commission for Asia and Pacific)

- 1947. 3. 28. 아시아 극동경제위원회로 발족, 1974. 3. 제30차 총
  회에서 ESCAP으로 개칭(태국 방콕 소재)
- 아시아, 태평양지역 내 각국의 경제 재건 · 발전을 위한 협력 촉진
- 경제적 · 기술적 문제의 조사, 연구사업의 실시 및 원조
- 아시아 · 태평양 지역 내 경제문제에 관하여 UN 경제사회 이사회를
  보좌

④ UNDP(유엔개발계획: United Nations Development Program)

- 1965. 11. 12. 제20차 UN 총회에서 UN-SF와 UNEPTA 통합(UN
  본부: 뉴욕 소재)

- 개발도상국의 경제적 · 사회적 개발을 촉진하기 위한 기술 제공
- UN의 기술 협력 활동을 수행하는 중심적 기관

⑤ UNIDO(유엔공업개발기구: United nations Industrial Development Organization)
- 1976. 1. 1. 제21차 UN 총회에서 설립, 1986. 1. 1. UN 전문 기구로 발족(오스트리아 빈 소재)
- 개발도상국의 공업화에 필요한 조사 및 계획 수립
- 공업화를 촉진하기 위한 기술 원조 제공
- 공업 개발과 관련한 남남 및 남북 협력 촉진과 UN 체제 내 제반 활동 조정
- 환경, 경제, 사회의 지속 가능 발전 방안 모색

⑥ IUCN(국제 자연 및 자연자원 보존 연맹: International Union for Conservation of Nature and Natural Resources)
- 1948. 10. 5. 국제자연보호연맹 창설, 1956. 6. 현 명칭으로 개칭(스위스 그랜드 소재)
- 자연과 자원의 관리, 모든 종류의 동 · 식물 멸종 방지를 위한 국제간 협력 증진
- 멸종위기에 있는 종자, 특별한 보존 대상 등의 물품명세서 유지
- 자연자원 보호에 관한 이해 증진

⑦ IMO(국제해사기구: International Martime Organization)
- 1948. UN 해사회의에서 IMCO 협약 채택, 1959. 1. 유엔전문기구, 1982. 5. 현 명칭으로 개칭(영국 런던 소재)
- 해운에 영향을 미치는 기술 사항에 관한 규칙을 제정, 회원국에 권고

- 선박의 구조 설비 등의 안전성에 관한 조약 채택

- 해양오염 방지 도모

- 개발도상국에 대한 기술 원조

⑧ WHO(세계보건기구: World Health Organization)

- 1947. 11. 15. 유엔전문기구(스위스 제네바 소재)

- 국제보건사업 지도 조정

- 회원국 정부의 보건 부문 발전을 위한 원조 제공

- 전염병, 풍토병 및 기타 질병 퇴치 활동, 보건 관계 단체 간의 협력 관계 증진

⑨ WMO(세계기상기구: World Meteorological Organization)

- 1950. 3. 23. 헌장 발효로 발족, 1951. 12. 30. 유엔전문기구(스위스 제네바 소재)

- 세계기상사업의 조정 및 표준화 도모

- 국가 간 기상 정보의 효과적인 교환을 장려

- 각국에 대한 기상조사 및 훈련 촉진

(b) 지역기구

① APEC(아·태경제협력회: Asia Pacific Economic Cooperation)

- 1989. 11. 제1차 각료회의에서 출범(호주 캔버라 소재)

- 아·태 공동체의 점진적 목표 달성

- 역내 무역 자유화

- 지속 가능한 개발

ASEM(아시아 · 유럽 정상 회의: Asia-Europe Meeting)

- 1994. 10. EU, ASEAN 및 한 · 중 · 일의 협력으로 창설
- 아시아 10개국과 유럽연합 15개국의 참가
- 아시아 지역의 지속 가능한 개발을 위한 노력
- AEETC(아시아 · 유럽환경기술센터, Asia Europe Environmental Technology Center) 1999. 3. 29. 발족(태국 방콕 소재)
- 아시아 · 유럽 양 지역간 지식 · 기술의 교환을 촉진함으로써 ASEM 회원국들의 지속 가능한 개발 도모

② NEAC(동북아 환경협력회의: Northeast Asia Conference on Environmental Cooperation)

- 한 · 일 환경과학 심포지엄이 확대 · 발전된 심포지엄
- 한 · 중 · 일 · 몽 · 러 환경당국자 회의
- 역내 국가의 환경 상태 및 환경정책과 문제에 대한 의견 교환

③ NEASPEC(동북아 환경협력고위급회의: North-east Asian Sub regional Program of Environmental Cooperation Meeting of senior Officials on Environmental Cooperation)

- 1993. 2. 제1차 회의 개최
- 한 · 중 · 일 · 몽 · 러 · 북한이 참여하는 정부 간 회의체

④ TEMM(한 · 중 · 일 3국 환경장관회의: Tripartite Environment Minister Meeting between China, Japan and Korea)

- 1998. 5. 제6차 유엔지속개발위원회에서 제안, 1999년 1차 회의 개최
- 동북아 환경 협력의 추진력 제고
- 3국간 공동체의식 제고와 정보 교류 활성화, 대기오염 방지, 해양환

경 보호, 환경 연구 및 환경 기술·산업 분야에서의 협력 강화, 기후 변화 등 지구 환경문제 해결을 위한 협력
- 장거리 이동 대기오염 공동 조사·연구, 산성비 모니터링 네트워크 등 9개 팀 프로젝트 추진

(c) 기타

① ISO(국제표준화기구: International Organization for Standardization)
- 1926년 국가표준협회 국제연맹으로 발족, 1947. 10. 현 명칭으로 개칭(스위스 제네바 소재)
- 물품 및 용역에 관한 국제규격을 개발, 국제무역의 확대를 도모
- 과학, 기술, 경제 분야에서 국제 협력 촉진

② OECD(경제개발협력기구: Organization for Economic Cooperation and Development)
- 1948. 4. 16. 서구 16개국이 경제협력기구 설립, 1961. 9. 30. 창설 (프랑스 파리 소재)
- 자유경제 체제와 민주정치 발전을 설립 이념으로 회원국의 경제성장 도모, 개도국 원조, 자유무역 확대

③ WBG(세계은행: World Bank Group)
- 1994년 설립(미국 워싱턴 소재)
- World Bank 산하에 세계은행, 국제통화기금(IMF), IBRD 있음
- 개도국에 대한 재정 지원, 건설·환경 개선 사업 추진

4) 산업계의 규제 제도

구분	규제명	대상국	규제 시기	주요 규제 내용
유해물질	RoHS	EU	2006. 7.	6대 유해물질(납, 수은, 카드뮴, 6가크롬, PBB, PBDE) 사용 제한
	Vermont	US	2004. 7.	수은 함유와 처분 방법에 관한 정보 라벨 부착 의무화
	REACH	EU	2005.	화학물질에 대한 등록 및 평가, 허가 관련 규제법. 등록 대상은 완제품 연간 1톤 이상 화학물질 사용
	Proposition 65	US	1999. 4. (개정)	인체와 접촉이 많은 외장품에 화학물질 사용 규제 및 경고. 약 800여 종 대상, 특히 납은 3월과 9월 규제 강화(300PPM)
EPR	WEEE	EU	2005. 8. 2007. 1.	폐제품 제조사 무료 수거 의무화(회수·처리 시스템 구축), 제품별 재활용 기준 준수 (50~75%)
	Recycle	일본	2001. 4.	5대 가전제품(냉장고, 에어컨, 세탁기, TV, PC) 재활용 의무화
에코 디자인	EuP	EU	2007	개발단계 Life Cycle을 고려한 친환경 설계 유도, CE마크와 통합되어 시장 진입 통제

5) 국제 환경 관련 규제 조치로 국내 기업에 미치는 영향

활동단계	국제환경 조치	주요 관련 산업	내용
원료조달	• 몬트리올 의정서 • 바젤협약 • 대산목제인증제도 • 생물다양성 협약	• 전자, 정밀기기, 화학 • 철강, 제지 • 목재, 펄프, 제지 • 생물산업	• CFCs(불염화탄소) 등 특정유해물질 규제 • 유해 화합물 • 열대산 목재 폐기 규제 • 생태계 보전
제조 및 유통	• 기후변화협약 • 공정 및 생산 방식 규제 • 탄소세, 에너지세	• 전산업 • 전산업 • 에너지 다소비 산업	• 에너지 사용 규제 • 열대산 목재 폐기 규제 • 생태계 보전

활동단계	국제환경 조치	주요 관련 산업	내용
소비	• 에너지 배기가스 규제 • 에너지 효율 등급제 • 경고 라벨 부착	• 자동차 및 부품 • 자동차, 전기, 전자 • 전자, 생활용품	• 자동차 대기오염 배출 억제 • 에너지 효율 규제 • CFC 사용 및 함유제품 소비 억제
폐기	• 폐차 및 폐가전 제품 • 용기 규제	• 자동차, 전기, 전자 • 음식료품	• 수거체계 수립 및 재활용 의무화 • 재활용 용이한 제품 사용
전 과정	• 환경경영국제 규격 • 에코라벨링제도	• 전산업	• 환경경영체계 구축 • 환경친화적 소비 장려

2
환경경영시스템 개요

1) 기업경영과 환경경영

일반적으로 경영이라 함은 기업경영을 의미하며, 경영이란 조직 내 주어진 목표를 달성하기 위해 필요한 제반 활동을 계획하고 조직하고 통제하는 의도적 노력을 의미한다.

조직의 목적은 이익의 극대화와 존속에 있다. 이 두 가지 목적은 불가분의 관계에 있으며, 조직이 이러한 목적을 달성하기 위해 활용하는 경영기법은 다양하다. 품질경영, 보건안전경영, 윤리경영 등이 바로 그것이며 이들 중 친환경적 경영이야말로 제일 기본적이고 최우선시되어야 한다는 점은 자명한 사실이 되었다. 다양한 환경문제의 해소와 이에 대한 적극적인 대응은 경쟁우위 전략 등 친환경조직으로서 존속하기 위한 방패가 되고 있는 것이다. 환경경영은 전략적이고 경쟁적인 면을 포함하여 폭넓은 분야의 문제를 다룬다.

즉 기업 활동의 전과정에 걸쳐 환경 성과를 개선함으로써 경제적 수익성 및 환경적 지속 가능성을 동시에 추구하는 일련의 경영 활동인 것이다. 이러한 의미에서 환경경영은 경제적 요구(예: 생산성, 경쟁력, 고객 만족, 수익성 제고, 경제성장, 고용 증대 등), 외부 여건의 변화(예: 지구의 환경문제 심화, 국내외 환경 규제의 강화, 소비자 의식 변화, 환경비용의 증대, 환경단체의 압력, 환경 이미지의 중요성 증대) 및 환경적 요구(예: 자원 절약, 오염 예방, 폐기물 저감, 삶의 질, 생태계 보전 등)에 기반을 두고 있다.

따라서 환경경영은 다음과 같은 분야에 걸쳐 폭넓게 다루는 것이라 할 수 있다.

- 환경경영전략 측면: 조직의 전사적 전략, 사업 단위 및 기능별 전략, 환경방침, 전략적 실천계획, 전략모형 분석 등
- 그린(green)조직: 그린조직 구조, 역할 및 권한, 교육훈련, 동기부여 등
- 청정생산: 청정생산기술 도입 및 활용, 환경을 고려한 설계(DfE), 폐기물 최소화, 자원의 재활용, 그린구매 등
- 그린마케팅: 그린소비자, 환경시장, 그린마케팅 믹스, 그린제품, 그린가격, 그린유통 등
- 환경회계(environmental accounting): 환경비용 분석 및 배분, 투자 분석 및 평가, 환경성과 평가, 환경보고 등

즉, 환경경영은 기업의 고유한 생산 활동에 의해 필연적으로 파생되는 환경적 훼손을 최소화하면서 환경적으로 건전하고 지속적인 발전을 도모하는 것이라 할 수 있다.

※ QMS – 고객 요구사항 만족 / EMS – 이해관계자 만족

2) 환경경영시스템 도입의 필요성 및 환경경영 방향

(a) 도입 필요성

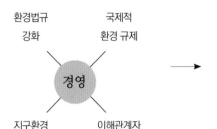

외부 환경 압력 증가	EMS 도입 효과

외부 환경 압력 증가

환경법규 강화
국제적 환경 규제

경영

지구환경 보호
이해관계자 관심 고조

EMS 도입 효과

- 기업 경쟁력 강화
  - 생산비 저감
  - 환경친화적 기업 이미지 확보
  - 친환경 제품 개발
  - 기업 문화 개선
- 환경 리스크 감소
  - 환경법령 규제
  - 환경을 매개로 한 무역장벽

(b) 환경경영 방향

- 환경보호와 기업 경쟁력 강화
- 전 조직에 적용
- 자발적 참여 유도
- 청정생산 기술의 적용
- 효율적인 운영 체계
- 환경경영시스템의 전산화
- 장기 계획 수립

3) 환경오염의 분류

환경오염은 전 지구적인 환경영향과 지역적인 환경영향으로 나눌 수 있으며, 그 예는 아래의 표와 같다. 이러한 환경 악영향으로 기업에 대한 사회·경제적인 요구는 강화되고 있으며 또한 기업경영의 새로운 기회로도 작용되고 있다.

구분	영향 종류	오염원
지구환경 오염	지구온난화	CO_2, CFCs(불염화탄소) 메탄 등 온실가스
	오존층 파괴	CFC, 할론, 사염화탄소 등
	산성비	Sox(황산화물), NOx(질소산화물)
	생물종 다양성 감소	열대우림 파괴, 사막화 등 생태계 파괴, 생물 멸종
	유해폐기물 국경 이동	폐기물 47종
	대형 누출 사고	방사능, 원유, 유독가스 등
지역환경 오염	수질오염 (지표, 지하, 호수)	산업폐수, 생활하수, 부영양화
	대기오염(실내 포함)	차량 배기가스, 분진, 미세먼지
	산업폐기물, 쓰레기	
지역환경 오염	토양오염	수은, 납, 폐기물, 중금속, 폐유 등
	해양 및 해안오염	부영양화, 원유 누출
	독극성 유기물	유기농약, 살충제
	소음/진동	
	기타	누출 및 사고, 분진 및 악취 전자기파, 생명공항의 부작용 등

참고 1 할론: 연소 과정을 증식시키는 연쇄반응을 방해하는 작용을 함. 전기부도체, 화재 진압 시 사용.

참고 2 부영양화: 일정한 곳에 갇힌 물에 하수나 공장 오수 등이 흘러들어 물속의 영양염류인 질소나 인 등이 늘어나는 현상.

3
ISO 14000의 제정과 체계

1) ISO 14000 시리즈의 제정 연혁

1992. 10. SAGE

    – 국제규격 제정을 위한 기술위원회 (TC) 설립 건의

1993. 1. ISO/TC 207 신설 투표결의, 18개국 참여 표명

    – 간사국: 캐나다

1993. 6. 제1차 정기총회(캐나다 토론토)

    – 분과위원회(6), 작업그룹(1) 설치 및 역할 결정

1993. 10. 제1회 SC1, SC2 분과위원회(네덜란드 암스테르담)

    – 작업항목 결정, 작업그룹 편성 및 일정 검토

1994. 5. 제2차 정기총회(호주 골드코스트)

    – 규격번호 부여(14000)

1994. 9. 오스트리아 빈 회의

    – 위원회 초안(CD) 작성

       ISO 14001: 환경경영시스템 규격

       ISO 14004: EMS Guidance

       ISO 14010: 환경감사의 기본원칙

       ISO 14011: 환경감사방법

1995. 1. 미국 샌프란시스코 회의

    – 초안 일부 변경

1995. 6. 제3차 정기총회 (노르웨이 오슬로 회의)

　　　　　－ ISO 140001 및 ISO 14004 DIS 상태로 확정

1996. 6. 제4차 정기총회(브라질 리오데자네이로), DIS 개정

1996. 9. ISO 140001 규격발효

1997. 6. 제5차 정기총회(일본)

1998. 6. 제6차 정기총회(미국)

　　　　　－ EL, EPE, LCA 등의 국제표준 논의

1999. 6. 제7차 총회(한국)

2004. 12. 제1차 개정

2015. 09. 제2차 개정

2) ISO/TC 207 기술위원회 구조

　1993년 1월, ISO는 TC(기술위원회)의 신설을 투표로 결의하고 환경경영에 관한 국제표준화 작업을 수행하기 위하여 환경경영과 관련된 제반 규격과 지침에 대한 표준화 작업을 수행했다. 다음 그림에서 보는 바와 같이 ISO/TC 207은 각 주제별로 6개의 분과위원회와 17개의 작업반으로 구성되어 있다. ISO/TC 207의 사무국은 캐나다가 담당하고 있으며, 영국, 네덜란드, 호주, 미국, 프랑스, 노르웨이 등이 각 분과위원회의 간사국으로 활동하고 있다. 1996년 현재 ISO/TC 207에는 50개국의 P회원과 17개국의 회원이 있다.

	SC 1 영국	SC 2 네덜란드	SC3 호주	SC 4 미국	SC 5 프랑스	SC 6 노르웨이	WG 1
	환경경영 체제 (EMS)	환경심사 (EA)	환경 라벨링 (EL)	환경성과 평가 (EPE)	전과정평가 (LCA)	용어정의 (T&D)	제품규격에 있어서의 환경 측면
	WG1 규격서	WG1 일반원리	WG1 제3자 인증	WG1 일반적 환경성과 평가	WG1 일반 원리 및 절차	WG1 제품 표준에 관한 환경측면	
	WG2 지침서	WG2 감사절차	WG2 기 업 자체 선언	WG2 산업별 특별환경 성 과지표	WG2 전과정 목록-일반		
		WG3 감사원 자격기준	WG3 라벨링 일반원칙	WG3 ISO 1400 예제 개발	WG3 전과정 목록-특수	WG2 산림에 대한 환경체제	
		WG4 환경현장 평가			WG4 전과정 영향평가		
					WG4 전과정 영향평가		
					WG5 전과정 개선평가		

Central Secretariat(CS): 표준화 총괄

Technical Committee(TC): 표준화 주제별 구성

Sub Committee(SC): TC 내로 분야별로 설치

Working Group(WG): 규격 작성의 최종 작업단위

3) ISO 14000의 체계

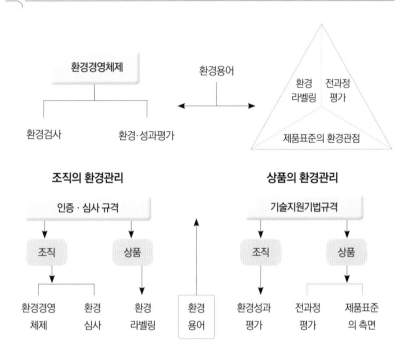

규 격 명	규 격 번 호	SC 및 WG
환경경영시스템 (Environmental Management System)	ISO 14000~14009	SC_1
환경심사 (Environmental Auditing)	ISO 19011	SC_2
환경성표시 (Environmental Labeling)	ISO 14020~14029	SC_3
환경성과 평가 (Environmental Performance Evaluation)	ISO 14030~14039	SC_4
전과정평가 (Life Cycle Assessment)	ISO 14040~14049	SC5
용어 및 정의 (Terms & Definitions)	ISO 14050~14059	SC6
제품표준의 환경적 측면 (Environmental Aspects in Product Standards)	미정	WG
온실가스(Greenhouse gases-part(1/2/3)	ISO 14064-1/2/3	-

(a) 환경경영체제(EMS)

환경경영을 실천하기 위해서 조직의 환경관리 활동을 체계화하는 데 필요한 내용들을 담고 있다. 즉, 오염 방지 및 법규 준수에 대한 실천 의지를 담은 환경방침의 공표, 이를 체계적으로 실행하기 위한 환경목표 및 세부 목표 수립, 이를 달성할 수 있는 환경경영 추진 계획 등을 구체화하도록 노력하고 있다. 그리고, 지속적인 환경 개선을 위하여 정기적으로 환경감사 또는 경영자검토를 하는 등 체계적인 접근 방법을 도입하고 있다. 환경경영체제는 제3자의 인증을 통하여 조직의 환경경영에 대한 신뢰를 확보할 수 있는 수단으로도 사용될 수 있다.

(b) 환경심사(EA)

환경심사에 대한 일반 원칙과 절차, 그리고 환경심사원의 자격에 대한 내용을 포괄적으로 규정하고 있다. 현재는 환경경영체제에 대한 심사에만 초점을 두고 있지만, 향후에는 성과심사에 대한 국제표준화 작업도 진행될 전망이다.

(c) 환경라벨링(EL)

환경라벨링에서는 기업이 공급하고 있는 제품의 환경성에 대한 사항을 다루고 있다. 제3자 인증을 위한 환경마크 부착에 따른 지침 및 절차 등에 대한 규정과 기업이 자사제품의 환경성을 스스로 주장하는 데 대한 일반 지침 및 원칙에 대한 규정 등이 포함되어 있다.

(d) 환경성과평가(EPE)

조직의 경영자에 의하여 정해진 기준을 조직이 만족시키고 있는지를 결정하기 위하여, 현재 진행 중인 신뢰할 수 있고 검증할 수 있는 정보를 경영자에게 제공할 목적으로 만들어진 내부 경영 절차이다. 환경정책, 환경목적 및 세부 목표 그리고 기타 환경성과 기준에 대비하여 조직의 환경성과를 평가하는 것이 좋다.

즉, 환경성과평가는 현재의 환경성과 및 시간에 따른 성과 추이를 평가하기 위한 자료와 정보를 수집하고 분석하는 지속적인 절차이다. 환경성과평가에 필요한 추가적인 정보를 확보하기 위하여 경영자가 사용할 수 있는 다른 도구들로는 전과정평가(LCA: life cycle assessment)와 환경검토(environmental review) 등을 들 수 있다.

(e) 전과정평가(LCA)

전과정평가는 원료 조달 또는 획득으로부터 제조(생산), 유통(판매), 사용 및 처리(폐기)에 이르기까지 제품의 전과정에 관련된 환경측면 및 잠재적인 환경영향을 제품이나 시스템과 관련된 투입물과 산출물의 목록화 및 영향평가, 그 결과의 해석 등을 통하여 파악하는 것이다. 즉 특정 제품이나 공정, 활동의 전과정에 걸쳐 소모되고 배출되는 에너지 및 물질의 양을 정량화하여 이들이 환경에 미치는 영향을 평가하고, 이를 통하여 환경개선의 방안을 모색하고자 하는 객관적인 환경영향평가 기법이다.

(f) 용어정의(T&D)

ISO/TC 207의 각 분과위원회에서 개발하고 있는 여러 가지 규격 및 지침에서 사용되는 용어를 체계적으로 정의를 내리는 작업을 하고 있다. 그 목적은 각각의 규격에서 사용되고 있는 용어의 조화를 통하여 궁극적으로 통일된 용어정의 규격을 개발하는 것이다. 여기서 가장 우선순위를 두고 있는 작업은 환경경영에 관한 공통된 국제언어를 창출하는 것이다.

4) EMS와 QMS와의 비교(환경과 품질의 개념 차이)

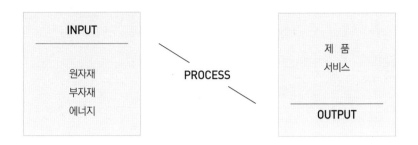

(a) QMS 측면
- 의도된 제품 또는 서비스(OUTPUT)

(b) EMS 측면: 원하지 않는 것도 산출
- 제품을 만들기 위한 부산물
- 대기 방출 / 수질 배출 / 폐기물 / 소음, 진동 등

(c) 생산성과 환경 관계
- 과거: 생산성과 효율성 중시, 환경투자는 비용만 수반
- 현재 및 미래: 회사 이미지 제고, 환경 친화적 상품의 소비자 관심 고조, 환경규제 강화 등으로 경쟁력은 물론 회사의 존폐 좌우

(d) EMS와 QMS의 차이
- 본질은 환경과 품질의 개념 차이
- 방법은 유사

제 2부 HLS, RBT (Risk-based Thinking)

1. HLS(High Level Structure)
2. 리스크 기반 사고(Risk-based thinking)

1

HLS(High Level Structure)

1) Annex SL이란?

① "ISO 9001의 제정 이후, 경영시스템의 가장 중요한 사건이다." (영국 IRCA)

② Annex SL은 ISO/IEC Directives, Part1의 부속서임

③ Annex SL은 ISO/IEC Directives, Part1의 부속서 순서에 따른 명침임 (Annex SK - Annex SL - Annex SM)

④ ISO/IEC Directives, Parts1 : Consolidated ISO Supplement - Procedures specific to ISO

⑤ Annex SL, Proposal for management system standards

※ SL.5.5항: HLS(High Level Structure) - ISO/TMB/JTCG에서의 작업 결과물로서 경영시스템 표준의 표준화된 구조로, 동일한 제목, 동일한 텍스트, 공통의 용어 및 정의를 규정한 문서임(2011. 12.)

2) 경영시스템 표준

① ISO(국제표준화기구)는 IEC(국제전기기술위원회)와 공동지침인 ISO/IEC Directives - Part1. Annex SL에 따라 ISO 9001/14001:2015 Version 개정

② Annex SL에서는 경영시스템 표준(MSS)에 공통적으로 사용할 수 있도록 상위 레벨구조(High Level Structure)로 구성되어 있음

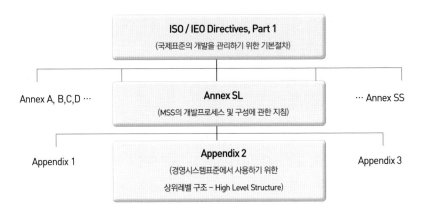

3) Annex SL의 채택 배경

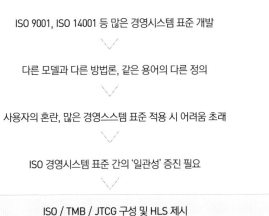

4) Annex SL 중요성

① ISO 9001을 시작한 이래로 가장 중요한 사건

② Annex SL적용은 다른 경영시스템 표준에서 오는 중복, 혼동, 오해 및 상충/충돌에 대한 해결의 시발점

③ The 'management system writers standard' (집필/설계/작성자 기준)

④ Part of ISO Directives Part1

⑤ Evolutionary development of the earlier guide 83

⑥ Called annex SL as comes after annex SK and before annex SM

5) Annex SL의 이점

① Organizations: 하나 이상의 경영시스템을 운영/관리 시 비용 절감 및 효율성 증대 효과 기대

② Quality managers: 중복되는 많은 요구사항들은 경영시스템의 업무량을 감소시킴

③ Auditors: 공통의 Annex SL 요구사항들은 결국 심사원에게 훨씬 간편한 활동 제공

6) MSS – High Level Structure

① Annex SL(High Level Structure)은 10개의 high level structure를 제공하고 경영시스템을 위한 용어 및 요구사항을 표준화함

※ 필수적인 구조: HLS(High Level Structure), Core Text, Common Terms & Definitions

② Annex SL은 모든 경영시스템에 적용될 공통 Framework를 제공하는 새로운 상위구조

③ Annex SL은 상이한 경영시스템 표준 간의 일관성과 연계성을 강화하기 위하여 설계됨

④ Framework는 최상위 구조에 부합하는 하위조항들을 제공

⑤ 모든 경영시스템 표준에 공통적인 용어를 적용

7) HLS, Core Text, Common Terms & Definitions

(a) Annex SL(High Level Structure)

Introduction	개요
① Scope	① 적용범위
② Normative references	② 인용표준
③ Terms and definitios	③ 용어와 정의
④ Context of the organization	④ 조직상황
⑤ Leadership	⑤ 리더십
⑥ Planning	⑥ 기획
⑦ Support	⑦ 지원
⑧ Operation	⑧ 운용
⑨ Performance evaluation	⑨ 성과평가
⑩ Improvement	⑩ 개선

(b) Annex SL(Core Text)

4. Context of the organization (조직상황)

4.1 Understanding the organization and its context (조직과 조직상황의 이해)

4.2 Understanding the needs and expectations of interested parties(이해관계자의 니즈와
기대이해)

4.3 Determining the scope of the XXX management system (XXX경영시스템 범위 결정)

4.4 XXX management system and its processes (XXX 경영시스템과 그 프로세스)

5. Leadership (리더십)

5.1 Leadership and commitment (리더십과 의지표명)

5.2 Policy (방침)

5.3 Organizational roles, responsibilities and authorities (조직의 역할, 책임 및 권한)

(c) Annex SL(Common Terms & Definitions)

Organization

Inerrested party

Repuirement

Management system

Top management

Effectiveness

Policy

Objective

Risk

Competence

Documented information

Process

Performance

Outsource

Monitoring

Measurement

Audit

Conformity

Nonconformity

Corrective action

Continual improvement

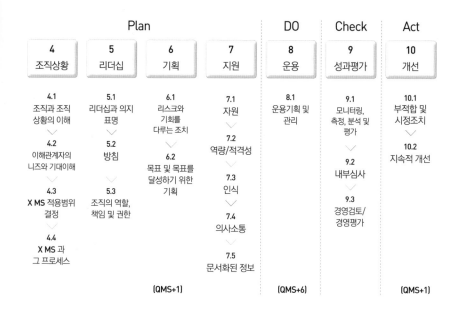

	Plan			DO	Check	Act
4 조직상황	**5** 리더십	**6** 기획	**7** 지원	**8** 운용	**9** 성과평가	**10** 개선

4.1 조직과 조직 상황의 이해	5.1 리더십과 의지 표명	6.1 리스크와 기회를 다루는 조치	7.1 자원	8.1 운용기획 및 관리	9.1 모니터링, 측정, 분석 및 평가	10.1 부적합 및 시정조치
4.2 이해관계자의 니즈와 기대이해	5.2 방침	6.2 목표 및 목표를 달성하기 위한 기획	7.2 역량/적격성		9.2 내부심사	10.2 지속적 개선
4.3 X MS 적용범위 결정	5.3 조직의 역할, 책임 및 권한		7.3 인식		9.3 경영검토/ 경영평가	
4.4 X MS 과 그 프로세스			7.4 의사소통			
			7.5 문서화된 정보			
		(QMS+1)		(QMS+6)		(QMS+1)

8) ISO 9001 : 2015와 ISO 14001 : 2015의 HLS 구조

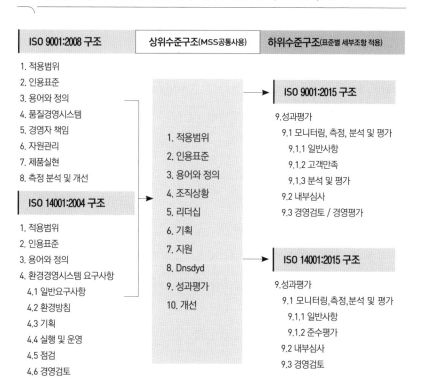

ISO 9001:2008 구조	상위수준구조(MSS공통사용)	하위수준구조(표준별 세부조항 적용)

ISO 9001:2008 구조
1. 적용범위
2. 인용표준
3. 용어와 정의
4. 품질경영시스템
5. 경영자 책임
6. 자원관리
7. 제품실현
8. 측정 분석 및 개선

ISO 14001:2004 구조
1. 적용범위
2. 인용표준
3. 용어와 정의
4. 환경경영시스템 요구사항
  4.1 일반요구사항
  4.2 환경방침
  4.3 기획
  4.4 실행 및 운영
  4.5 점검
  4.6 경영검토

상위수준구조(MSS공통사용)
1. 적용범위
2. 인용표준
3. 용어와 정의
4. 조직상황
5. 리더십
6. 기획
7. 지원
8. Dnsdyd
9. 성과평가
10. 개선

ISO 9001:2015 구조
9.성과평가
  9.1 모니터링, 측정, 분석 및 평가
    9.1.1 일반사항
    9.1.2 고객만족
    9.1.3 분석 및 평가
  9.2 내부심사
  9.3 경영검토 / 경영평가

ISO 14001:2015 구조
9.성과평가
  9.1 모니터링,측정,분석 및 평가
    9.1.1 일반사항
    9.1.2 준수평가
  9.2 내부심사
  9.3 경영검토

2

리스크 기반 사고(Risk-based thinking)

1) ISO 9001:2015 (Risk-based thinking)

리스크 기반 사고는 효과적인 품질경영시스템을 발전하기 위하여 필수적이다. 리스크 기반 사고의 개념은 이 표준의 이전 판에 내포되어 있다. 예를 들면, 잠재적 부적합을 제거하기 위한 예방조치의 수행, 발생하는 모든 부적합의 분석, 그리고 부적합의 영향에 적절한 재발 방지 조치를 포함한다.

이 표준의 요구사항에 적합하도록, 조직은 리스크와 기회를 다루기 위한 조치를 계획하고 실행할 필요가 있다. 리스크와 기회 모두를 다루는 것은, 품질경영시스템의 효과성 증진, 개선된 결과 달성 및 부정적 영향 예방을 위한 기반을 확립하는 것이다. 기회는 의도한 결과를 달성하기에 유리한 상황(situation)의 결과로 나타날 수 있는데, 예를 들면 조직이 고객을 유치하고, 새로운 제품 및 서비스를 개발하며, 낭비를 감소시키거나 생산성을 개선하도록 하는 상황(circumstance)의 집합이다.

기회를 다루기 위한 조치에는 연관된 리스크의 고려도 포함될 수 있다. 리스크는 불확실성의 영향이며, 그러한 모든 불확실성은 긍정적 또는 부정적 영향을 가져올 수 있다. 리스크로부터 발생되는 긍정적인 변경(deviation)은 기회를 제공할 수 있으나, 리스크의 모든 긍정적인 영향이 기회로 되는 것은 아니다.

2) ISO 9001:2015(Risk 용어)

3.7.9 리스크(Risk)

불확실성의 영향. 국제 표준에서 Risk Concept은 다음의 불확실성과 관계된다.

- 조직이 고객에게 적합한 제품이나 서비스를 제공할 수 있는 능력
- 조직이 고객만족을 향상시킬 수 있는 능력

> **비고 1 |** 영향은 긍정적 또는 부정적 예상으로부터 벗어나는 것이다.
>
> **비고 2 |** 불확실성은 사건, 사건의 결과 또는 가능성에 대한 이해 또는 지식에 관련된 정보(3.8.2)의 부족, 심지어 부분적으로 부족한 상태이다.
>
> **비고 3 |** 리스크는 흔히 잠재적인 사건(ISO Guide 73:2009, 3.5.1.3)과 결과(ISO Guide 73:2009, 3.6.1.3), 또는 이들의 조합으로 특징지어진다.
>
> **비고 4 |** 리스크는 흔히 (주변 환경의 변화를 포함하는) 사건의 결과와 연관된 발생 가능성(ISO Guide 73:2009, 3.6.1.1)의 조합으로 표현된다.
>
> **비고 5 |** "리스크"란 용어는 때로는 부정적인 결과의 가능성만이 있을 때 사용된다.
>
> ※ KS A ISO/IEC Guide 73 리스크 관리 – 용어 – 규격에 사용하기 위한 지침

3) Risk-based thinking?

- 위험성에 대한 개념은 기존 ISO 9001에 이미 내포되어 있었지만 이번 개정판에서는 보다 분명하게 전반적인 경영시스템에 적용됨
- 위험성 기반 사고는 위험성이 처음부터 프로세스 접근 전반에까지 고려됨을 보장함
- 위험성 기반 사고는 전략적 계획에 예방 조치를 마련하게 함
- 종종 위험은 부정적으로만 생각되는데, 위험성 기반 사고는 또한 기

회를 규명하는 데 도움을 주며 이것은 위험이 긍정적인 것으로 고려
될 수 있음을 보여 줌
- 위험성 기반 사고는 우리 모두가 자동적으로 하고 있으며 종종 최상
의 결과를 가져오게 함
- 예방조치 절차 중 일부였던 것을 대신하여 리스크는 경영시스템 전
체에서 고려됨
- 주요 변경 사항 중 하나로 Annex SL은 기존의 경영시스템 리스크에
대한 시스템적인 접근을 도입하게 하였음
- 리스크 기반 사고는 프로세스 어프로치 및 P-D-C-A와 더불어 적용됨
- 의도된 결과를 달성하기 위하여 프로세스를 정의하고 프로세스와 그
들의 상호작용 관리를 위해서 프로세스 어프로치를 활용
- 잠재적 문제를 파악하고 다루기 위하여 리스크 기반 사고를 이용
- 시정조치 및 프로세스 개선을 위하여 P-D-C-A를 이용
- 리스크로 인한 예기치 않은 영향을 예방 또는 감소시킴으로써 조직
은 사전에 주도적으로 대처하게 됨
- 예방조치는 리스크 기반 접근 시스템에서 자동적으로 수행됨

4) ISO 9001:2015에서 언급된 Risk-based thinking?

• 4. 조직상황

조직은 그들의 QMS 운영에 필요한 프로세스를 결정하고 그 프로세스
의 리스크와 기회를 조치

- 5. 리더십

제품 및 서비스의 적합성에, 그리고 고객 만족을 증진시키는 능력에 영향을 미칠 수 있는 리스크와 기회가 결정되고 처리

- 6. 기획

QMS을 기획할 때, 조직은 4.1(조직상황)의 이수와 4.2(이해관계자의 니즈와 기대이해)의 요구사항을 고려하여야 하며, 다음 사항을 위하여 다루어야 할 필요성이 있는 리스크와 기회를 정하여야 한다.
  - 품질경영시스템이 의도된 경과를 달성할 수 있음을 보증
  - 바람직한 영향의 증진
  - 바람직하지 않은 영향의 예방 또는 감소
  - 개선의 성취

조직은 다음 사항을 기획하여야 한다.
  - 리스크와 기회를 다루기 위한 조치
  - 다음 사항에 대한 방법: 조치를 품질경영시스템의 프로세스에 통합하고 실행(4.4 참조), 이러한 조치의 효과성 평가

리스크와 기회를 다루기 위하여 취해진 조치는, 제품 및 서비스의 적합성에 미치는 잠재적 영향에 상응하여야 한다.

- 8. 운용

조직은 다음 사항을 통하여, 제품 및 서비스의 제공을 위한 요구사항을 충족하기 위해 필요한 그리고 6절에서 정한 조치(리스크와 기회를 다루는 조치)를 실행하기 위해 필요한 프로세스(4.4)를 계획, 실행 및 관리

- 9. 성과평가

- 모니터링 및 측정에서 나온 적절한 데이터와 정보를 분석하고 평가
- 리스크와 기회를 다루기 위하여 취해진 조치의 효과성

• 10. 개선

불만족 야기와 부적합이 발생하였을 때 필요한 경우, 기획 시 결정된 리스크와 기회를 갱신

• 결론

Risk-based thinking은 새로운 것은 아니며 우리가 이미 수행하고 있는 것으로 지속적/진행 중이다. 많은 지식의 제공과 대비를 할 수 있게 하며 목표를 달성하는 가능성을 높여 주고 의도하지 않은 결과의 발생 가능성을 감소시켜 주며 예방에 대한 습관을 가지게 하는 사고이다.

5) 리스크 평가 및 기법

- 실패 모드 및 영향분석(FMEA)
- 원인 및 영향분석
- 위해 요소 분석 및 주요 관리점(HACCP)
- 위험성평가(OHSAS)
- 근본원인분석
- 환경영향평가(EMS)
※ ISO 31010 리스크 관리 – 리스크 평가 기법

6) 품질관리 리스크 유형(ISO/TC176/SC2/N1231)

A유형 Risk	**B유형 Risk**
제품 및 서비스의 품질에 영향을 미치는 Risk	제품 및 서비스의 품질로 인한 고객 및 이해관계자에 대한 Risk

- 고객이 표명한 요구사항의 수집, 이해 또는
  해석 오류
- 고객의 묵시적인 요구사항 이해 오류
- 경쟁사 제품의 시장조사 불충분
- 다양한 고객니즈(특히 서비스 관련)이해를 위
  한 시장조사 불충분
- 시장 및 고객 요구사항의 변화 또는 이동을
  조기에 파악하는 시스템 불충분
- 법적 요구사항 해석 오류
	- 미흡한 품질, 공급 지연, 고객의 비용
	  손실로 인한 고객 불만족
	- 조직 명성 훼손
	- 조직의 비용 및 노력 낭비
	- 투자자의 투자 수익에 미치는 영향

7) 리스크의 종류

자연, 사고 이외의 "기업"이라는 조직관점

분류	Risk 종류
내부 인적 요인에 의한 것	- 경영자/종업원 불상사, 기밀 누설, 내부 고발 - 위법행위(담합, 인종차별, 이익 공여, 주가조작, 법규 위반) - 경영자/중요 인물의 직무 불능(급병, 급사, 빼돌리기 등)
외부 인적 요인에 의한 것	- 경영자/종업원 유혹, 나포, 감금 등 - 외부로부터 공격(설비, 정보시스템, 상품, 직원 등)
사회적 요인에 의한 것	- 전쟁/내란/쿠데타, 경제 혼란, 외화 부족 - 중요 거래처 영업 불능/도산 - 금리, 주가, 상품시황, 환율 등의 대폭적인 변동 - 원료 확보 불능, 환경문제(온실가스, 배기가스 등)

8) 리스크 범주별 주요 리스크

NO	Risk 범주	주요 Risk
1	경영전략/기획	– 전략 오류/실패(미래 예측/해외 진출/M&A) – 집단소송 피고(IR 실패)
2	인적자원	– 파업/폭동, 부정행위/독직/부패, 성희롱, 횡령 – 해외 출장 사고(실종, 피랍), 핵심경영자 사고/건강 이상
3	재무/외환	– 원자재 가격 폭등, 유가 급등, 이자율 상승, 금리 급상승 – 세무조사/추징, 환율 급변, 외환위기
4	영업/마케팅	– 제품 가격 하락(고객 요구/과당경쟁), 해외 판매선 중단/이탈 – 고객 이탈/계약 해지, 계약 조건 오류, 견적 오류
5	기술/개발	– 신기술/신제품 개발 및 설계 오류, 개발/설계 오류/실패 – 세무조사/추징, 환율 급변, 외환위기
6	구매/외주	– 공급업체 생산 중단(부도/도산/폐업, 파업/노사분규 등) – 자재/부품의 품질 사고, 운송업체 파업 등
7	생산/설비/물류	– 생산 중단(설비 고장), 운송 중 파손/사고, 이물질, 독극물, 붕괴 – 에너지(전기/가스/열) 중단, 용수오염, 지반침하 등
8	품질	– 리콜/품질사고, 클레임, 반품(요구사항/시방/규격 미준수)
9	환경/안전/보건	– 유독성/화학물질/오염물질 유출, 환경/안전/보건 위반활동 – 발암물질/중금속 검출, 근로자 안전사고(산재사고)
10	IT/보안	– 개인정보 누출(해킹), 전산망/서버 마비(외부공격 등) – DB손상(오염/바이러스), 인터넷/통신두절/장애, 기밀정보 공개
11	재난/재해	– 화재, 폭발, 자연재해(태풍, 지진, 해일, 홍수, 폭설, 산사태 등) – 질병/전염병(SARS, 신종플루, 조류독감, 구제역 등)
12	법규준수/기타	– 직원 테러/납치, 해외법인/현장 폐쇄(정치 불안/소요, 내전, 테러) – 법규 위반(탈세, 불공정거래/담합, 비자금 조성) – 이미지 실추(언론, 갑질 등)

9) 리스크 개념 변화

전통적인 관점	최근의 경향
Risk는 부정적이고 통제되어야 함	Risk는 기회이고, 적극적으로 관리될 필요가 있음
Risk는 특정 부서가 관리하는 것임	Risk는 전사적이고 통합적인 관점에서 관리되어야 함
Risk의 측정은 주관적이고 정성적임	Risk는 양적으로 측정 가능(정량적)해야 함
Risk 관리 기능은 분리되어 있음	Risk 관리 활동은 경영시스템에 통합되어야 함

10) Risk Management와 Crisis Management

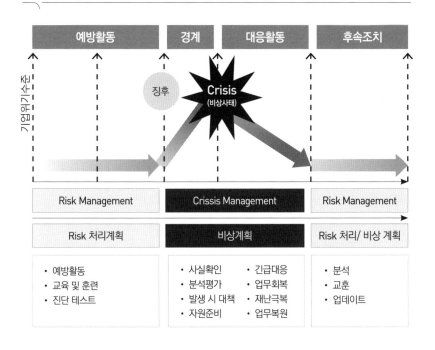

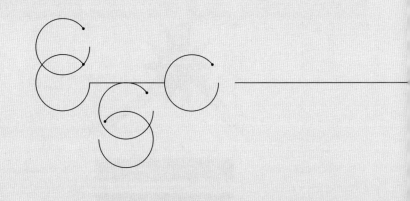

제 3부 **환경측면 및 환경영향**

1. 환경측면 및 환경영향평가 개요
2. 환경측면/환경영향의 정의
3. 환경측면/환경영향의 평가 절차

1
환경측면 및 환경영향평가 개요

　환경 심사를 수행할 때 가장 중요한 고려 사항은 특정 운영에 어떤 환경적인 영향이 가장 중대한지 결정하는 능력이다. 이것은 최초 검토 형식의 심사를 수행하는 심사원에게 특히 중요할 수 있다. 그들은 최초 검토 자체뿐만 아니라 조직의 중대한 환경적 영향 목록 준비를 위탁받았을 것이다. 대안으로, 공급자 평가를 수행하는 심사원은 기준의 범위에 기초를 둔 특정 공급자의 환경 영향의 중대성을 결정해야 할 것이다. 제품, 서비스나 활동이 중대한 환경 영향을 가지는지 여부를 결정하는 것은 심사원을 위한 중요한 기술이다. EMS 내부 심사가 수행된다면 그들은 거의 확실하게 이런 평가의 결과를 검토해야 할 것이다. 그러므로 그것은 환경 영향 파악과 중대성 결정 후의 프로세스를 이해하는 데 중요하다.

2
환경측면/환경영향의 정의

1) 환경측면(Aspect)과 환경영향(Impact)

(a) **환경측면**(Environmental Aspect) : 14001 - 6.1.2 항
- 환경과 상호작용할 수 있는 조직의 활동이나 제품 또는 서비스 요소
- 중대한 환경측면이란 중대한 환경영향을 미치거나 미칠 수 있는 측면
- "환경의 원인"

(b) **환경영향**(Environmental Impact) : 14001 - 6.1.2 항
- 조직의 환경측면이 전체적 또는 부분적으로 환경에 미치는 변화
- 환경에 좋은 영향을 미치거나 또는 나쁜 영향을 미칠 수도 있음
- 긍정적 영향: 수질 또는 토양의 질 개선 등
- 부정적 영향: 대기오염 또는 천연자원의 감소 등
- "환경측면의 결과"

2) 설계책임에 의한 환경전략

(a) 제품설계 책임이 있는 조직
- 투입물질 하나를 변경함으로써 법규 문제, 내외부 이해관계자 관심
  사항 등에 중대한 영향을 미칠 수 있는지 검토하는 PROCESS 중요

– 조직이 개발한 제품의 이해관계자(제조자/사용자 등)에게 환경영향 관리를 위한 적절한 취급 및 처리에 대한 의사소통 중요

(b) 제품설계 책임이 없는 조직

– 외부에서 결정된 제품시방에 따라 공급해야 할 의무가 있는 조직은 요구되는 PROCESS(생산 등) 기준에 따른 운영관리 중심으로 환경경영 실행

3) 환경측면(Environmental Aspect) 파악

(a) 환경측면 파악대상의 분류

– 입력: 원부자재, 에너지, 천연자원 등
– 공정: 폐기물, 배출, 방출, 토양오염 등
– 출력: 포장, 보관, 유통, 사용, 폐기 등
– 지원기능: 재정, 영업, 인사, 검사, 구매, 개발 등

(b) 환경부하

– 자원소모 및 환경 오염물(수질, 대기, 폐기물 등)을 지칭
– 환경 오염물질로 배출을 말함
– 예: 자동차배기가스, 공사장먼지, 소각장 연기 등

4) 환경영향의 구분

구분	오염(Pollution)	자원사용(Resource usages)
직접	공기, 물, 토양, 소음 (이웃에 폐를 끼치는 행위)	에너지, 물, 원료, 연료
간접	공급자와 소비자가 발생시키는 영향	공급자와 소비자의 자원 사용

5) 환경측면 파악범주

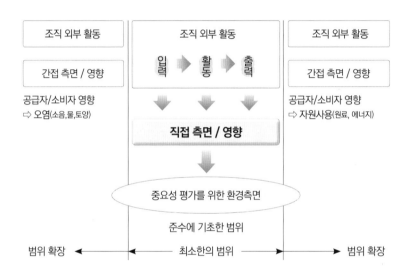

6) 환경측면과 환경영향 사례

(a) 원인과 결과로 살펴보는 사례

환경측면(원인)	환경영향(결과)
차량 운전	에너지, 물, 원료, 연료
의복 세탁	물의 사용, 수질 오염

환경측면(원인)	환경영향(결과)
도시락 점심식사	폐기물 발생(포장재)
기 압축기 운전	소음 발생, 에너지 사용
컴퓨터 사용	에너지 사용, 유해전파 발생
CFC 냉장고 가용	대기오염, 에너지 사용
유해물질 유출	토양오염, 수질오염

(b) 평가대상별 사례

구분	평가대상	환경측면	환경영향
활동	유해 화학물질 생산	사고에 의한 유출	대기, 수질, 토양오염, 인원 상해
	지하탱크 연료저장	사고에 의한 지하유출	토양/지하수 오염
제품	에어컨 사용	전기 사용	천연자원 감소
	재충전 토너 카트리지 사용	원재료 사용	자원 보존
서비스	유해 화학물질 취급	비상사태 시 관리되지 않고 유출	대기, 수질, 토양오염, 인원 상해
	운송수단 운영	연료(자원)의 소비 질소산화물(NOx)방출	연료(자원) 감소, 수질·대기 오염(오존 발생)

7) 환경영향(Environmental Impact)평가

환경영향평가는 환경오염 사전예방 수단으로 사업계획을 수립함에 있어 당해 사업의 사업의 경제성·기술성뿐만 아니라 환경성까지 종합적으로 고려하여 환경적으로 건전한 사업계획안을 모색하는 과정이자 하나의 계획기법으로, 사업자가 개발사업을 시행 시에 환경에 미치는 해로운 영향을 예측·분석하여 이를 최소화하는 방안을 모색하고, 사업계획에 반영토록 하는 제도이다. 대한민국에서는 1977년 환경보전법이 제정되면서 환경영향평가가 최초로 도입되었으며, 1981년 3월부터 중앙정부를 중심으로 처음 시행되었다.

※ 환경영향평가는 '치료보다는 예방이 낫다'는 "사전예방의 원칙"의 대표적 사례이다.

(a) 환경영향평가 목적

환경에 영향을 미치는 계획 또는 사업을 수립·시행할 때 해당 계획과 사업이 환경에 미치는 영향을 미리 예측·평가하고 환경보전방안 등을 마련하도록 하여 친환경적이고 지속 가능한 발전과 건강하고 쾌적한 국민생활을 도모함을 목적으로 한다.

(b) 환경측면과 영향평가4단계 과정

- 제1단계: 활동(공정), 제품 또는 서비스의 선정
- 제2단계: 선정된 활동, 제품, 서비스에 대한 환경측면의 파악
- 제3단계: 실재적/잠재적, 긍정적/부정적 환경영향의 파악
- 제4단계: 환경영향의 중대성 평가

단계	단계별 내용	비고
1단계	활동(공정), 제품 및 서비스의 선정	선정된 활동, 제품, 서비스가 의미 있는 평가가 되기 위해서는 충분히 커야 하고, 충분한 이해를 위해서는 가능한 상세해야 함
2단계	선정된 활동에 대한 환경측면 파악	선정된 활동(공정), 제품 및 서비스와 관련된 모든 환경측면을 파악
3단계	환경영향의 파악	파악된 각각의 환경측면과 관련된 모든 실재적/잠재적, 긍정적/부정적인 환경영향을 파악
4단계	환경영향의 중대성 평가	파악된 환경영향의 각각에 대한 중대성은 개별조직에 따라 다를 수 있고, 이때 정량화가 판단에 도움을 줄 수 있음

3
환경측면/환경영향의 평가 절차

1) 환경측면/환경영향의 평가 절차

	공정 / 활동 선정	
1. 초기 환경성 검토결과 2. 활동/공정별 입력/공정/출력/ 지원 자료 3. 조직의 환경방침 4. 법규 및 기타 요건 5. 이해관계자 관심 사항	평가준비	1. 평가 목적, 범위 결정 2. 평가 계획서 작성 3. 평가 대상 선정 4. 평가팀 구성
	정보수집 분석	1. 수집된 정보의 분석 2. 유형별 정보의 분류 3. 가능한 정량화
1. 활동/공정의 세부목록표 2. 활동/공정의 흐름도 작성 3. 물질수지 작성(필요시)	환경측면 파악	1. 평가대상별 측면 목록 2. 모든 조건(정상,비정상,비상사태/ 시기/범위별 측면 파악

파악된 모든 측면에 대한 영향 파악	환경영향 파악	1. 영향 목록/평가서
		2. 모든 조건(정상, 비정상, 비상사태/
		   시기/범위별 측면 파악 (대기, 수계,
		   폐기물, 토양, 원자재 및 천연자원 고
		   갈, 에너지 고갈, 기타지역 환경문제)

1. 평가항목별 평가기준 설정 2. 중요도 기준 설정 3. 항목별 등급 평가표 준비	환경영향 평가	
	평가결과 검토	1. 환경영향 평가서 2. 평가 근거 자료정리
		필요시 환경방침 변경
1. 법규 및 조직동의 요구사항 2. 지속적 개선 의지 3. 측정가능, 오염예방의지 4. 환경방침과 일관성 등	중대한 환경영향 등록	
		중대한 환경영향 등록부 작성
	목표 설정	
1. 목표달성 위한 책임자 지정 2. 목표달성 위한 수단 및 일정	환경프로그램 수립	

2) 공정흐름도(Process Flow Diagrams)

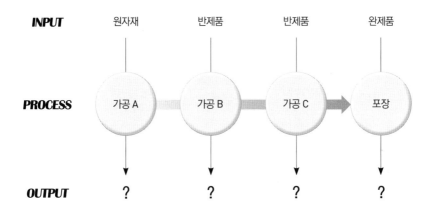

3) 세부공정흐름도(Process Flow Diagrams)

조직의 활동을 의미 있는 단위 공정 형태로 표현

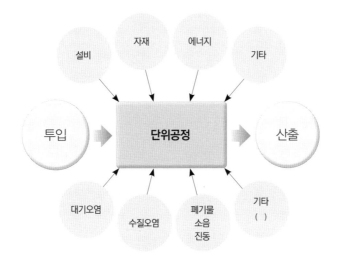

4) 물질수지개념도(Mass Balance Sheet)

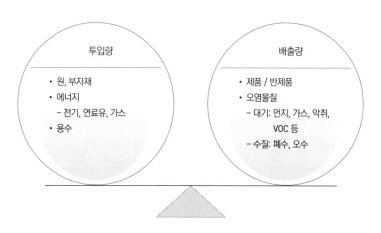

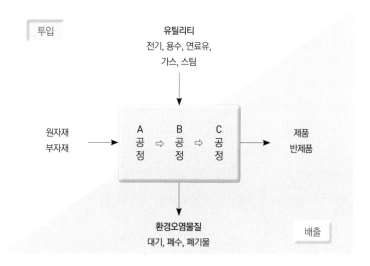

(a) 이유

- 환경오염물질과 Loss의 양을 파악하기 위해

(b) 필요성

- 오염물질 배출원과 배출량 파악

- 발생원 관리

- 원단위 관리(제품생산량 대비 투입물질의 양)

- 손실, 누출량 파악(생산수율 떨어지는 공정 색출)

- 중요도 식별

- 목표 수립

5) 물질수지(Mass Balance)

⇨ 모든 INPUT과 알려진 모든 OUTPUT을 기록

⇨ 비교가 가능하도록 표준 중량, 단위 등으로 변환

⇨ 모든 INPUT의 총량은 OUTPUT의 총량과 같아야 함

⇨ 물질수지를 통해 폐기물과 미처 깨닫지 못했던 양들을 식별

A 부서의 월 제품 생산량은 950개이고 폐품은 30개가 발생하였다.

제품 1개당 납은 1kg, FLUX(용제)는 0.3kg이 필요하다.

A부서의 월 납 1000kg, FLUX 500kg, TCE 20kg을 투입하였다.

INPUT 과 OUTPUT은 얼마인가? ⇨ 물질수지표 작성

예) 물질 수지표

부서:생산부			대상: A부품　작성자: 아줌마　공정: 남편			배출기준 (관련법규)	처리방법 (REMARKS)
INPUT			OUTPUT			배출기준 (관련법규)	처리방법 (REMARKS)
투입물질	단위	수량	배출물질	단위	수량	배출기준 (관련법규)	처리방법 (REMARKS)
납	Kg	1000	폐납	Kg	40	폐수처리 시설 운영 시 등	위탁처리(재활용) 대기방출
납	Kg	1000	납가스	Kg	10	폐수처리 시설 운영 시 등	위탁처리(재활용) 대기방출
FLUX (용제)	Kg	500	폐FLUX	Kg	9	폐수처리 시설 운영 시 등	위탁처리 대기방출
FLUX (용제)	Kg	500	FLU가스	Kg	106	폐수처리 시설 운영 시 등	위탁처리 대기방출
TCE (세정제)	Kg	20	폐 TCE	kg	18	폐수처리 시설 운영 시 등	위탁처리 대기방출
TCE (세정제)	Kg	20	TCE 가스	kg	2	폐수처리 시설 운영 시 등	위탁처리 대기방출
TCE (세정제)	Kg	20	폐 장갑/걸레	?	?	폐수처리 시설 운영 시 등	위탁처리(재활용, 폐기,재사용 등)
TCE (세정제)	Kg	20	폐 드럼통 등	개	?	폐수처리 시설 운영 시 등	위탁처리(재활용, 폐기,재사용 등)
			A부품 950개				

6) 환경규제 요구사항 활용

제 4부

ISO14001:2015
요구사항 및 사용지침

머리말

개요

환경경영시스템 – 요구사항

및 사용지침

1. 적용범위

2. 인용 표준

3. 용어와 정의

4. 조직의 상황

5. 리더십

6. 기획

7. 지원(support)

8. 운용

9. 성과 평가

10. 개선

부속서 A

부속서 B

참고문헌

용어 색인

머리말

ISO(국제표준화기구)는 국가표준화단체(ISO 회원기관)의 전 세계적인 연합체이다. 표준을 준비하는 작업은 통상적으로 ISO 기술위원회(technical committee)에서 담당한다. 기술위원회가 다루는 주제에 관심 있는 각 국가 회원기관은 기술위원회에 대해 그 나라를 대표할 권리를 갖는다. ISO와 연계하여 정부 및 비정부 국제조직 또한 그 작업에 참여한다. ISO는 전기기술표준과 관련된 모든 작업에 대하여 IEC(국제전기기술위원회)와 긴밀히 협력한다.

이 문서를 개발할 때, 그리고 향후 유지 관리를 위해 적용하는 절차는 ISO/IEC Directives − Part 1에 기술되어 있다. 특히 ISO 문서의 형식별로 요구되는 승인 기준이 다르다는 것에 유의하여야 할 것이다. 이 문서는 ISO/IEC Directives − Part 2에 정해진 작성 원칙에 따라 작성된 것이다(www.iso.org/directives 참조).

비고 ISO 문서의 형식은 IS, TS, TR등이 있으며, 국제표준으로 채택되기 위한 승인 기준이 서로 다르다.

이 문서의 일부 내용은 특허권의 대상이 될 가능성이 있으므로 유의해야 한다. ISO는 그러한 특허권의 일부 또는 전부를 파악해야 하는 책임을 지지 않는다. 이 문서의 개발 과정에서 파악된 특허권에 대한 세부 사항은 개요 부분 및/또는 ISO 보유 특허권 목록(www.iso.org/patents 참조)에 표기될 것이다.

이 문서에서 사용된 상표는 사용자의 편의를 위해 제공되는 정보이며, 이의 사용을 공인하는 것은 아니다. ISO특정 용어와 적합성평가와 관련한 표현의 의미에 대한 설명뿐만 아니라 ISO가 기술적 무역장벽(TBT)에 대한 세계무역기구(WTO) 원칙을 준수하는 것에 대한 정보는 다음 URL(www.iso.org/iso/foreword.html)을 참조할 수 있다.

KS I ISO 14001은 국제표준 ISO 14001을 한국 환경경영 및 온실가스 전문위원회(ISO/TC 207SC1 Korean National Mirror Committee)에서 한국산업표준으로 채택한 것이다. KS I ISO 14001의 제3판은 기술적으로 개정되어 제2판(KS I ISO 14001 : 2009)을 폐지하고 이를 대체한다.

이 표준은 2015년 제3판으로 발행된 ISO 14001, Environmental management systems-Requirements with guidance for use를 기초로 기술적 내용 및 대응국제표준의 구성을 변경하지 않고 작성한 한국산업표준이다.

0.1 배경

미래 세대의 니즈(needs)를 충족시키는 능력(ability)을 손상시키지(compromising) 않고 현재 세대의 니즈를 충족시키기 위해 환경, 사회 및 경제 사이의 균형을 이루는 것이 필수적이라고 여겨진다.

지속 가능한 발전의 목표는 지속 가능성의 세 가지 분야(pillar) 사이의 균형을 만족시킴으로써 달성될 수 있다. 지속 가능한 발전, 투명성 그리고 책무에 대한 사회적 기대는 보다 더 엄격한 법률, 오염으로 인해 환경에 미치는 압력의 증가, 자원의 비효율적 사용, 폐기물의 부적절한 관리, 기후변화, 생태계의 파괴 및 생물다양성의 훼손과 함께 진화하여 왔다.

비고 지속 가능성의 세 가지 분야(pillar)는 환경, 사회, 경제를 의미한다.

이러한 점이 조직으로 하여금, 지속 가능성이 환경 분야(pillar)에 기여할 목적으로, 환경경영시스템을 실행함으로써 체계적으로 환경경영에 접근하도록 이끌고 있다.

0.2 환경경영시스템의 목표(aim)

이 표준의 목적은 조직에게 환경을 보호하고 변화하는 사회경제적 니즈와 균형 있게 변화하는 환경 여건에 대응할 수 있는 틀을 제공하는 것이다. 이 표준은 조직이 환경경영시스템을 통해 의도한 결과를 달성할 수 있도록 하는 요구사항을 규정한다.

환경경영에 대한 체계적인 접근은 최고경영자에게 장기적인 성공 달성을 위한 정보를 제공할 수 있으며, 지속 가능한 발전에 기여할 수 있는 선택사항(option)을 만들 수 있다. 그 수단은 다음과 같다.

- 환경적 악영향을 예방하거나 완화함으로써 환경을 보호
- 환경조건이 조직에 미치는 잠재적 악영향을 완화
- 조직이 준수 의무사항을 충족하도록 지원
- 환경성과의 증진
- 의도한 바와 다르게 환경영향이 전과정(life cycle)의 다른 단계로 전이되는 것을 방지할 수 있도록, 전과정 관점을 활용하여 조직의 제품 및 서비스가 설계, 제조, 유통, 폐기되는 방식을 관리하거나 영향을 미치도록 함
- 조직의 시장 내 지위를 강화할 수 있는 환경적으로 건전한 대안을 실행함으로써 재정 및 운용 편익 달성
- 이해관계자와 환경정보에 대한 의사소통

다른 표준과 같이 이 표준은 조직의 법규 요구사항을 가중 또는 변경시키도록 의도한 것은 아니다.

0.3 성공요인

환경경영시스템의 성공은 최고경영자의 주도하에 조직의 모든 계층(level)

과 부서(function)에서 실행되는가의 여부에 달려 있다. 특히, 전략 및 경쟁 측면에서 환경적 악영향을 예방하거나 완화시키고 유익한 환경영향을 증진 시키기 위해, 조직은 기회(opportunity)를 지렛대(leverage)로 활용할 수 있다.

최고경영자는 환경경영을 조직의 비즈니스 프로세스, 전략적 방향 및 의사결정에 통합시키고 다른 비즈니스 우선순위와 조율하여 환경 거버넌 스를 조직 전체의 경영시스템에 통합시킴으로써, 조직의 리스크와 기회 를 효과적으로 다룰 수 있다. 이해관계자에게 효과적인 환경경영시스템 이 운용되고 있음을 보장하기 위해 이 표준이 성공적으로 적용되고 있음 을 보여 줄 수 있을 것이다.

그러나 이 표준의 채택 자체가 최적의 환경적 결과를 보증하는 것은 아 니다. 이 표준의 적용은 조직의 상황에 따라 조직마다 다를 수 있다. 두 조직이 유사한 활동을 한다 하더라도, 서로 다른 준수 의무사항, 환경방 침에 드러난 의지, 환경기술 및 환경성과 목표를 가질 수 있다. 그럼에도 불구하고 두 조직 모두는 이 표준의 요구사항에 부합할 수 있다.

환경경영시스템의 상세함과 복잡함의 수준은 조직의 환경측면 및 관련 환경영향을 포함하여 조직의 상황, 환경경영시스템의 적용범위, 조직의 준수 의무사항 및 조직의 활동, 제품 및 서비스 특성에 따라 다를 것이다.

0.4 계획-실행-점검-조치(PDCA) 모델

환경경영시스템의 기초가 되는 기본 접근 방법은 계획-실행-점검-조 치(PDCA) 개념에서 찾아볼 수 있다. PDCA 모델은 조직이 지속적 개선을 달성하기 위해 사용하는 반복적인(iterative) 프로세스를 제공한다. 이 모델 은 환경경영시스템과 환경경영시스템의 개별 요소에 적용될 수 있다. 다 음과 같이 이 모델을 간략하게 설명할 수 있다.

- 계획(Plan) : 조직의 환경방침과 일치하는 결과를 만들어 내는(deliver) 데 필요한 환경목표와 프로세스를 수립
- 실행(Do) : 계획에 따라 프로세스를 실행
- 점검(Check) : 조직의 의지, 환경목표 및 운영기준을 포함하여 환경방침에 대한 프로세스를 모니터링 및 측정하고, 그 결과를 보고
- 조치(Act) : 지속적 개선을 위한 조치를 취함

다음 그림은 이 표준의 신규 또는 기존 사용자들이 시스템 접근 방법의 중요성을 이해할 수 있도록, 이 표준에서 소개된 틀(framework)이 PDCA 모델과 어떻게 통합될 수 있는지를 보여 준다.

[PCDA와 이 표준의 틀(framework) 간의 관계]

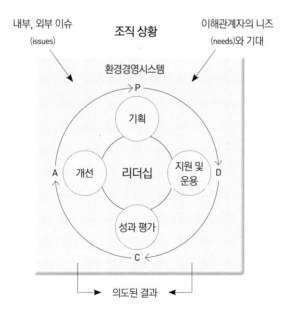

0.5 이 표준의 내용

이 표준은 ISO의 경영시스템표준 요구사항을 준수한다. 이 요구사항에는 여러 ISO 경영시스템표준(MSS)을 사용하는 사용자들에게 도움이 되도록 설계된, 상위 문서 구조(high level structure), 동일한 핵심 문구, 공통 용어 및 핵심 용어정의를 포함한다.

이 표준은 품질, 안전보건, 에너지, 재무경영과 같은 다른 경영시스템의 특정 요구사항을 포함하지 않는다. 그러나 이 표준은 조직이 환경경영시스템을 다른 경영시스템의 요구사항들과 통합할 수 있도록 동일한 접근방법과 리스크 기반의 사고방식을 사용할 수 있게 한다.

이 표준은 적합성평가에 사용된 요구사항을 포함하고 있다. 조직은 다음과 같은 방법을 통하여 이 표준에의 적합성을 입증할 수 있다.

- 자기주장(self-determination) 및 자기선언
- 고객 등 조직의 이해관계자에 의해 조직의 적합성에 대한 확인을 추구
- 조직 외부의 당사자에게 자기선언의 확인을 모색
- 외부 조직에 의한 조직의 환경경영시스템을 인증/등록 추진

부속서 **A**는 이 표준의 요구사항에 대한 잘못된 해석을 방지하기 위해 해설 정보를 제공한다. 부속서 **B**는 이 표준의 이전 판과 본 개정판 간의 기술적 연관성을 보여 준다. 환경경영시스템 실행지침은 KSI ISO 14004에 포함되어 있다.

이 표준에서는 다음과 같은 조동사 형태가 사용된다.
- "～하여야 한다(shall)"은 요구사항을 의미한다.
- "～하여야 할 것이다/하는 것이 좋다(should)"는 권장사항을 의미한다.

- "~해도 된다(may)"는 허용을 의미한다.
- "~할 수 있다(can)"는 가능성 또는 능력을 의미한다.

"비고"로 표시된 정보는 문서의 이해나 사용을 돕고자 하는 것이다. 3절에서 사용하는 "비고"는 용어에 대한 부가적인 정보를 제공하며, 용어 사용과 관련된 조항을 포함할 수 있다.

3절의 용어 및 정의는 개념상의 순서에 따라 배열되었으며, 가나다 순으로 배열된 용어 색인 목록은 이 문서의 마지막에 있다.

환경경영시스템 - 요구사항 및 사용지침
Environmental management systems
- Requirements with guidance for use

1. 적용범위

이 표준은 조직이 환경성과를 개선하기 위해 활용할 수 있는 환경경영시스템에 대한 요구사항을 규정한다. 이 표준은 조직이 지속 가능성의 환경 분야(environmental pillar)에 기여하는 환경책임을 체계적인 방법으로 관리하고자 하는 의도로 작성되었다.

이 표준은 조직이 환영시스템의 의도한 결과를 달성할 수 있도록 도와준다. 이는 환경, 조직자체 및 조직의 이해관계자에게 가치를 제공한다. 조직의 환경방침과 일관되게 환경경영시스템의 의도한 결과에는 다음 사항들이 포함된다.

- 환경성과의 향상
- 준수의무사항의 충족
- 환경목표의 달성

이 표준은 조직의 규모나 형태, 성격(nature)에 상관없이 모든 조직에 적용할 수 있으며, 전과정의 관점에서 조직이 관리할 수 있거나 영향을 미칠 수 있다고 정한(determine) 조직의 활동, 제품 및 서비스의 환경측면에 적용할 수 있다. 이 표준은 구체적인 환경성과기준(environmental performance criteria)을 명시하지 않는다.

체계적인 환경경영 개선을 위해 이 표준은 전체 또는 일부분을 사용할 수 있다. 그러나 만약 이 표준의 모든 요구사항이 조직의 환경경영시스템에 통합(incorporated)되지 않거나 예외 없이 충족되지 않는다면, 이 표준에 대한 적합성 선언은 인정될 수 없다..

2. 인용 표준

인용 표준은 없다.

3. 용어와 정의

참고 이 표준의 용어와 정의는 경영시스템표준(MSS) 간의 용어 일치를 위해 KS Q ISO 9000 : 2015의 용어를 최대한 적용하였다. 이 표준의 목적을 위하여 다음의 용어와 정의를 적용한다.

3.1 조직 및 리더십 관련 용어

3.1.1 경영시스템(management system)

방침과 목표(3.2.5)를 수립하고, 그 목표 달성을 위한 프로세스(3.3.5)를 수립하는, 조직(3.1.4)의 상호 관련되거나 상호작용하는 조직 요소의 집합

비고 1 경영시스템은 하나 또는 다수의 분야를 다룰 수 있다(예 : 품질, 환경, 산업안전보건, 에너지, 재무 경영).
비고 2 시스템 요소에는 조직구조, 역할 및 책임, 기획 및 운용, 성과평가 및 개선이 포함된다.
비고 3 경영시스템의 적용범위에는 조직 전체, 조직의 특정한 그리고 파악된 부문, 또는 조직 그룹전체에 있는 하나 또는 그 이상의 기능을 포함할 수 있다.

3.1.2 환경경영시스템(environmental management system)

환경측면(3.2.2)을 관리하고, 준수의무사항(3.2.9)을 충족하며, 리스크 및 기회(3.2.11)를 다루기 위한 경영시스템(3.1.1)의 일부

3.1.3 환경경영방침(environmental policy)

최고경영자(3.1.5)에 의해 공식적으로 제시된 환경성과(3.4.11)와 관련된 조직(3.1.4)의 의도 및 방향

3.1.4 조직(organization)

조직의 목표(3.2.5) 달성에 책임, 권한 및 관계가 있는 자체의 기능을 가진 사람 또는 사람의 집단

비고 조직의 개념은 다음을 포함하나, 이에 국한되지 않는다. 개인사업자, 회사, 법인, 상사, 기업, 당국, 파트너십, 협회, 자선단체 또는 기구, 혹은 이들이 통합이든 아니든 공적이든 사적이든 이들의 일부 또는 조합.

3.1.5 최고경영자(top management)

최고의 계층에서 조직(3.1.4)을 지휘하고 관리하는 사람 또는 그룹

비고 1 최고경영자는 조직 내에서 권한을 위임하고 자원을 제공할 힘을 갖는다.
비고 2 경영시스템(3.1.1)의 적용범위가 단지 조직의 일부만을 포함하는 경우, 조직이 그 일부분을 지휘하고 관리하는 사람들을 최고경영자라고 부를 수 있다.

3.1.6 이해관계자(interested party)

의사결정 또는 활동에 영향을 줄 수 있거나 영향을 받을 수 있거나 또는 그들 자신이 영향을 받는다는 인식을 할 수 있는 사람 또는 조직(3.1.4)

보기 고객, 공동체, 공급자, 규제당국, 민간단체(NGO), 투자자 및 종업원
비고 "그들 자신이 영향을 받는다고 인식한다"는 것은 이러한 인식이 조직에게 알려진 것을 의미한다.

3.2 기획 관련 용어

3.2.1 환경(environment)

조직(3.1.4)이 운용되는 주변여건(공기, 물, 토양, 천연자원, 식물군(群), 동물군, 인간 및 이들 요소 간의 상호관계를 포함)

비고 1 주변여건이란 조직(3.1.4) 내부에서부터 국지적(local), 지역적(regional), 전 지구적인 시스템까지 확대될 수 있다.
비고 2 주변여건은 생물다양성, 에코시스템, 기후 또는 기타 특성으로 표현될 수 있다.

3.2.2 환경측면(environmental aspect)

환경(3.2.1)과 상호작용하거나 상호작용할 수 있는 조직(3.1.4)의 활동 또는 제품, 혹은 서비스 요소

비고 1 환경측면은 환경영향(3.2.4)을 야기할 수 있다. 중대한 환경측면이란 하나 또는 그 이상의 중대한 환경영향을 미치거나 미칠 수 있는 측면을 말한다.

비고 2 중대한 환경측면은 조직이 하나 또는 그 이상의 기준을 적용하여 결정한다.

3.2.3 환경여건(environmental condition)

어떤 시점에서 결정된 환경(3.2.1)의 상태 또는 특성

3.2.4 환경영향(environmental impact)

조직(3.1.4)의 환경측면(3.2.2)에 의해 전체적 또는 부분적으로 환경(3.2.1)에 좋은 영향을 미치거나 나쁜 영향을 미칠 수 있는 모든 환경 변화

3.2.5 목표(objective)

달성해야 할 결과

비고 1 목표는 전략적, 전술적 또는 운용적일 수 있다.

비고 2 목표는 다른 분야(재무, 산업안전보건, 그리고 환경목표)와 관련될 수 있고, 상이한 계층[전략적, 조직 전반, 프로젝트, 제품, 서비스 그리고 프로세스(3.3.5)]에 적용될 수 있다.

비고 3 목표는 다르게 표현될 수 있다. 예를 들면, 의도된 결과, 목적(purpose), 운용기준 또는 환경목표(3.2.6), 또는 비슷한 의미를 갖는 다른 용어(예: 영어의 경우 aim, goal, target)의 사용으로 표현될 수 있다.

3.2.6 환경목표(environmental objective)

환경방침(3.1.3)과 일관성이 있게 조직(3.1.4)이 설정한 목표(3.2.5)

3.2.7 오염예방(prevention of pollution)

부정적인 환경영향(3.2.4)을 감소시키기 위하여 어떠한 형태의 오염물질 또는 폐기물의 발생, 방출 또는 배출의 회피, 저감 또는 관리(분리 또는 조합하여)를 위한 프로세스(3.3.5), 관행, 기술, 재료, 제품, 서비스 또는 에너지의 사용

비고 오염예방에는 발생원의 감소 또는 제거, 프로세스, 제품 또는 서비스의 변경, 자원의 효율적인 활용, 재료 및 에너지의 대체, 재사용, 회수, 재활용, 재생이용 및 처리를 포함할 수 있다.

3.2.8 요구사항(requirement)

명시적이거나 일반적으로 묵시적이거나 또는 의무적인 니즈 또는 기대

비고 1 "일반적으로 묵시적"은 조직(3.1.4) 및 이해관계자(3.1.6)의 요구 또는 기대가 묵시적

으로 고려되는 관습 또는 일상적인 관행을 의미한다.

비고 2 명시적 요구사항은, 예를 들면 문서화된 정보(3.3.2)에 명시된 것을 말한다.

비고 3 법규 요구사항 이외의 사항은 조직이 준수하기로 결정한 경우의 의무적인 요구사항이 된다.

3.2.9 준수의무사항(compliance obligations, 권장용어), 법규 요구사항 및 그 밖의 요구사항(legal requiremetns and other requirements, 허용 용어)

조직(3.1.4)이 준수해야 하는 법규 요구사항(3.2.8)과 조직이 준수해야 하거나 준수하기로 선택한 그 밖의 요구사항

비고 1 준수 의무사항은 환경경영시스템(3.1.2)과 관련이 있다.

비고 2 준수 의무사항은 적용 가능한 법규나 규제에 따른 의무 요구사항으로부터 발생할 수 있거나, 또는 회사 및 산업 표준, 계약관계, 실행 규칙(code of practice) 그리고 지역사회 그룹이나 NGO 와의 합의 등 자발적인 서약으로부터 발생할 수 있다.

3.2.10 리스크(risk)

불확실성의 영향

비고 1 영향은 긍정적이든 부정적이든 예상한 것으로부터 벗어난 것이다.

비고 2 불확실성은 사건, 사건의 결과 또는 가능성에 대한 이해 또는 지식에 관련된 정보의 부족, 심지어 부분적으로 부족한 상태이다.

비고 3 리스크는 흔히 잠재적인 "사건"(ISO Guide 73:2009 3.5.1.3)과 "결과"(ISO Guide 73:2009 3.6.1.3), 또는 이들의 조합으로 특징지어진다.

비고 4 리스크는 사건의 결과(주변환경의 변화를 포함하는)와 그 사건 결과에 연관된 발생 "가능성"(ISO Guide 73:2009 3.6.1.1의 정의된 의미로)의 조합으로 종종 표현된다.

3.2.11 리스크와 기회(risks and opportunities)

잠재적인 악영향(위협), 잠재적 유익한 결과(기회)

3.3 지원 및 운용 관련 용어

3.3.1 역량(completence)

의도된 결과를 달성하기 위해 지식과 기술을 적용하는 능력

3.3.2 문서화된 정보(documented information)

조직(3.1.4)에 의해 관리되고 유지되도록 요구되는 정보와 그 정보가 포함되어 있는 매체

비고 1 문서화된 정보는 어떠한 형태 및 매체일 수 있으며, 어떠한 출처로부터 올 수 있다.
비고 2 문서화된 정보는 다음으로 언급될 수 있다.
　　　– 관련 프로세스(3.3.5)를 포함하는 환경경영시스템(3.1.2)
　　　– 조직에서 운용하기 위해서 만든 정보(문서화라 언급될 수 있음)
　　　– 달성한 결과의 증거(기록으로 언급될 수 있음)

3.3.3 전과정(life cycle)

천연자원으로부터 원료의 취득 또는 채취에서 최종 폐기까지의 제품(또는 서비스) 시스템의 연속적이고 상호 연결된 단계

비고 1 전과정 단계에는 원료물질의 채취, 설계, 생산, 운송/배송, 사용, 사용 후 처리 및 최종 폐기 단계가 포함된다.
비고 2 KSI ISO 14025:2007, 3.20 참조

[출처: KSI ISO 14044:2006 3.1수정 – 정의에 "(또는 서비스)"를 추가하고, 비고 1을 추가]

3.3.4 외주처리하다(outsource(verb))

외부 조직(3.1.4)이 조직의 기능 또는 프로세스(3.3.5)의 일부를 수행하도록 하다.

비고 외주 처리된 기능 또는 프로세스가 경영시스템의 적용범위(3.1.1) 내에 있다 하더라도, 외부 조직은 경영시스템 적용범위 밖에 존재한다.

3.3.5 프로세스(process)

입력을 출력으로 전환하는 상호 관련되거나 상호작용하는 활동의 집합

비고 프로세스는 문서화될 수도 있고 문서화하지 않을 수도 있다.

3.4 성과평가 및 개선 관련 용어

3.4.1 심사 (audit)

심사기준에 충족되는 정도를 결정하기 위하여 심사증거를 수집하고 객관적으로 평가하기 위한, 체계적이고 독립적이며 문서화된 프로세스(3.3.5)

비고 1 내부 심사는 조직(3.1.4)이 스스로 수행하거나, 조직을 대신하는 외부 당사자가 수행할 수 있다.

비고 2 심사는 결합심사(combined audit: 둘 이상의 경영시스템 분야를 결합)가 될 수 있다.

비고 3 독립성은 심사 대상이 되는 활동에 대한 책임으로부터 또는 편견과 이해상충으로부터 자유롭다는 것으로 입증될 수 있다.

비고 4 "심사 증거"는 ISO 19011:2011 3.3항에 정의된 대로 심사기준에 관련되고 검증할 수 있는 기록, 사실의 진술 또는 기타 정보로 구성되며, "심사기준"은 KSQ ISO 19011:2013 3.2에 정의된 대로 심사 증거를 비교하는 기준으로 사용하는 방침, 절차 또는 요구사항(3.2.8)의 집합이다.

3.4.2 적합(conformity)

요구사항(3.2.8)의 충족

3.4.3 부적합(nonconformity)

요구사항(3.2.8)의 불충족

참고 부적합은 이 문서의 요구사항 및 조직(3.1.4)이 자체적으로 수립한 추가적인 환경경영시스템(3.1.2) 요구사항과 관련이 있다.

3.4.4 시정조치(corrective action)

부적합(3.4.3)의 원인을 제거하고 재발을 방지하기 위한 조치

비고 부적합에는 하나 이상의 원인이 있을 수 있다.

3.4.5 지속적 개선(continual improvement)

성과(3.4.10)를 향상시키기 위하여 반복적인 활동

비고 1 성과 향상은 조직(3.1.4)의 환경방침(3.1.3)과 일관된 환경성과(3.4.11)의 개선을 위해 환경경영시스템(3.1.2)을 활용하는 것과 관련이 있다.

비고 2 활동이 모든 분야에서 동시에, 또는 끊임없이 이루어질 필요는 없다.

3.4.6 효과성(effeictiveness)

계획한 활동이 실현되어 계획한 결과가 달성되는 정도

3.4.7 지표(indicator)

운영, 경영 또는 여건의 조건 및 상태를 측정할 수 있는 대푯값

[출처: KS Q ISO 14031:2013, 3.15]

3.4.8 모니터링(monitoring)

시스템, 프로세스(3.3.5) 또는 활동의 상태를 규명(determine)하는 것

비고 상태를 규명(determine)하기 위해서는 확인, 감독 또는 심도 있는 관찰이 필요할 수 있다.

3.4.9 측정(monitoring)

하나의 값을 결정하는 프로세스(3.3.5)

3.4.10 성과 (performance)

측정 가능한 결과

비고 1 성과는 정량적 또는 정성적 발견사항과 관련될 수 있다.
비고 2 성과는 활동, 프로세스(3.3.5), 제품(서비스 포함), 시스템 또는 조직(3.1.4)의 경영에 관련될
  수 있다.

3.4.11 환경성과(environmental performance)

환경측면(3.6)의 관리와 관련된 성과(3.4.10)

비고 환경경영시스템(3.1.2)에 대하여, 결과는 지표(3.4.7)를 사용하여 조직(3.1.4)이 환경방침
  (3.1.3), 환경목표(3.2.6) 또는 그 밖의 기준에 따라 측정할 수 있다.

4. 조직의 상황

4.1 조직과 조직의 상황의 이해

> 조직은 조직의 목적과 관련이 있고, 환경경영시스템의 의도된 결과를 달
> 성하기 위한 능력에 영향이 있는 내부 및 외부의 이슈를 규명(determine)하
> 여야 한다. 이러한 이슈에는 조직에 의해 영향을 받거나 조직에 영향을
> 줄 수 있는 환경여건(environmental condition)이 포함되어야 한다.

(a) 조항의 의도/목적

환경경영시스템을 실행함으로써 환경성과를 개선하는 것이 목적이며,

이 조항의 규정 취지는 요구사항 번호4.2에서 4.4까지에 기술된 내용의 개별적 중요성을 모두 강조하면서, 조직이 지속적 개선을 위해 실행의지를 실제적으로 갖고 이를 위해 최소한의 개략적인 구조(틀)를 갖추어 실행하고 있음을 보증할 것을 요구하는 것이다. 이 규격의 요구사항을 만족할 수 있는 환경경영시스템을 구축하고 운영하며, 지속적인 개선을 달성할 수 있도록 보완할 것과 환경경영시스템의 명확한 적용범위 설정 및 이 범위 내의 모든 환경경영활동을 이 규격의 요구사항에 적합하도록 관리할 것을 요구하고 있다.

(b) 시스템의 운영 방법

환경경영시스템은 조직이 자발적으로 환경성과 개선을 목적으로 도입·운영하는 시스템이므로 최고 경영자의 확고한 의지를 바탕으로 조직의 현 실태를 명확하게 파악한 후, 실질적인 성과 개선을 달성할 수 있도록 수립, 운영 및 개선되도록 운영하여야 할 것이다. 또한 주기적으로 조직의 환경경영시스템을 검토하고 평가하여 개선 방안을 확인, 실행함으로써 경제적인 측면과 다른 여건들을 검토하여 지속적인 개선을 한다.

(c) 환경경영시스템 모델

원칙1. 결의 및 방침(Commitment and Policy)

조직은 환경방침을 규정하고 EMS에 대한 결의를 확고하게 해야 한다.

원칙2. 계획(Planning)

조직은 환경방침을 달성하기 위한 계획을 수립해야 한다.

원칙3. 실행(Implementation)

환경경영체제의 효과적인 실행을 위해 조직은 환경방침, 환경목표와 세부 목표를 달성하는 데 필요한 조직의 능력과 지원 체제를 개발해야 한다.

원칙4. 측정 및 평가(Measurement and Evaluation)

조직은 환경 성과를 측정, 점검 및 평가해야 한다.

원칙5. 검토 및 개선(Review and Improvement)

조직은 전반적인 환경성과 개선이라는 목적에 따라 환경 경영체제를 검토하고 지속적으로 개선해야 한다.

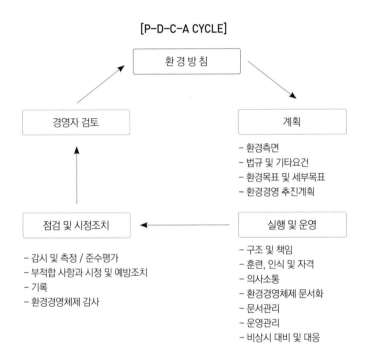

[P-D-C-A CYCLE]

4.2 이해관계자의 니즈(needs)와 기대 이해

조직은 다음을 규명(determine)하여야 한다.

- 환경경영시스템과 관련이 있는 이해관계자

- 이러한 이해관계자의 니즈와 기대(즉, 요구사항)

- 이러한 니즈와 기대에서 비롯된 조직의 준수의무사항

4.3 환경경영시스템의 적용범위 결정

조직은 환경경영시스템의 적용범위를 결정(establish)하기 위해 환경경영시스템의 경계와 적용 가능성을 규명(determine)하여야 한다.

적용범위를 결정할 때, 조직은 다음을 고려하여야 한다.

- 4.1항에 언급된 외부 및 내부 이슈

- 4.2항에 언급된 준수의무사항

- 조직의 부서단위, 기능 및 물리적 경계

- 조직의 활동, 제품 및 서비스

- 관리와 영향을 행사기기 위한 조직의 권한과 능력

적용범위가 결정(define)되면, 이 적용범위 내의 조직의 모든 활동, 제품 및 서비스를 환경경영시스템에 포함시킬 필요가 있다. 이 적용범위는 문서화된 정보로 유지하여야 하며, 이해관계자가 이용할 수 있어야 한다.

4.4 환경경영시스템

의도된 결과(환경성과 향상을 포함하는)를 달성하기 위해, 조직은 이 표준의 요구사항에 따라 필요한 여러 프로세스와 이 프로세스 간의 상호작용을 포함하는 환경경영시스템을 수립, 실행, 유지하고 지속적으로 개선해야 한다.

조직은 환경경영시스템을 수립하고 유지할 때에는 4.1항과 4.2항에서 습득한 지식을 고려하여야 한다.

5. 리더십

5.1 리더십과 의지표명

최고경영자는 환경경영시스템에 관한 리더십과 의지를 다음을 통해 표명 (demonstrate)하여야 한다.

- 환경경영시스템의 효과성에 대한 책무(accountability)를 가짐
- 환경방침과 환경목표가 수립되고, 이들이 조직의 전략 방향과 상황에 부합됨을 보장
- 환경경영시스템 요구사항을 조직의 비즈니스 프로세스에 통합함을 보장
- 환경경영시스템에 필요한 자원이 가용함을 보장
- 효과적인 환경경영의 중요성과 환경경영시스템 요구사항에 적합함의 중요성을 의사소통
- 환경경영시스템이 그 의도한 결과를 달성함을 보장
- 환경경영시스템의 효과성에 기여하도록 인원을 지휘하고 지원함
- 지속적인 개선을 촉진
- 기타 관련 책임분야에 리더십이 적용될 때, 그들의 리더십을 실증하도록 그 경영자 역할에 대한 지원

[출처: KS Q ISO 9001:2015]
이 표준에서 "비즈니스"라 함은 조직의 존재 목적의 핵심이 되는 활동들을 광범위하게 의미하는 것으로 해석할 수 있다.

5.2 환경방침

최고경영자는 조직의 환경경영시스템 적용범위 내에서 다음과 같은 환경방침을 수립, 실행 및 유지하여야 한다.

– 조직의 활동, 제품, 서비스의 성격(nature), 규모 및 환경영향을 포함한, 조직의 목적과 상황에 적절할 것

– 환경목표를 설정하는 틀을 제공할 것

– 조직의 상황에 관련이 있는 오염예방과 그 밖의 구체적인(specific) 의지를 포함한, 환경보호에 대한 의지를 포함할 것

환경보호를 위한 '그 밖의 구체적인(specific) 의지'에는 지속 가능한 자원 사용, 기후변화의 완화와 적응, 생물다양성과 생태계의 보호가 포함될 수 있다.

– 조직의 준수의무사항을 충족한다는 의지를 포함할 것

– 환경성과의 향상을 위해 환경경영시스템의 지속적인 개선에 대한 의지를 포함할 것

환경방침은 다음과 같아야 한다.

– 문서화된 정보로 유지되어야 함

– 조직 내에서 의사소통되어야 함

– 이해관계자가 이용 가능해야 함

(a) 방침 수립 시 고려사항

– 조직의 임무, 비전, 주요가치관 및 신념

– 조직 내 다른 방침과의 조화

– 이해관계자의 요구사항 및 의사소통

– 환경오염의 방지

– 지침원칙

– 다른 방침과의 조화

– 특정지역, 지방의 환경 조건

- 관련 법규, 규정 및 해당되는 기준에의 부합성
- 오염예방 및 지속적 개선에 대한 의지

(b) 이행 방안
- 환경방침은 초기 환경성 검토 결과를 토대로 요건 사항들을 포함하여 조직에 적합하게 만들어야 한다.
- 환경방침은 문서화되어야 하고 경영자의 승인(서명)이 있어야 한다.
- 방침의 승인은 환경경영체제를 수립하고 실행하는 책임자급 이상이어야 한다(대표이사, 사장, 사업부장, 공장장, 지역책임자, 본부장 등).
- 방침의 이행 여부 및 조직 적합성을 정기적으로 확인하고 평가한다.

(c) 오염예방과 관련한 ISO 14004:2004의 내용

오염예방은 관련 프로세스의 개발뿐 아니라 새로운 제품 및 서비스의 설계 및 개발에서 구체화될 수 있다. 그러한 전략은 예를 들면 제품 및 서비스와 관련한 자원의 보존 그리고 폐기물 및 배출의 저감에 대해 조직에 도움을 줄 수 있다. 발생원의 감소는 폐기물 및 배출이 생기지 않도록 할 뿐 아니라 동시에 자원을 절감하는 두 가지 이익이 있기 때문에 종종 가장 효과적인 사례가 될 수 있다. 그런 발생원 감소를 통한 오염예방은 어떠한 주변 여건 또는 어느 조직에서는 실행이 가능하지 않을 수 있다. 조직은 오염예방을 위한 단계별 접근 방법의 활용을 고려하여야 할 것이다. 그러한 단계는 발생원에서 오염을 예방하는 것을 선호하는 것이어야 할 것이며 다음과 같이 체계화할 수 있다.

① 발생원의 감소 또는 제거: 환경적으로 건전한 설계 및 개발, 물질 대체, 프로세스, 제품 또는 기술의 변경, 그리고 에너지 및 물질 자원의 효율적인 사용 및 보존을 포함

② 내부에서의 재사용 또는 재활용: 프로세스 또는 시설 내에서 물질의 재사용 또는 재활용

③ 외부에서의 재사용 또는 재활용: 재사용 또는 재활용을 위한 사업장 밖에서의 물질 변환

④ 회수 및 처리: 환경영향을 감소시키기 위해 사업장 내외에서 폐기물 회수, 배출물의 처리 및 폐기물의 방류

⑤ 허용되는 경우, 소각처리 또는 관리상태하의 폐기와 같은 메커니즘의 관리, 그러나 조직은 다른 대체 안을 고려한 후 이러한 수단을 활용하여야 할 것이다.

(d) 환경방침에서 언급할 수 있는 공약사항

① 통합적인 환경 경영 절차와 계획을 활용함으로써 신규 활동, 제품 및 서비스의 개발로 인한 중대한 환경적 악영향을 최소화

② 환경성과 평가 절차 및 관련된 지표를 개발

③ 전과정(life cycle) 사고의 구현

④ 제품의 생산, 사용 및 처리가 환경에 미치는 영향을 최소화할 수 있는 방식으로 제품을 설계

⑤ 오염을 방지하고 폐기물과 자원(자재, 연료 및 에너지) 소비를 감소시키며 가능하다면 폐기 처리하지 않고 재생 · 재활용

⑥ 환경 경영에 대한 교육과 훈련을 실시

⑦ 축적된 환경 경험을 공유

⑧ 이해관계자를 환경 경영 활동에 참여시키고 그들과 의견 교류

⑨ 지속적 개발을 위한 노력

⑩ 공급자 및 계약자의 EMS 사용을 촉구

(e) 환경방침의 대내외 전달 방안

① 조직 내부에서의 공개 방식

- 조직 등의 모임을 통한 전파

- 액자 및 포스터 등의 형태로 사내게시판 등에 부착

- 이메일을 통하여 알림

- 인트라넷을 통하여 직장 내 홈페이지의 게시판에 표기

② 조직 외부에 대한 공개 방식

- 협력업체, 구매 업체 등에게 협조공문 등을 통한 전파

- 조직 내 홈페이지 공개

- 조직을 소개하는 책자(브로슈어, 팸플릿)에 공개

5.3 조직의 역할, 책임 및 권한

최고경영자는 관련 역할(relevant roles)에 대한 책임과 권한을 부여되고 조직 내에서 의사소통됨을 보장하여야 한다.

최고경영자는 다음에 대한 책임과 권한을 부여하여야 한다.
- 환경경영시스템이 이 표준의 요구사항에 적합함을 보장
- 환경성과를 포함한 환경경영시스템의 성과를 최고경영자에게 보고

6. 기획

6.1 리스크와 기회를 다루는 조치

6.1.1 일반사항

조직은 6.1.1부터 6.1.4까지의 요구사항을 충족하기 위해, 필요한 프로세스를 수립, 실행 및 유지하여야 한다. 환경경영시스템을 기획할 때, 조직은 다음을 고려하여야 한다.

- 4.1에 언급된 이슈
- 4.2에 언급된 요구사항
- 조직의 환경경영시스템 적용범위

그리고 환경측면(6.1.2 참조), 준수의무사항(6.1.3 참조) 그리고 4.1 및 4.2에 명시된 기타 이슈 및 요구사항과 관련된 리스크 및 기회를 규명(determine)하여야 한다. 조직은 이를 통해 다음을 다룰 필요가 있다.

- 환경경영시스템이 의도한 결과를 달성할 수 있음에 대한 확신을 줌.
- 조직에 영향을 주는 외부 환경여건의 잠재 가능성을 포함하는 바람직하지 않은 결과를 예방하거나 감소시킴.
- 지속적인 개선을 달성함.

환경경영시스템의 적용범위 내에서 조직은 환경영향이 있을 수 있는 것들을 포함하는 잠재적인 비상상황을 규명(determine)하여야 한다.

조직은 다음 사항에 대해 문서화된 정보를 유지하여야 한다.

- 다루어져야 할 필요가 있는 리스크 및 기회
- 6.1.1부터 6.1.4에서 요구된(needed) 프로세스(계획대로 실행되고 있음을 확신하는 데 필요한 수준으로)

6.1.2 환경측면

환경경영시스템의 결정된(defined) 적용범위 내에서 전과정 관점을 고려하여, 조직이 관리할 수 있고 영향을 미칠 수 있는 조직의 활동, 제품 및 서비스의 환경측면과 그와 연관된 환경영향을 규명(determine)하여야 한다.

환경측면을 규명(determine)할 때 조직은 다음을 반영(take into account)하여야 한다.

- 계획된 또는 새로 수립된 변경사항, 그리고 신규 또는 수정된(modified) 활동, 제품 및 서비스

- 비정상적인 조건 및 합리적으로 예측 가능한 비상상황

조직은 수립된 기준을 활용하여, 환경에 중대한 영향을 미치거나 미칠 가능성이 있는 측면, 즉, 중대한 환경측면을 규명(determine)하여야 한다.

조직은 적절한 수준에서(as appropriate), 중대한 환경측면을 조직의 다양한 계층과 부서(function)들과 의사소통하여야 한다.

조직은 다음을 문서화된 정보로 유지하여야 한다.

- 한경측면 및 관련된 환경영향

- 조직의 중대한 환경측면을 규명(determine)하는 데 사용한 기준

- 중대한 환경측면

비고 중대한 환경측면은 환경 악영향(위협) 또는 유익한 환경영향(기회)과 관련된 리스크 및 기회로 귀결될 수 있다.

(a) 환경측면 파악과 초기 환경성 검토

① 초기 환경성 검토

환경경영체제 수립 전에 조직과 관련된 모든 환경적 측면들을 검토하고 환경관리와 관련한 조직의 현재 위치를 확인하여 우선적으로 필요사항이 무엇인지를 결정하는 데 도움을 주기 위한 것임(필수사항이 아님)

② 환경측면 파악

- 문서화된 절차에 따라 EMS의 본격적 실행을 위해 환경과 관련한 조

직의 주요 환경적 측면이 무엇인지 파악하는 것(필수사항)

③ 환경방침 수립 전에 초기 환경성 검토 또는 환경측면을 파악하는 것이 바람직하며 이때에는 다음과 같이 주요한 4개 부분을 포함하여 검토한다.

- 법규 및 규정, 요구사항
- 중요한 환경측면의 규명
- 현행 모든 환경 경영 관행 및 절차의 조사
- 이전에 발생된 사고 조사를 통한 피드백 평가

(b) 환경측면과 환경영향

① 환경측면

환경측면이란 환경과 상호작용할 수 있는 조직의 활동, 제품 및 서비스의 요소를 말한다. 예를 들면 방류, 배출, 물질의 소모 또는 재사용, 또는 소음의 발생을 포함한다.

② 환경영향

환경측면이 전체적 또는 부분적으로 환경에 긍정적 영향을 미치거나 부정적 영향을 미칠 수 있는 환경변화를 환경영향이라 한다. 부정적인 영향에는 대기오염, 그리고 천연자원의 감소를 포함한다. 긍정적인 영향에는 수질 또는 토양의 질 개선이 있다.

(c) 환경측면의 식별 범위

- 대상 분야: 운영단위, 제품, 서비스, 법규
- 시점: 과거, 현재, 미래 및 계획된 활동
- 상황: 정상, 비정상, 비상사태
- 적용 분야: 대가, 수질, 폐기물, 토양, 자원의 이용 등

– 고려사항: 우선순위, 비용, 지역적 환경관점, 과거 데이터의 이용

(d) 관리대상 환경측면 선정의 기준

– 관리 가능한 활동, 제품이나 서비스의 범주를 선정
– 상세한 전과정평가를 통하여 선정할 것을 요구하는 것은 아니다.
– 소요되는 제품, 부품 또는 원자재의 각각에 대해 모두 평가할 필요
   는 없다.
– 제품별 환경측면에 대한 관리 및 중요도는 조직에 따라 매우 다양하다.
– 제품의 적절한 취급과 처리를 위한 전체적 체계를 가능한 고려한다.
– 법적 의무사항을 반영한다.

(e) 외부 정보원의 활용

중소기업을 포함한 조직들은 아래와 같은 외부 정보원을 활용할 수 있다.

– 법률 입안 및 인허가 관련 정부기관
– 지방 또는 지역 도서관이나 데이터 베이스
– 정보를 교환할 수 있는 다른 단체
– 산업협회
– 대규모 고객 조직
– 사용하는 장비 제조자
– 거래 관계자(예: 폐기물 운송 및 처리기관 등)
– 전문적인 자문 기관

(f) 환경적 측면의 파악과 중대성 평가 절차

① 제1단계 활동, 제품 또는 서비스의 선정

선정된 활동, 제품 또는 서비스는 의미 있는 조사가 되도록 광범위하게

할 것이며, 충분히 이해할 수 있을 정도로 소규모이어야 한다

② 제2단계 활동, 제품 또는 서비스와 관련하여 가능한 한 여러 환경 측면을 인식

③ 제3단계 환경영향 인식

인식된 각 환경측면과 관련해서 가능한 한 많은 실재적, 잠재적, 긍정적 그리고 부정적 환경측면을 인식

위의 3단계에 대한 실례를 들면 다음과 같다

활동, 제품 혹은 서비스	측 면	영 향
활동-위험한 물질의 취급	사고에 의한 폐액 유출의 가능성	토양이나 수질오염
제품-제품 정제	부피를 줄이기 위한 제품의 재구성	천연자원의 보존
서비스-자동차 정비	배기 가스 방출	대기오염 감소

④ 제4단계 환경영향의 중대성 평가

인식된 각 환경영향의 중대성은 각 조직마다 상이할 수 있다. 그 환경영향을 정량화함으로써 판단이 용이해질 수 있다.

아래 사항을 고려함으로써 환경영향평가가 수월해질 수 있다

• 환경 관련 사항
  – 환경영향의 규모   – 환경영향의 심각성
  – 발생 가능성   – 환경영향의 지속성
• 사업 관련 사항
  – 법규 및 규정의 적용을 받을 가능성

- 환경영향을 변화시키는 데의 어려움

- 환경영향을 변화시키는 데 드는 비용

- 그 밖의 활동 및 공정에 대한 변화의 효과

- 이해관계자의 관심

- 조직의 대중 이미지에 대한 효과

6.1.3 준수 의무사항

조직은 다음을 실행해야 한다.

- 환경측면과 관련된 준수의무사항을 규명(determine)하고 그것에 접근 (access)할 수 있어야 함.

- 이러한 준수의무사항이 어떻게 조직에 적용되는지를 규명(determine)하 여야 함.

- 조직의 환경경영시스템을 수립, 실행, 유지 및 지속적으로 개선할 때, 이러한 준수의무사항을 반영(take into account)하여야 함.

조직은 조직의 준수의무사항과 관련된 문서화된 정보를 유지하여야 한다.

비고 준수의무사항은 조직의 리스크 및 기회로 귀결될 수 있다.

(a) 환경경영체제의 요구사항

관련된 모든 법규 및 요구사항의 개정 또는 변경을 추적 관리하여 관련 사항을 즉시 조직에 적용, 활용할 수 있도록 해야 한다.

(b) 법규 요구사항

법규 요구사항이란 조직의 환경측면과 관련된 것으로 정부당국(국제, 국 가, 지역, 지방의 기관 등)에 의해 제정되고 법적 효력을 갖는 요구사항 및 허 가사항을 의미한다. 법규 요구사항으로는 다음과 같은 여러 형태가 있다.

① 법률 및 규정을 포함하는 법규

② 법령과 지시

③ 법적 허용기준, 인허가 또는 그 밖의 법적 서식

④ 규제단체가 정한 명령

⑤ 법원의 판결이나 행정심판

⑥ 관습법이나 고유법

⑦ 조약, 의정서, 협약 등

(c) 조직이 동의한 그 밖의 요구사항

조직은 주변여건이나 요구에 따라 조직의 활동, 제품 및 서비스의 환경 측면에 적용되는 법규 요구사항 외의 요구사항에 대하여 자발적으로 동의할 수 있다. 이러한 환경적 요구사항은 다음 사항을 포함할 수 있다.

① 공공기관과의 협약

② 고객과의 협약(예: 제품 내 유해물질에 관한 고객 요구사항)

③ 비규제적 지침

④ 자발적인 원칙 또는 업무규약

⑤ 자발적인 환경라벨 또는 제품책임 의지

⑥ 무역단체의 요구사항

⑦ 지역단체 또는 NGO와의 협약

⑧ 조직 또는 모기업의 일반대중에 대한 공약

⑨ 법인/회사 요구사항

(d) 파악, 관리해야 할 법규 및 그 밖의 요건 범위

① 환경 관련 법규, 규정(대기, 수질, 폐기물, 소음, 진동, 오수 등)

② 활동, 제품, 서비스에 관련된 법규, 규정, 국제협약

③ 조직의 해당 산업 부분과 관련된 법규, 규정, 국제협약

④ 해당 관공서로부터의 승인, 면허, 허가 등

⑤ 모기업, 원청업체 등 이해관계자의 환경적 요구사항

⑥ 조직이 가입되어 있는 조합 등의 요구사항

(e) 이행 방안

① 초기 환경성 검토 시 파악하는 환경측면 및 사용물질의 검토

② 환경측면 및 사용물질에 따른 관련 법규 목록 및 기타요건 조사

③ 환경영향의 중대성 평가 전까지 법규 또는 기타 요건 내의 관련 규제
기준 파악

④ 관련 규제기준이 존재하는 법규 및 기타 요건의 정리 및 등록

⑤ 조직의 활동, 제품, 서비스의 변경 시 위의 절차 반복

⑥ 등록된 법규 및 기타요건 변경 시 등록의 변경, 유지, 관리

(f) 고려사항

법규와 관련된 절차는 조직의 의사소통 절차와 연관되어 있다. 따라서 법규 및 기타요건의 정보 입수자는 조직원 전체가 되어야 한다. 물론, 환경법규의 개정 시 관련 법규를 발행하거나 그 정보를 발송해 주는 출판사 또는 단체와의 계약으로 법규의 개정은 입수할 수 있다.

그러나 중요한 것은 환경경영체제의 요건은 법규안을 다루고 있지 않다는 사실이다. 따라서 조직에 필요한 환경정보의 입수자는 관련된 업무에 종사하는 부서장 및 조직원 전체여야 한다.

6.1.4 조치계획

조직은 다음을 계획하여야 한다.

- 다음 사항을 다루기 위한 조치
  - 중대한 환경측면
  - 준수의무사항
  - 6.1.1에서 파악된 리스크 및 기회
- 다음을 실행하기 위한 방법
  - 상기 조치를 어떻게 환경경영시스템 프로세스(6.2, 7절, 8절 및 9.1 참조)에 또는 다른 비즈니스 프로세스에 통합하고 실행할 것인가
  - 이러한 조치의 효과성을 어떻게 평가(9.1 참조)할 것인가

이러한 조치를 계획할 때, 조직은 조직의 기술적 옵션과 조직의 재무적, 운용상 및 사업상 요구사항을 고려하여야 한다.

6.2 환경목표와 이를 달성하기 위한 기획

6.2.1 환경목표

조직은 조직의 중대한 환경측면과 이와 관련된 준수의무사항 그리고 조직의 리스크와 기회를 고려하여, 관련 부서와 계층에서 환경목표를 수립하여야 한다. 환경목표는 다음과 같아야 한다.

- 환경방침과 일관성이 있음.
- (실행 가능할 경우) 측정 가능하여야 함.
- 모니터링되어야 함.
- 의사소통되어야 함.
- 해당되는 경우(as appropriate) 최신화되어야 함.

조직은 환경목표에 대한 문서된 정보를 유지하여야 한다.

환경목표는 조직 전체 또는 특정 기능 및 계층단위에서 일정 기간 동안 환경경영시스템을 운영함으로써 달성하고자 하는 환경성과를 의미한다. 이러한 목표를 세분화하여 구체적으로 어떤 환경성과를 얼마나 달성할 것인지 정한 것을 '세부목표'라 부르며, 이 목표 및 세부목표를 달성하기 위해 어떤 일정으로 누가 무엇을 어떻게 할 것인지 구체적인 행동지침을 부여하기 위한 계획사항을 '추진계획'이라는 이름으로 실행하는 것이다.

(a) 환경목표의 수립: 가능한 정량화

- 환경목표는 구체적이어야 하며, 목표 선정 시 이용 가능한 기술을 고려하여야 하되 지나치게 높은 비용 부담이 수반되거나 기술면에서 이용하기가 대단히 어려운 경우를 목표로 설정하지 않도록 주의한다. 환경목표 설정 시 고려한 중대한 환경측면을 모두 반영할 필요는 없으며, 장·단기적으로 지속적 개선을 위한 방안을 검토하여 실행 가능한 부분부터 우선적으로 수립, 이행하는 것이 좋다.
- 조직의 환경방침에 어긋나지 않는 환경목표를 수립해야 한다.
- 이러한 환경목표는 환경방침에서 확인된 환경작업성과를 달성하기 위한 전반적인 목적이다.
- 환경목표를 수립할 시 조직은 환경검토결과 및 파악된 환경측면과 그에 따른 환경영향을 고려해야 한다.

(b) 세부목표(전부분 또는 일부분): 정량화

- 환경목표 수립 후, 정해진 기간 내에 이러한 환경목표를 달성하기 위한 세부목표를 수립한다.
- 이러한 세부목표는 구체적이고 측정 가능한 것이어야 한다.
- 이는 조직 전체에 적용될 수 있으며 좁게는 특정 장소 또는 개별활

동/프로세스에 적용될 수도 있다.

(c) 환경목표 및 세부목표

– 환경목표는 초기 환경성 검토 결과의 환경영향의 중대성 평가를 바탕으로 정해져야 하며, 조직의 환경방침과 배치되어서는 안 된다.

– 환경목표와 세부목표 달성의 기준은 가능한 경제성과 효율성을 고려한다.

– 경영층은 조직에 과도한 목표 및 세부목표를 설정하지 않도록 주의하여야 한다.

– 환경목표 및 세부목표는 기업의 규모, 활동, 제품, 서비스와 일치하여야 하며, 환경방침 및 중요한 환경영향과 일관성이 유지되어야 한다.

(d) 내부 성과지표

– 교육, 훈련에 따른 조직원의 의식 향상

– 조직원의 관련책무 성실한 이행

– 위해물, 폐기물의 관리상태 개선사항

– 공정작업의 개선 및 오염방지, 자원이용

– 공급자, 계약자, 규제기관과의 관계

– 비상사태에 대한 대응책과 예방책 등

(e) 이행 방안

– 환경목표 및 세부목표는 경영자의 승인을 득해야 한다.

– 세부목표는 측정 가능해야 한다.

– 환경목표 및 세부목표는 주기적으로 검토하고 개정한다.

– 목표달성이 안될 경우 시정조치를 취하고 경영자검토에 반영한다.

(f) 성과지표 설정

환경방침 → 환경목표 → 세부목표 → 환경성과지표

(g) 예시

환경목표(Objectives)	제조작업에 소요되는 에너지의 절감
세부목표(Targets)	전년도의 에너지 사용량의 10% 절감 달성
환경성과지표(Indicators)	생산단위당 연료와 전기 소모량

(h) 각종 유형별 목표 설정 사례

① 흔히 조직에서 설정하여 운영하고 있는 목표를 세분화하여 사례로 나열하면 다음과 같다.

- 운영/관습의 변경에 따른 목표 항목 사례

- 식당 잔반 10% 감소(메뉴 단일, 한식, 분식으로 분리)

- 잔반 없는 날 운영으로 5% 감소(식사 배식 방법으로 개선)

- 변기 절수기 및 벽돌 투입으로 20% 절수

- 냉방 온도 1도 높이기 운동(7% 절감)

- 에어컨 필터 주기적(20일) 청소(3% 절감)

- 고효율 조명등 사용(40W → 32W 변경 시 20~35% 절감)

- 사무기기 불필요한 공회전 시간 감소(15% 절감)

- 공정 불량률 감소, 공정 변수, 압축공급압 조정

- 업무효율 향상으로 원단위 감소

- 전자매체 생활화

- 작업 표준에 천연자원 사용, 생산량 설정 ST기준 설정 합리화 등 일반 운영 관습으로 개선되는 사항

② 재활용 관련 항목 사례
- 냉각수를 다른 프로세스에 재활용
- 잔여 스크랩을 원재료로 재활용
- 이면지를 메모용지로 재활용
- 재생용품 사용 증대(잉크, 휴지, 카트리지, 리필 제품 등)
- 포장재 재사용 증대
- 프로세스 발생 오염물질을 다른 프로세스에 재사용
- 작업 중 발생되는 환경인자에 대한 재활용률 증대를 제품 설계, 조립 방법, 분해 방법, 폐기 방법 등으로 연계

(i) **부서별 목표 항목 사례**
① 영업부서
- 그린 마케팅을 위한 홍보물 개선 건수
- 고객으로 수주 접수, 생산 의뢰, 고객 인도 방법 개선
- 고객의 수주 사양 에러 및 과발주 감소로 악성재고 감소(폐기물 발생+관리부하 소요)
- 고객만족도 항목에 환경사항 만족도 조사 및 제품 반영

② 개발부서
- 제품의 무게, 크기 감소를 위한 개발 프로젝트
- 현재 기능에서 추가 기능이 추가한 제품 개발
- 제품 구성부품 중 유해물질을 친환경적 구성부품으로 교체
- 폐기 시 분해·재활용할 수 있도록 구성 부품 배치
- 사용 시 에너지 사용이 감소하도록 개선된 개발 제품

③ 관리부서

- 식당 식자재 선정 시 기호도 조사 반영으로 잔반 배출량 감소
- 주차선 직선에서 경사 주차선 개선으로 주차 소요시간 단축으로 환경부하 감소
- 회의의 사전 준비사항 전자매체 공지로 회의시간 단축으로 에너지 및 사용 용지 감소
- 사무용품 공용화 불필요 사용 비품 감소
- 기안 또는 품의서 간결 보고로 용지 사용 감소
- 교육 이력사항 및 인사사항을 전자매체 대체로 환경부하 요소 감소

④ 구매부서

- 구매품에 대한 금지물질, 규정 규제 물질 및 MSDS 물질 파악 개선 사항
- 공급자별 납품에서 동일 지역 그룹화로 운송 환경 부하 감소
- 고객 환경 요구사항

6.2.2 환경목표 달성을 위한 조치 기획

조직의 환경목표를 어떻게 달성할 것인지를 기획할 때, 조직은 다음을 규명(determine)하여야 한다.
- 무엇을 하여야 하는가
- 어떤 자원이 필요한가
- 누가 책임을 질 것인가
- 언제까지 완료할 것인가

– 조직의 측정 가능한 환경목표(9.1.1 참조) 달성에 대한 진척상황을 모니터링하기 위한 지표를 포함하여, 어떻게 결과를 평가할 것인가

조직은 조직의 환경목표를 달성하기 위한 활동을 조직의 비즈니스 프로세스에 어떻게 통합할 것인지를 고려하여야 한다.

7. 지원(support)

7.1 자원(resource)

조직은 환경경영시스템의 수립, 실행, 유지 및 지속적 개선을 위해 필요한 자원을 결정하고 제공하여야 한다.

7.2 역량(competence)

조직은 다음을 실행하여야 한다.
- 조직의 환경성과에 영향을 미치는 업무와 준수의무사항을 충족시키는 조직의 능력(ability)에 영향을 미치는 업무를 수행하는(조직에 의해 통제되는) 인력에게 필요한 역량(competence)의 결정
- 적절한 학력, 교육훈련 또는 경력을 기준으로 해당 인력의 역량이 있음을 보장
- 환경경영시스템, 환경측면과 관련한 교육훈련 니즈(needs)를 결정
- 해당된다면, 필요한 역량을 얻기 위한 조치 실행과 실행된 조치의 효과성 평가

> **비고** 해당되는 활동의 예에는 교육훈련의 제공, 멘토링이나, 현재 고용인원의 재배치, 역량 있는 인원의 고용(또는 계약)이 포함될 수 있다.
>
> 조직은 역량(competence)의 증거로, 적절히 문서화된 정보를 보유해야 한다.

(a) 역량

역량이란 "지식과 기량을 적용하는 실증된 노력"으로 정의하고 있으며, 통상적으로 적절한 교육, 훈련, 숙련도 및 또는 경험에 기초한다. 적격성에 대한 요구사항은 조직에서 근무하거나 조직을 대신해 업무를 수행하는 인원의 채용, 교육훈련, 미래의 숙련도 및 능력 개발 시 고려하여야 한다. 적격성은 또한 계약자 및 조직에서 근무하거나 조직을 대신해 업무를 수행하는 기타 인원의 선정 시에도 고려해야 한다.

중대한 환경영향을 일으킬 수 있는 업무를 수행하는 인원은 적절한 교육과 경험을 기초로 적격하여야 하며 다음과 같은 관련 업무 수행자가 포함될 수 있다.

- 환경업무 수행자: 대기방지시설 운전자, 폐수처리시설 운전자, 유독물 취급자, 폐기물 취급자, 특수차량 운전자, 제품 내 유해물질 책임자
- 검사원/시험원
- 내부환경심사원
- 법정 공정관리자
- 설계 및 개발자

(b) 인식

조직에서 근무하거나 조직을 대신해 업무를 수행하는 인원이 다음 사항을 인식한다는 것을 보장하여야 할 것이다.

- 환경방침과 환경경영시스템의 요구사항을 준수하는 것
- 환경경영시스템에서의 역할과 책임
- 그들의 업무와 관련된 중대한 실제적·잠재적 환경측면과 환경영향
- 개선된 성과의 이익
- 적용되는 환경경영시스템 요구사항을 벗어날 경우 결과의 중요성

(c) 교육, 훈련

- 직원에 대한 훈련의 필요성 인식
- 규정된 훈련의 필요성을 실행에 옮기기 위한 훈련 계획을 수립
- 훈련 프로그램의 규정 요건이나 조직의 요구사항에 대한 적합성 확인
- 주핵심 직원에 대한 훈련의 실시
- 실시된 훈련 내용을 문서화
- 실시된 훈련 내용의 평가

(d) 조직원에게 필요한 교육내용

교육훈련의 형태	대상	목적
환경경영의 중요성 인식 고취	선임관리자	환경방침에 대한 의지와 협력을 얻기 위함
일반적 환경인식의 고취	모든 종업원	환경방침, 목표 및 세부목표에 대해 실천 의지를 얻고 개인적 책임감 부여
환경경영시스템 요구사항 교육훈련	환경경영시스템에 책임이 있는 인원	어떻게 요구사항을 만족시키는지, 어떻게 절차를 실행하는지를 지도
기술 강화	환경 관련 책임이 있는 종업원	운영, 연구 및 개발, 기술부서 등 조직의 여러 분야에서 성과 개선
준수 교육훈련	준수에 영향을 미치는 종업원	규정된 교육 요구사항을 준수하고 적용되는 법규 요구사항 및 조직이 동의한 그 밖의 요구사항의 준수 개선

(e) 경영자 및 부서장/관리자에 필요한 교육 내용

- 환경경영체제의 요건 및 요건 해설
- 환경경영의 전략적 중요성에 대한 인식 고취
- 내부심사 관련 과정
- 조직의 환경경영체제 각 절차
- 환경측면 파악 및 중대성 평가 등
- 목적: 조직의 환경방침 시행에 대한 결의 책임 할당을 위함

(f) 이행 방안

- 교육대상 파악: 직원 및 관리 범위의 협력업체
- 개인별/직무별 교육 필요성 파악
- 교육평가는 차기 교육계획에 반영

7.3 인식

조직은 조직의 관리하에 업무를 수행하는 인원이 다음을 인식하고 있음을
보장해야 한다.

- 환경방침
- 그들의 업무와 연관된 중대한 환경측면과 관련된 실제 또는 잠재적인
  환경영향
- 향상된 환경성과의 편익을 포함해서, 환경경영시스템의 효과성에 기여
- 조직 준수의무사항의 불충족을 포함하여, 환경경영시스템 요구사항의
  미준수에 따른 영향

7.4 의사소통

7.4.1 일반사항

조직은 다음을 포함하는 환경경영시스템과 관련된 내외부 의사소통에 필요한 프로세스를 수립, 실행 및 유지하여야 한다.

– 무엇에 대해 의사소통할 것인가

– 언제 의사소통할 것인가

– 누구와 의사소통할 것인가

– 어떻게 의사소통할 것인가

의사소통 프로세스를 수립할 때, 조직은 다음을 실행하여야 한다.

– 준수의무사항을 고려

– 의사소통하는 환경정보가 환경경영시스템 내에서 작성된 정보와 일치하며, 신뢰할 수 있음을 보장

조직은 조직의 환경경영시스템과 관련된 의사소통에 대해 대응하여야 한다. 조직은 의사소통의 증거로 문서화된 정보를 적절한 수준에서(as appropriate) 보유해야 한다.

7.4.2 내부 의사소통

조직은 다음을 실행하여야 한다.

– 환경경영시스템의 변경을 포함하여, 조직의 다양한 계층과 부서 간에 환경경영시스템과 관련된 정보를 내부적으로 적절한 수준에서(as appropriate) 의사소통

– 조직의 의사소통 프로세스가 조직의 관리하에 업무를 수행하는 인원이 지속적인 개선에 기여하도록 하는 것을 보장

조직 내에서 계층 및 기능 사이의 의사소통은 환경경영시스템의 효과성에 매우 중요하다. 예를 들면 의사소통은 문제 해결, 활동의 조정, 실천 계획에 대한 이행 및 환경경영시스템의 더욱 발전된 개발을 위해서 중요하다.

내부 의사 전달 사항들을 종합하여 보면 다음과 같은 것들을 들 수 있다.

- 환경경영에 대한 최고경영층의 결의
- 업무활동 · 제품과 관련된 환경문제점
- 환경경영시스템(환경매뉴얼, 절차서, 지침서 등)
- 환경방침 · 목표 · 세부목표 및 경영추진계획
- 부적합사항 및 환경성과
- 환경경영시스템의 모니터링 및 측정 결과
- 내부환경심사 및 경영검토의 결과
- 운영부서에서 발견한 환경 문제점의 피드백
- 입수 · 접수한 환경 관련 정보
- 적용되는 환경 및 관련 법규 · 규정 등

내부 의사소통에는 회의록, 게시판, 내부 소식지, 건의함, 웹사이트, 전자메일, 회의 또는 연합위원회 등의 다양한 방법이 있을 수 있다.

7.4.3 외부 의사소통

> 조직은 수립된 조직의 의사소통 프로세스에 따라, 그리고 준수의무사항에서 요구하는 바대로, 환경경영시스템과 관련된 정보를 외부와 의사소통하여야 한다.

외부 이해관계자와의 의사소통은 환경경영을 위한 중요하고 효과적인 도구가 될 수 있다. 최소한 조직은 외부로부터 관련 의사소통에 대해 접수하고 문서화하고 회신하는 절차를 수립, 실행 및 유지하여야 할 것이다.

조직은 외부 의사소통에 대해 문서화된 절차를 수립할 경우, 다음 사항들을 결정하기 위해 실행해야 한다.

- 외부 이행관계자의 의견, 문서, 불만 사항, 민원 등의 접수 방법
- 이에 대한 조직의 대응 방법
- 해당 대상자에 대한 회신 방법

(a) 대내외 의사소통 절차 수립 목적

- 환경에 대한 경영자의 결의를 제시하기 위하여
- 조직의 활동, 제품이나 서비스와 관련된 환경 측면에 대한 관심과 질의를 처리하기 위하여
- 조직의 환경방침, 환경목표와 세부목표 및 환경경영 프로그램에 대한 인식을 고취시키기 위하여
- 적절하다고 판단되는 경우, 내외부 이해관계자에게 조직의 환경경영체제 및 환경성과를 알리기 위하여

(b) 고려사항

- 환경과 관련된 직원들의 의견을 수렴하고 대응
- 외부 이해관계자의 요구사항 접수 및 처리
- 환경방침, 환경목표, 세부목표 및 환경성과의 전달
- 관련 조직원에게 내부심사 및 경영자 검토 결과의 전달
- 정보전달 절차의 적합성 검토
- 정보의 조직 내 적용여부 검토 등

(c) 보고 내용

- 조직의 개요(profile)

- 환경방침, 환경목표와 세부목표

- 환경경영과정(이해관계자의 참여 및 직원포상 등)

- 환경성과평가(제품 출하, 자원보존, 규정 준수, 제품 책임 주의 및 위험성 관리 등)

- 환경성과 개선 방안

- 용어집 등과 같은 보충 자료

- 내용에 대한 독립적인(제3자) 검증

(d) 환경문제에 대한 내외부 의사 전달 및 보고 시 명심해야 할 주요사항

- 쌍방간 의사소통을 용이하게 한다.

- 정보는 이해 가능하도록 적절하게 설명되어야 한다.

- 정보는 검증이 가능해야 한다.

- 조직은 작업 성과에 대한 정확한 기술서를 제시해야 한다.

- 정보는 일관성 있는 형태로 제시되어야 한다(예를 들면, 분기(period)별 비교가 가능하도록 유사한 측정단위를 사용).

(e) 조직에서 환경 관련 정보를 전달하는 여러 방식

- 외부적으로 연간 보고서, 정기보고서, 정부의 공공 기록서, 산업협회 간행물, 매체 및 유료광고 등을 통하여 의사 전달

- 공개일을 정하고 불만이나 질의를 접수하는 전화번호 공표

- 내부적으로 게시판, 내부소식지, 회의 및 전자통신을 통하여 의사 전달

7.5 문서화된 정보

7.5.1 일반 사항

조직의 환경경영시스템은 다음을 포함하여야 한다.

- 이 표준에서 요구하는 문서화된 정보

- 환경경영시스템의 효과성을 위해 조직이 필요하다고 결정한 문서화된
  정보

비고 환경경영시스템을 위한 문서화된 정보의 범위는 다음에 의해 조직에 따라 다를
     수 있다.

- 조직의 규모와 조직의 활동, 프로세스, 제품 및 서비스의 유형

- 조직의 준수의무사항 충족에 대한 증명의 필요성

- 프로세스의 복잡성과 프로세스 간의 상호작용

- 조직의 관리하에 업무를 수행하는 인력의 역량(competence)

(f) 문서화

문서화란 조직이 환경경영시스템을 수립, 운영 및 유지함에 있어 필요한 사항들을 문서의 형태로 작성하는 것을 말한다. 이 문서화의 목적은 종업원 및 이해관계자에게 필요한 정보를 제공하기 위함이므로, 문서화의 구조 역시 특정한 구조(틀)를 요구하지 않는다. 조직의 크기·규모, 활동 형태, 프로세스와 프로세스 간의 상호작용의 복잡성, 고객 요구사항, 관련 규제 요구사항, 요구사항의 충족 등에 따라 문서화의 정도 및 방법을 선정하는 것이 바람직하다.

환경경영체제 문서화는 조직의 경영활동, 구조 및 크기 등에 따라 갖추어야 할 문서의 종류 및 체계가 다를 수 밖에 없으나 일반적으로 생각할 수 있는 문서의 구조는 다음과 같다.

매뉴얼	환경경영체제의 요건별로 수행해야 할 업무 그리고 다른 업무와의 상호관계를 기술하는 문서
▼	
절차서	환경경영체제의 유지 및 이행과 관련된 활동의 구체적인 절차를 규정하는 문서
▼	
절차서	절차의 운영에 대한 구체적인 방향, 기준 및 내용을 구성한 문서

(g) 문서화에 포함할 사항의 예

- 방침, 목표 및 세부목표
- 환경경영시스템의 적용범위에 대한 설명
- 추진계획 및 책임사항에 대한 설명
- 중대한 환경측면에 대한 정보
- 절차서
- 프로세스 정보
- 조직도
- 내부 및 외부 표준
- 현장 비상사태 계획
- 기록

7.5.2 작성(creating) 및 갱신

문서화된 정보를 작성(creating)하고 갱신할 때, 조직은 다음이 적절함을 보장하여야 한다.

- 문서식별(identification) 및 그 내용(description)(예: 제목, 날짜, 작성자, 또는 문서번호)

- 형식(예: 언어, 소프트웨어 버전, 그래픽) 및 매체(예: 종이, 전자매체)

- 적절성(suitability) 및 충족성(adequacy)을 위한 검토 및 승인

7.5.3 문서화된 정보의 관리

환경경영시스템과 이 표준에서 요구하는 문서화된 정보는 다음을 보장하기 위해 관리되어야 한다.

- 필요한 곳 및 필요한 시기에 사용 가능하고 사용하기에 적절함

- 충분하게 보호됨[예: 기밀유지의 실패, 부적절한 사용 또는 안전성(integrity)의 실패로부터 침해, 부적절한 사용, 또는 통합성의 결여]

문서화된 정보의 관리를 위해 조직은 적용 가능한 경우 다음을 다루어야 한다.

- 배포, 접근, 검색 및 사용

- 가독성(legibility)의 보존을 포함하는 보관 및 보존

- 변경 관리(예: 버전 관리)

- 보유 및 폐기

환경경영시스템의 기획 및 운용을 위하여 필요하다고 조직이 정한 외부 출처의 문서화된 정보는 적절한 수준에서(as appropriate) 파악되고 관리되어야 한다.

비고 접근이란 문서화된 정보에 대해 보는 것만 허락하거나, 문서화된 정보를 보고 변경하는 허락 및 권한에 관한 결정을 의미할 수 있다.

(a) 문서관리의 목적

문서관리는 조직이 환경경영시스템을 실행하기 위해 적절한 방식으로

문서를 작성 및 유지하는 것을 보장하기 위한 것이다. 그러나 조직이 우선적으로 중시해야 할 사항은 환경경영시스템의 효과적인 실행 및 환경성과이며 복잡한 문서관리 시스템은 아니라는 사실을 인지하여야 한다.

(b) 문서관리의 절차의 포함 사항

- 책임자에 의한 문서의 작성, 검토 및 승인
- 문서의 식별: 문서번호, 개정번호, 페이지 및 제/개정날짜 등
- 문서의 적합성 정기 검토 책임
- 문서의 개정 시 책임 있는 사람에 의한 초안 작성, 검토, 승인
- 문서의 배포, 회수, 폐기 방법
- 통일된 문서의 작성 방법
- 문서의 관리 방법 등

(c) 적절한 장소에의 문서 비치 의미

- 이 요구사항이 의미하는 것은 해당되는 사람이 올바른 문서의 개정본을 가지고 있어야 한다는 것임.
- 문서는 그것을 필요로 하는 조직 구성원이 쉽게 접근할 수 있는 장소에 비치하여야 함. 여기서 적절한 장소인가의 여부는 해당 부서, 사용자 등을 고려하여 판단하여야 할 것임.

(d) 문서화, 문서관리 및 기록 관리

ISO 14001:2004는 환경경영시스템을 문서화하고, 문서관리와 기록관리를 하도록 요구하고 있어 이에 대한 명확한 이해가 요구된다.

① 환경경영시스템 문서화: 환경경영시스템 요구사항 및 이들 요소들 사이의 상호관계 기술

② 문서관리: 문서화된 서류나 전자매체 형태의 관리 방법

③ 기록관리: 환경경영시스템과 관련된 기록과 정보의 파악, 수집, 색인, 파일링 및 보관, 유지, 검색, 보존 및 폐기에 대한 관리

(e) 문서와 기록의 차이

문서(Document)	기록(Record)
• 행위의 지침 • 제정 · 개정 • 최신본의 사용(구본 회수) • 문서담당자 관리 • 보존연한: 영구	• 행위의 결과 • 수정 · 정정 • 보관 · 보존 지속(회수 없음) • 보존(보관, 증거) • 발한기간, 보존연한

문서개정 시 원본은 기록으로 이관하여 보존한다(관리 본은 회수, 폐기).

8. 운용

8.1 운영 기획 및 관리(control)

조직은 다음을 통하여 환경경영시스템 요구사항을 충족하고 6.1 및 6.2에 명시된 조치를 실행하기 위해 필요한 프로세스를 수립, 실행, 관리 및 유지하여야 한다.

– 프로세스를 위한 운용기준 수립

– 운용기준에 부합하는 프로세스 관리를 실행

비고 관리에는 공학적 관리(engineering control) 및 절차가 포함될 수 있다. 관리는 위계[hierarchy, 예: 제거, 대체, 운용관리(administrative)]에 따라 실행될 수 있고, 이 위계의 부분 또는 조합으로 실행될 수 있다.

조직은 계획된 변경사항을 관리하고, 의도하지 않은 변경사항의 결과를

검토해야 하며, 필요에 따라 모든 악영향을 완화하기 위한 조치를 취해야 한다. 조직은 외주처리 프로세스를 관리하고 영향을 미칠 수 있음을 보장하여야 한다. 이 프로세스에 적용될 관리나 영향의 유형과 범위는 환경경영시스템 내에 정의되어야 한다. 전과정 관점과 일관되게, 조직은 다음을 수행하여야 한다.

– 조직의 환경 요구사항이 각 전과정 단계를 고려하여 제품이나 서비스의 설계 및 개발 프로세스에서 다루어짐을 보장하기 위해 관리방법(controls)을 적절한 수준에서(as appropriate) 수립
– 제품 및 서비스의 구매에 대한 조직의 환경 요구사항을 적절한 수준에서(as appropriate) 결정
– 조직의 관련 환경 요구사항을 계약자를 포함한 외부 공급자와 의사소통
– 조직의 제품이나 서비스의 운송 또는 배송, 사용, 사용 후 처리 및 최종 폐기와 관련된 잠재적인 중대한 환경영향에 대한 정보의 제공 필요성을 고려

조직은 프로세스가 계획된 대로 실행되었음을 확신할 수 있는 범위까지 필요한 문서화된 정보를 유지하여야 한다.

(a) 절차서 개발과 이행 시 고려사항

– 계약활동에 관련된 절차
– 관계된 활동 특성의 감시와 관리
– 조직 내에 처리 절차가 없음으로 인해 환경방침으로부터 이탈이 야기될 수 있는 경우의 운영을 위한 절차

(b) 조직의 운영관리 범주
- 조직의 활동, 제품, 서비스 및 이의 변경과 관련된 오염방지와 자원의 보존
- 환경경영체제의 요구사항을 효과적으로 만족함을 증명
- 관련 법규 등 요건의 변화 예측과 대응하기 위한 전략

(c) 운영관리 범주의 활동관리
- 문서화된 절차/규정
- 문서화된 업무지침서/지도서
- 문서화된 업무 수행 기준 및 방법
- 환경오염물질 사용 및 발생의 감시 및 측정
- 적절한 기록과 기록의 검토, 보고 절차

특히 폐수, 대기 등 환경측면에 직접 영향을 주는 항목에 대해서는 운영기준을 설정하여 적법하고 효율적으로 관리하여야 한다. 일반적인 일상운영관리의 예는 다음과 같다.
- 대기 관련 절차
- 수질 관련 절차
- 폐기물 관련 절차
- 소음, 진동 관련 절차
- 유독물 관련 절차
- 토양오염 관련 절차
- 전력, 용수, 연료사용 관련 절차
- 작업환경 관련 절차
- 열사용 기기(보일러, 냉·난방기) 관련 절차 등

환경측면과 관련하여 해당되는 분야의 활동과 운영을 고려해야 한다. 예를 들어, R&D 및 설계, 구매, 계약자, 공급자, 원료취급과 보관, 생산 또는 공정관리, 설비보전, 제품보관, 운송, 고객서비스, 기타 조직의 특성에 따른 분야가 있다.

8.2 비상사태 대비 및 대응

조직은 6.1.1에서 파악된 잠재적인 비상상황에 대비하고 대응하기 위한 필요한 프로세스를 수립, 실행 및 유지하여야 한다.

조직은 다음을 수행하여야 한다.

- 비상상황으로부터 환경 악영향을 예방 또는 완화하기 위한 조치계획을 통한 대응 준비
- 실제 비상상황에 대응
- 비상상황에서 비롯된 결과(consequence)를 예방 또는 완화하기 위해 비상사태와 잠재적인 환경영향의 크기에 적절한 조치 시행
- 실제적으로 가능한 경우, 계획된 대응 조치를 주기적으로 연습(test)
- 특히, 비상사태 발생 또는 연습(test) 실시 이후, 주기적으로 대응 프로세스와 계획된 대응조치를 검토하고 개정
- 비상사태 대비 및 대응과 관련된 타당한 정보와 교육훈련을 조직의 관리하에 업무를 수행하는 인력을 포함한 관련 이해관계자에게 적절한 수준에서(as appropriate) 제공

조직은 프로세스가 계획된 대로 실행됨을 확신할 수 있는 범위까지 필요한 문서화된 정보를 유지하여야 한다.

(a) 용어의 정의 및 의미

① "비상사태"란 업무 중 의도하지 않은 화재, 폭발, 유독물 누출 또는 방지시설 고장 등이 발생한 경우로서 사고의 내용이 극단적인 경우를 말한다. 즉 정상 운영이거나 비정상운영이 아닌 상황에서, 환경경영시스템의 절차대로 운영되지 않는 등의 내부 요인이나 천재지변 등 외부요인으로 인해, 규정된 것 이상의 나쁜 환경영향이 발생하는 상황인 것이다.

② "비상사태 대비"란 발생할 가능성이 있는 비상사태를 파악하여 관련 인원에게 교육 및 훈련을 실시하며, 비상연락망 구축, 장비(소화기 등) 비치 등의 사전 활동을 하는 것이다.

③ "비상사태 대응"이란 실제 비상사태가 발생하였을 경우 미리 마련된 대비 절차에 따라 발생한 환경영향을 완화하거나 제거하기 위한 활동을 하는 것을 말한다.

(b) 예측되는 비상사태 시 검토사항

대기/물/토양으로의 유출로 인한 오염생태계 영향, 유출경로, 유출물질, 예상되는 환경오염과 중대성

(c) 비상사태 대책사항

- 비상시 대책반 구성 및 책임과 권한 및 조직 상호관계
- 대책활동의 세부사항 및 임무 수행자
- 사고 시 취해야 할 조치 사항
- 내·외부 비상전달 체계 마련
- 유출 가능한 물질의 정보
- 주기적 훈련과 훈련 효과 검증 방법

(d) 이행 방안

- 비상사태에 대한 정의를 명확히 하고 범위를 설정
- 비상시의 책임과 권한 지정 및 내·외부 비상연락체계 마련
- 시나리오 작성과 가능한 경우 주기적 시험과 후속조치
- 사고 발생 후 사고사항의 기록 유지 및 관련 절차에 반영

(e) 비상계획 수립 시 포함되어야 할 내용

- 비상시 대책반 구성 및 책임 사항
- 핵심 요원의 목록
- 비상시 활동의 세부 사항(예를 들면, 소방서, 소독약 살포 등)
- 내·외부에 대한 비상 상황 통보계획
- 여러 유형의 긴급 상황 발생시 취해야 할 조치
- 환경에 미칠 수 있는 잠재적인 영향을 포함한 위해 물질에 대한 정보 및 사건발생 시 취해야 할 조치
- 비상시 상황에 대한 훈련 계획 효과에 대한 테스트
- 비상사태 대비에 대한 연락 상황도 비상상화 처리 FLOW

비상사태가 발생한 경우 외부 조직, 즉 관할 관청과의 연락체계 및 내부조직의 임무와 비상상황 처리 FLOW에 대한 예를 들면 다음과 같다.

[환경안전 비상대책 위원회 ㈜좋은환경 본사]

대책 본부

대표이사
02) 000-0000

OO 사업부 임원
02) 000-0000
총무팀장

피해자	피해 복구팀	사고 조사팀	대외홍보팀
OOO 부서장	기획실장	총무팀장	기획실장
(OOO 차장)	(OOO 부장)	(OOO 차장)	(OOO 부장)
031-443-0000	031-772-0000	02-843-0000	02-877-0000
010-2722-0000	011-292-0000	010-2482-0000	017-710-0000

관할기관	서울시청: 731-6114(대표) 마포구청: 환경과(330-2370), 청소행정과(324-6000) 마포경찰서: 393-0309 마포소방서: 119상황실, 소방계 환경운동연합: 1588-3337

9. 성과 평가

9.1 모니터링, 측정, 분석 및 평가

9.1.1 일반 사항

조직은 환경성과를 모니터링, 측정, 분석 및 평가하여야 한다. 이를 위해 조직은 다음을 결정하여야 한다.

- 무엇을 모니터링하고 측정할 필요가 있는가?
- 유효한 결과를 보장하기 위한 적용 가능한 모니터링, 측정, 분석 및 평가 방법

– 조직이 조직의 환경성과를 평가하기 위한 기준과 적절한 지표

– 언제 모니터링 및 측정을 수행할 것인가?

– 언제 모니터링 및 측정 결과를 분석하고 평가할 것인가?

조직은 적절한 수준에서(as appropriate), 교정되거나 검증된 모니터링 및 측정 장비를 사용하고 유지하고 있음을 보장하여야 한다. 그리고 조직은 조직의 환경성과와 환경경영시스템의 효과성을 평가하여야 하며, 관련 환경성과 정보를 조직의 의사소통 프로세스와 조직의 준수 의무사항의 요구에 따라 내부와 외부에 의사소통하여야 한다. 또한 조직은 모니터링, 측정, 분석 및 평가 결과의 증거로 적절한 문서화된 정보를 유지하여야 한다.

(a) 모니터링 및 측정의 목적

'측정'이란 조직이 정한 환경측면과 관련하여, 측정장비를 이용하여 폐수의 생화학적 산소요구량, 산성도 등 양적인 데이터를 수집하거나, 조직 구성원들의 업무와 관련된 교육성과 측정 등 질적인 데이터를 수집하는 활동을 말한다. 즉 '측정'이란, 값을 결정하기 위한 활동이며, 정량적 또는 정성적일 수 있다.

'모니터링'이란 이러한 측정을 일정 기간에 걸쳐 주기적으로 수행하는 것을 의미한다. 즉, 모니터링은 상태를 파악하기 위한 지속적인 측정, 관찰 또는 추적 활동으로 상당한 기간 동안 측정이나 관찰과 같이 정보를 수집하는 것을 포함한다. 따라서 조직은 정기적으로 조직의 환경성과를 측정하고 모니터링하기 위한 체계적인 접근 방법을 갖는 것이 좋다. 모니터링은 상당한 기간 동안 측정이나 관찰과 같이 정보를 수집하는 것을 포함하며, 측정은 정량적 또는 정성적일 수 있다. 모니터링 및 측정은 환경경

영시스템에서 다음과 같이 다양한 목적을 위해 활용될 수 있다.

① 방침 의지의 만족, 목표 및 세부목표의 달성과 지속적 개선에 대한 과정 추적

② 중대한 환경측면을 파악하기 위한 정보 개발

③ 적용되는 법규 요구사항이나 조직이 동의한 그 밖의 요구사항을 만족하기 위한 배출과 방출을 모니터링

모니터링, 감시 및 평가활동은 조직이 규정된 환경경영추진계획에 따라 환경경영업무를 수행하고 있음을 입증하는 환경경영체제의 핵심 활동이다. 환경경영체제 및 작업공정 분야와 관련하여 조직의 환경목표와 세부목표에 비추어 실제 작업성과를 측정하고 감시하기 위한 시스템을 구축해야 한다.

모니터링과 감시의 결과는 필요한 활동을 파악하기 위해 분석하고 활용해야 하는데, 계측기기의 교정, 시험장비 및 소프트웨어와 하드웨어, 샘플링 등을 통하여 데이터의 신뢰성을 보장하기 위한 적절한 체제를 갖추고 있어야 한다.

조직의 환경성과지표와 적정성을 파악하는 활동이 지속적으로 이루어져야 한다.

- 객관적이고 검증 가능하며 재현이 가능

- 조직의 환경방침과 일관성이 있으며 조직의 활동과 관련

- 적용 가능하고 합리적인 비용으로 실행

- 기술적으로 실행 가능

(b) 측정장비의 관리

측정은 모니터링 및 측정장비의 적합한 교정 또는 검증, 자격을 갖춘

인원의 활용, 적절한 품질관리 방법의 사용과 같이 결과의 타당성을 보증할 수 있는 적절한 프로세스에 의해 관리되는 상태에서 실시되어야 할 것이다.

유효한 측정결과를 보장할 필요가 있는 경우, 측정장비는 규정된 주기 또는 사용 전에 국제표준 또는 국가표준에 소급 가능한 측정표준으로 교정 또는 검증되어야 할 것이다. 그러한 측정표준이 없는 경우 교정에 사용된 근거를 기록하여야 할 것이다. 따라서 모니터링 및 측정장비의 교정검사 대상기기를 파악하고 선정할 경우, 다음과 같은 사항을 고려하여야 한다.

① 사내 또는 사외 교정검사 대상기기 구분

② 교정검사 주기 설정 및 연간 교정검사 계획 수립

③ 사내 또는 사외교정 실시 및 결과 기록 유지

④ 교정검사 대상기기의 교정검사 상태 표시

⑤ 무자격자에 의한 임의 조정 방지를 위한 봉인 등

9.1.2 준수평가

조직은 조직의 준수 의무사항을 충족하는지 평가하기 위해 필요한 프로세스를 수립, 실행 및 유지하여야 한다. 조직은 다음을 수행하여야 한다.

– 준수평가의 빈도를 결정

– 준수평가를 수행하고 필요한 조치를 취함

– 조직의 준수 상황에 대한 지식과 이해를 유지

조직은 준수평가 결과의 증거를 문서화된 정보로 유지하여야 한다.

(a) 준수평가 방법론

'준수평가'란 조직의 활동, 제품 및 서비스에 적용되는 법규 요구사항 및 조직이 동의한 그 밖의 요구사항들을 준수하고 있는지를 주기적으로 평가하는 것을 말한다. 조직은 이러한 준수평가를 주기적으로 수행하기 위한 절차를 수립하고, 그 절차에 따라 준수 여부를 평가해야 하며, 그 결과를 기록으로 유지하고 있어야 한다. 준수평가의 적용범위는 법규요구사항을 포함할 수 있다. 다음과 같은 프로세스를 포함하여 다양한 방법이 준수 평가에 사용될 수 있다.

① 심사 수행

② 문서 및 또는 기록 검토

③ 시설 검사, 시설 시찰 및 직접적인 관찰

④ 프로젝트 또는 업무 검토

⑤ 샘플 분석 또는 테스트 결과 및 검증 샘플링 테스트

(b) 준수평가 사례

사업장폐기물 처리업체의 경우

계약자 중 조직을 대신하여 업무를 수행하는 사업장폐기물 처리업자에게 적용할 수 있는 준수평가 항목을 예로 들면 다음과 같다.

사업자 폐기물 처리업체 준수평가 사례

순위	평가항목	적합	부적합
1	폐기물관리법에 의거, 조직 활동사항이 적합하게 운영되고 있는가?		
2	계약조건에 의건, 적법하게 이행하고 있는가?		
3	폐기물 처리용량 이내로 준수하고 있는가?		
4	폐기물처리시설이 정상 작동 및 행정 처벌을 받은 적이 없는가?		
5	첨부 관련 허가사항과 조직 폐기물 처리에 위반사항이 없는가?		

이와 같은 예로 대기, 수질, 토양오염, 유해화학물질 관련 법규 및 해당 시설별로 구분하여 준수평가를 행하는 것이 적절하다.

9.2 내부심사

9.2.1 일반사항

조직은 다음 사항에 대한 정보를 제공하기 위해 계획된 주기에 따라 내부심사를 수행해야 한다.
- 환경경영시스템이 다음 사항에 적합한지
- 환경경영시스템에 대한 조직 자체의 요구사항
- 이 표준의 요구사항
- 환경경영시스템이 효과적으로 실행되고 유지되는지

9.2.2 내부심사 프로그램

조직은 내부심사의 빈도, 방법, 책임, 계획 요구사항과 보고를 포함하는 내부심사 프로그램을 수립, 실행 및 유지하여야 한다.
내부심사 프로그램을 수립할 때 조직은 관련 프로세스의 환경적 중요성, 조직에 영향을 주는 변경사항 및 이전 심사의 결과를 고려하여야 한다.
조직은 다음을 수행하여야 한다.

조직은 심사프로그램의 실행과 심사 결과의 증거로 문서화된 정보를 유지하여야 한다.
- 각 심사별로 심사기준 및 범위를 결정
- 심사 프로세스의 객관성과 공평성(impartiality)을 보장하기 위해 심사원을 선정하고 심사를 수행
- 심사 결과가 관련 경영자에게 보고됨을 보장

(a) 용어의 정의

환경경영에 관련된 내부심사는 환경경영시스템이 효과적으로 유지되고 있는지의 여부를 경영진에게 확인시켜 주기 위해 조직 스스로 수행하는 심사이다.

(b) 심사 프로그램 및 절차

심사 프로그램 및 절차에는 다음 사항이 포함되어야 한다.

- 심사 시 검토되어야 할 활동 및 분야
- 심사 횟수
- 심사 관리 및 실행과 관련된 책임
- 심사 결과의 전달
- 심사를 담당하는 심사원의 자격
- 심사 수행 방법

심사는 조직이 선정한 조직 내부인 및/또는 외부인에 의해 실시될 수 있다. 어느 경우이든 심사를 수행하는 자는 공정적이고 객관적인 감사를 실시할 수 있는 위치에 있어야 한다.

내부심사는 주기적으로 실행하는데, 그 설정 기준은 환경목표 실적 보고 및 운영실적 보고 심정을 고려하여 주기를 설정하는 것이 바람직하며 시스템 요구사항이 누락되지 않도록 하여야 한다.

(c) 심사 수행 시 점검사항

- 환경경영체제 요건 문서
- 문서와 실행의 차이점
- 환경경영 추진계획의 이행 여부

- 부적합의 시정, 재발방지 대책, 예방 대책
- 조직에서 일반적으로 관리되어야 하는 기록
- 작업 현장점검 등

(d) 심사 수행 절차
- 심사 계획: 심사팀 구성, 심사 목적 및 심사 범위 설정, 심사 일정, 부서별 심사 시간
- 심사 실시: 심사 계획에 의한 부서별 심사실시, 지적 사항의 피심사 자에 의한 동의
- 부적합 발생: 심사 중 발견된 부적합 사항의 분석, 결정
- 부적합 조치 계획: 관련 책임자의 시정조치 계획
- 보조서 작성: 부적합을 포함한 심사 보고서 작성
- 사후관리: 시정조치 여부 확인, 타당성 심사(후속 심사 활동)

(e) 내부심사 점검표(체크리스트)의 활용
내부심사 점검표를 작성함으로써 심사의 속도를 조절 가능케 하고 심사에서 발생되는 상황을 재빠르게 판단할 수 있게 한다. 이러한 점검표는 지나치게 세분화되지 않아야 하며 다른 심사원이 이용할 수 있도록 작성되어야 한다.

9.3 경영검토

최고경영자는 조직의 지속적인 적절성(suitability), 충족성(adequacy) 및 효과성(effectiveness)을 보장하기 위하여 계획된 주기로 조직의 환경경영시스템

을 검토하여야 한다. 경영검토에는 다음에 대한 고려를 포함하여야 한다.

- 이전 경영검토에서 취한 조치의 상황
- 다음의 변경사항
    - 환경경영시스템과 관련된 외부 및 내부 이슈
    - 준수 의무사항을 포함한 이해관계자의 니즈(needs)와 기대
    - 조직의 중대한 환경측면
    - 리스크와 기회
- 환경목표의 달성 정도
- 조직의 환경성과에 대한 정보(다음 항목에서의 경향을 포함한)
    - 부적합 및 시정조치
    - 모니터링 및 측정 결과
    - 준수의무사항 충족
    - 심사 결과
- 자원의 충족성(adequacy)
- 불만을 포함한 이해관계자로부터의 의사소통
- 지속적 개선 기회

경영검토의 결과물에는 다음이 포함되어야 한다.
- 환경경영시스템의 지속적인 적절성(suitability), 충족성(adequacy) 및 효과성(effectiveness)에 대한 결론
- 지속적 개선 기회와 관련된 의사결정
- 자원을 포함한 환경경영시스템 변경 필요성과 관련된 의사결정
- 환경목표가 달성되지 않은 경우 필요한 조치
- 필요할 경우 환경경영시스템과 다른 비즈니스 프로세스와의 통합체계 (integration) 를 개선할 수 있는 기회

- 조직의 전략적 방향에 대한 영향(any implications)

조직은 경영검토의 결과의 증거로 문서화된 정보를 유지하여야 한다.

(a) 환경경영시스템 검토

조직의 최고경영자는 시스템의 지속적인 적절성과 충족성 및 효과성을 평가하고 그 결과인 환경성과를 달성하기 위해서 정해진 주기에 따라 조직의 환경경영시스템을 검토하여야 한다. 이 검토는 환경경영시스템의 적용 범위 내의 활동, 제품 및 서비스의 환경측면을 모두 다루어야 할 것이다.

(b) EMS 검토 시 검토 사항

- 환경목표와 세부 목표 및 환경 성과에 대한 검토
- EMS 심사의 발견 사항
- EMS의 유효성에 대한 평가
- 환경방침의 적절성과 다음 사항에 따른 변경의 필요성에 대한 평가
- 법규의 변경
- 이해관계자의 기대와 요구사항 변경
- 조직의 제품이나 활동에서의 변경
- 과학 및 기술의 진보
- 환경에 영향을 미치는 사고 발생으로부터 얻은 교훈
- 시장 우위
- 보고 및 의사소통

（c) **경영 검토 시 보고 사항**

- 환경경영 추진계획에 따른 환경성과

- 내부 또는 외부기관의 환경경영체제 심사 결과

- 환경경영체제 실행의 경영 효과

- 조직, 자원분배의 적절성

- 조직의 환경경영체제 구조 변경 필요성

- 환경방침, 환경목표의 적절성과 변경 필요성

（d) **환경경영체제 구조, 환경방침, 환경목표의 변경 검토 시 고려사항**

- 법규, 규제요구사항의 변화

- 이해관계자의 요구사항 변경

- 조직의 활동, 제품, 서비스의 변

- 환경문제에 대한 과학기술의 발달

- 변화하는 시장 압력

- 조직의 보고 및 의사소통

- 대내외적인 환경사고 발생의 교훈

- 특정 분야에서 처음 발생하거나 점증하는 환경에 대한 관심

10. 개선

10.1 일반사항

조직은 조직의 환경경영시스템의 의도한 결과를 달성하기 위해 개선의 기회를 규명하고(9.1, 9.2및 9.3 참조), 필요한 활동을 실행하여야 한다.

10.2 부적합 및 시정조치

부적합이 발생한 경우, 조직은 다음을 수행하여야 한다.

• 부적합에 대응하여야 하며, 적용 가능한 경우 다음을 수행

– 부적합을 관리하고 시정하기 위한 조치를 취함

– 결과(consequences) 처리(환경 악영향의 완화를 포함)

• 부적합이 재발하거나 다른 곳에서 발생하지 않도록 다음을 통해 부적합 의 원인을 제거하기 위한 조치의 필요성을 평가

– 부적합을 검토

– 부적합의 원인을 규명(determining)

– 유사한 부적합이 존재하는지, 또는 잠재적으로 발생할 수 있는지를 규명 (determining)

– 필요한 모든 조치를 실행

– 취해진 모든 시정조치의 효과성을 검토

– 필요한 경우 환경경영시스템을 변경

시정조치는 환경영향을 포함하여 발생한 부적합의 영향의 중요성에 적절 하여야 한다. 조직은 다음의 증거를 문서화된 정보로 유지하여야 한다.

– 부적합의 성격(nature) 및 취해진 모든 후속적인 조치

– 모든 시정조치의 결과

(a) 부적합 사례

이 요구사항에 대한 절차를 수립함에 있어서 조직은 부적합의 특성에 따라 최소화된 기획 또는 보다 복잡하고 장기적인 활동으로 요구사항을 달성할 수 있을 것이다. 부적합은 이 두 가지 측면에서 발생될 수 있으며, 그 사례는 다음과 같을 수 있다.

① 환경경영시스템의 부적합 사례
- 환경목표 및 세부목표를 미수립 및 미준수
- 목표 및 세부목표의 달성을 위한 책임, 비상사태 대비 및 대응에 대한 책임과 같은 환경경영시스템에서 요구되는 책임을 정의하지 않음
- 법규 요구사항에 대한 준수평가를 실시하지 않음
- 심각한 환경영향을 미칠 수 있는 운영관리상의 부적합
- 이해관계자의 불만사항 및 협력업체의 조직 요구사항 미준수

② 환경성과의 부적합 사례
- 에너지 감소에 대한 세부목표를 달성하지 않음
- 유지 요구사항이 계획대로 수행되지 않음
- 운영기준에 만족되지 않음
- 심각한 환경영향을 미칠 수 있는 운영관리상의 부적합

(b) **부적합 사항에 대한 시정 및 예방조치**
상황에 따라 이러한 시정/예방조치는 신속하게, 최소한의 형식적인 계획으로 취해질 수 있으며, 또는 보다 복잡하고 장기적인 활동이 될 수도 있다. 시정조치의 수준에 적절하게 문서화하여야 한다.

① 실제적 부적합사항
현재 발생된 부적합사항. 부적합의 재발 방지를 위해 부적합의 원인을 제거하기 위한 시정조치를 취한다.

② 잠재적 부적합사항
현재 발생된 부적합 사항이 아닌 감시측정 결과, 과거의 부적합 사례,

과거의 사건, 사고 사례 등과 같은 정보의 주기적인 분석에 의해 파악된 장래 발생 가능성이 있는 잠재적인 부적합 사항. 잠재적인 부적합 원인을 제거하기 위한 예방조치를 취해야 한다.

③ 경미한 부적합 사항

즉시 정정이 가능한 것, 재발의 우려가 없는 것, 환경에 중대한 변화를 초래하지 않는 것 등. 단순 정정 조치로 이를 제거할 수 있다.

이렇게 파악된 부적합의 원인에 적합한 시정조치가 취해질 것이 요구된다. 즉, 원인에 비해 과도한 시정조치는 불필요한 예산과 시간을 낭비하는 결과를 낳을 뿐 아니라 오히려 정상 운영에도 지장을 줄 수 있기 때문이다. 결국 시정조치의 구체적 내용은 절차나 관행의 개선, 원료의 대체, 교육강화, 부서간 협력 증진, 설비라인의 개보수 등의 다소 손쉬운 것으로부터 공정개선, 신기술 도입 등 충분한 효과분석이 필요한 경우도 있다.

부적합 사항에 대한 시정 및 예방조치는 상황에 따라 매우 신속하게 처리될 수도 있고 장기간에 걸쳐 취해질 수 있으나, 어느 경우이건 환경부하의 제거를 위해 가장 효과적인 시점이 선택되어야 한다. 그리고 시정 및 예방조치로부터 얻은 결과에 의해 문서 절차상의 변경이 발생했을 경우 이들 변경사항을 문서/표준에 반영하여야 한다.

10.3 지속적 개선

> 조직은 환경성과의 개선을 위해 환경경영시스템의 적절성(suitability), 충분성(adequacy) 및 효과성(effectiveness)을 지속적으로 개선하여야 한다.

지속적 개선활동은 다음과 같다.

- 환경성과의 개선을 유도하기 위해 환경경영체제의 개선이 필요한 분야를 파악하여야 함
- 부적합이나 결함을 유발시키는 (근본)원인을 결정해야 함
- 그 근본 원인을 처리하기 위한 시정 조치 및 예방조치에 대한 계획을 개발하고 실행해야 함
- 계획, 실행된 시정 조치와 예방조치의 유효성을 검증해야 함
- 공정 개선에 따른 절차상의 변경을 문서화해야 함
- 환경목표 및 세부 목표와 비교 검토해야 함

이 표준의 사용을 위한 지침

A.1 일반사항

이 부속서에서 설명하는 정보는 이 표준에 포함된 요구사항의 잘못된 해석을 방지하기 위하여 제공된 것이다. 이 정보는 요구사항을 다루며, 요구사항과 일관성이 있지만, 요구사항을 추가, 제외 또는 어떤 방식으로 수정하고자 하는 것은 아니다.

이 표준의 요구사항은 시스템적 또는 총체적 관점에서 볼 필요가 있다. 이 표준 사용자는 이 표준의 특정 문장이나 조항을 다른 조항과 분리하여 해석해서는 안 된다. 일부 조항에 있는 요구사항과 다른 조항에 있는 요구사항 사이에는 상호연관성이 있다. 예를 들면, 조직은 조직의 환경방침에 제시된 의지(commitment)와 다른 조항에 규정된 요구사항 사이의 관계를 이해할 필요가 있다.

[참고] ISO 14001:2015에서 사용한 'commitment'를 본 표준에서 부합화하며, 기존 KS I ISO 14001에서 사용하던 용례에 따라 '의지'로 번역하여 사용하였다. 이를 KS Q ISO 9001:2015에서는 '의지표명/실행의지'로 번역하였지만, 두 표준에서 사용된 commitment 번역 용어의 의미 차이는 없다.

변경관리는 조직 환경경영시스템을 유지하는 중요한 부분으로서, 조직으로 하여금 환경경영시스템이 의도하는 성과를 지속적으로 달성할 수 있도록 보장한다. 변경관리는 이 표준의 다양한 요구사항에서 다루어지며, 다음을 포함한다.

- 환경경영시스템 유지(4.4 참조)
- 환경측면(6.1.2 참조)
- 내부 의사소통(7.4.2 참조)
- 운용관리(8.1 참조)
- 내부심사 프로그램(9.2.2 참조)
- 경영검토(9.3 참조)

변경관리의 일환으로, 조직은 계획된 변경 그리고 계획되지 않은 변경을 다루어야 하며, 이는 이 변경의 의도하지 않은 결과가 환경경영시스템의 의도된 결과에 부정적인 영향을 끼치지 않는다는 것을 보장하기 위함이다. 이 변경의 예는 다음을 포함한다.
- 제품, 프로세스, 운용, 장비 또는 시설의 계획된 변경
- 직원의 변경 또는 계약자를 포함한 외부 공급자의 변경
- 환경측면, 환경영향 및 관련 기술에 관한 새로운 정보
- 준수의무사항의 변경

A.2 구조 및 용어에 대한 설명(clarification)

이 표준의 조항 구조(clause structure)와 몇몇 용어는 다른 경영시스템 표준과의 일관성(alignment)을 제고하기 위하여 변경되었다. 그러나 이 표준의 조항 구조와 용어를 조직의 환경경영시스템 문서화에 적용하여야 한다는 요구사항이 이 표준에는 없으며, 조직이 사용하는 용어를 이 표준에서 사용하는 용어로 대체해야 한다는 요구사항도 없다. 예를 들면, "문서화된 정보" 대신에 '기록', '문서화' 또는 '프로토콜'과 같이, 조직은 조직의 비즈

니스에 맞는 용어를 선택하여 사용할 수 있다.

A.3 개념에 대한 설명

3절의 "용어와 정의"에 추가하여, 오해를 방지하기 위해, 몇 가지 발췌된 개념에 대한 설명을 아래에 제시한다.

- 이 표준에서 "어떤(any)"이라는 용어의 사용은 선택 또는 선정을 내포한다.
- "적절한(appropriate)"과 "적용 가능한(applicable)"은 서로 호환되지 않는다. "적절한"은 적절함의 의미와 약간의 자유도가 있음을 암시하는 반면, "적용 가능한"은 관계가 있거나 적용이 가능함을 의미하며, 할 수 있다면 할 의무가 있다는 것을 내포한다.
- "고려하다(consider)"는 해당 주제에 대해 생각할 필요가 있으나 배제할 수 있다는 것을 의미한다. 반면에, "반영하다(take into account)"는 해당 주제에 대하여 생각할 필요가 있고/있으나 배제할 수 없다는 것을 의미한다.
- "지속적인(continual)"은 어느 기간에 걸쳐 일어나지만 끊어지는 구간이 있는 기간을 나타낸다. 따라서 "지속적인(continual)"은 개선을 언급할 때 사용할 수 있는 적절한 용어이다.
- 이 표준에서 "효과(effect)"는 조직에 대한 변화의 결과를 표현하기 위해 사용된다. "환경영향(environmental impact)"은 특히 환경에 대한 변화의 결과를 의미한다.
- "보장하다(ensure)"는 책임(responsibility)은 위임될 수 있지만, 책무(accountability)는 위임될 수 없음을 의미한다.

- 이 표준은 "이해관계자(interested party)"라는 용어를 사용한다. "이해당사자(stakeholder)"는 같은 개념을 나타내는 동의어이다.

이 표준에서는 몇 개의 새로운 용어가 사용된다. 이 표준의 새로운 사용자와 이전 판 사용자에게 도움을 주기 위해 간략한 설명을 아래에 제공한다.

- "준수의무사항(compliance obligations)"은 이 표준의 이전 판에서 사용된 "법규 요구사항 및 조직이 동의한 그 밖의 요구사항(legal requirements and other requirements to which the organization subscribes)"을 대체한다. 이 새로운 용어의 의미는 이전 판의 의미와 다르지 않다.

- "문서화된 정보(documented information)"는 이 표준의 이전 판에서 사용된 문서화(documentation), 문서(document) 및 기록(record)을 대체한다. 일반적인 용어인 "문서화된 정보"와 의미를 구분하기 위해, 이 표준에서는 기록(records)을 대체/의미하기 위하여 "~의 증거로 문서화된 정보를 보유해야 한다."라는 문구를 사용하고, 기록(records)이 아닌 문서화(documentation)를 의미하기 위하여 "문서화된 정보의 유지"라는 문구를 사용한다. "~의 증거로…"라는 문구는 법적 증거 요구사항을 충족시키라는 요구사항은 아니며, 오직 객관적인 증거를 유지할 필요가 있다는 것을 나타내고자 하는 취지이다.

- "외부 공급자(external provider)"는 제품 또는 서비스를 제공하는 외부 공급조직(계약자 포함)을 의미한다.

- "파악하다/식별하다(identify)"를 "결정하다(determine)"로 변경한 것은 표준화된 경영시스템 용어와의 조화를 위한 것이다. "결정하다(determine)"는 지식을 얻기 위한 탐구 프로세스를 내포한다. 그 의미는 이전 판의 의미와 다르지 않다.

- "의도된 결과(intended outcome)"는 조직이 환경경영시스템을 실행함으로써 달성하고자 하는 것이다. 최소한의 의도된 결과는 환경성과의 증진, 준수의무사항의 충족(fulfilment) 그리고 환경목표의 달성을 포함한다. 조직은 환경경영시스템에 대하여, 의도된 결과를 추가로 설정할 수 있다. 예를 들어, 조직은 환경보호에 대한 그들의 의지와 일관성을 유지하는 차원에서, 지속 가능한 발전으로 이어지도록 의도된 결과를 수립할 수 있다.

- "조직의 관리 하에 업무를 수행하는 인력(person(s) doing work under its control)"은 조직에서 일하는 인력과 조직 책임 하에 있는 업무를 대신 수행하는 인력(예: 계약자)을 포함한다. 이는 이 표준의 이전 판에서 사용된 "조직에서 근무하거나 조직을 대신해 업무를 수행하는 인원(persons working for it or on its behalf, and persons working for or on behalf of the organization)"을 대체한다. 이 새로운 문구의 의미는 이전 판의 의미와 다르지 않다.

- 이 표준의 이전 판에서 사용된 "세부목표(target)"의 개념은 용어 "환경목표(environmental objective)" 안에 포함되었다.

A.4 조직의 상황

A.4.1 조직 및 조직의 상황의 이해

4.1에서 의도하는 바는 조직의 환경적 책임을 관리하는 방법이 긍정적 또는 부정적으로 영향을 미칠 수 있는 중요한 이슈에 대한 높은 수준의 개념적 이해를 제공하고자 하는 것이다. 이슈란 조직에게 중요한 주제이며, 조직이 설정한 환경경영시스템의 의도한 결과를 달성하는 조직의 능력에 영향을 미치는 논쟁과 토론의 문제이거나 변화하는 환경이다.

조직의 상황과 관련이 있는 내부 및 외부 이슈의 사례는 다음을 포함한다.

- 조직의 목적에 영향을 줄 수 있거나, 조직의 환경측면에 의해 영향을 받을 수 있는 기후, 대기질, 수질, 토지 사용, 오염의 존재, 천연자원의 가용성 및 생태다양성과 관련된 환경여건
- 국제적, 국가적, 지역적(regional) 또는 국지적(local)이든 외부의 문화적, 사회적, 정치적, 법적, 규제적, 재정적, 기술적, 경제적, 자연적 및 경쟁적(competitive) 상황
- 조직의 활동, 제품 및 서비스, 전략적 방향, 문화 및 역량과 같은 조직의 내부 특성이나 여건(예: 인원, 지식, 프로세스, 시스템)

조직의 상황을 이해하는 것은 조직의 환경경영시스템을 수립, 실행, 유지 및 지속적으로 개선하는 데 활용된다(4.4 참조). 4.1에서 결정된 내부 및 외부 이슈들은 조직 또는 환경경영시스템에 대한 리스크와 기회로 귀결될 수 있다(6.1.1부터 6.1.3까지 참조). 조직은 다루고 관리하여야 할 것들을 결정한다(6.1.4, 6.2, 7절, 8절, 9.1 참조).

A.4.2 이해관계자의 수요 및 기대의 이해

조직은 조직과 관련이 있다고 결정한 내부 및 외부 이해관계자가 표명한 니즈와 기대에 대한 개괄적인(예: 상위 수준의, 구체적이지 않은) 이해가 요구된다.

조직은 조직이 준수해야 하거나 준수하기로 선택한 니즈와 기대를 결정할 때 얻은 지식을 고려한다(예: 준수의무사항).

환경성과와 관련된 조직의 결정이나 활동에 의해 영향을 받는다고 이해관계자가 인지하고 있는 경우, 조직은 조직에게 알려지거나 해당 이해관계자가 조직에게 공개한 관련 니즈와 기대를 고려한다.

이해관계자 요구사항이 조직의 필수적인 요구사항은 아니다. 어떤 이해관계자의 요구사항은 정부 또는 법원의 결정에 의한 법률, 규제, 허가, 라이선스로 통합되기 때문에 의무적인 니즈와 기대를 반영할 수 있다. 조직은 이해관계자의 다른 요구사항에 자발적으로 동의할 것인지 또는 받아들일 것인지를 결정해도 된다(계약관계 체결, 자발적 협약서명). 조직이 받아들이기로 결정한 경우, 이것은 조직의 요구사항(예: 준수의무사항)이 되고, 환경경영시스템을 기획할 때 이것을 반영(take into account)해도 된다(4.4 참조). 조직의 준수의무사항에 관한 더 자세한 수준의 분석은 6.1.3에서 수행된다.

A.4.3 환경경영시스템의 적용범위 규명

환경경영시스템의 적용범위를 규명하는 것은, 특히 대상 조직이 더 큰 조직의 일부분일 때 환경경영시스템이 적용되는 물리적 및 조직적 경계를 명확하게 하기 위한 것이다. 조직은 시스템경계를 자유롭고 유연하게 설정할 수 있다. 조직은, 이 표준을 조직 전체에 걸쳐 실행하거나 또는 해당 부분의 최고경영자가 환경경영시스템 수립에 대한 권한을 갖고 있는 경우, 조직의 특정 부분에만 선택적으로 실행해도 된다.

적용범위를 설정할 때, 환경경영시스템의 신뢰성은 조직 경계의 선택(choice)에 달려 있다. 조직은 전과정 관점을 고려하여 조직이 활동, 제품 및 서비스에 대해 영향력을 행사(발휘)할 수 있는 관리 범위 또는 영향을 고려한다. 적용범위의 설정은 중대한 환경측면을 갖거나 가질 수 있는 활동, 제품, 서비스 또는 설비를 제외하거나 조직의 준수의무사항을 회피하기 위해 사용되어서는 안 될 것이다. 적용범위는 이해관계자가 오해하지 않도록 조직의 환경경영시스템 경계 내에 포함된 조직의 운용에 대한 사실적이고 대표적인 표명(statement)이다.

조직이 이 표준에 부합함을 주장할 때, 이해관계자가 적용범위의 표명

(statement)을 이용할 수 있도록 해야 한다는 요구사항이 적용된다.

A.4.4 환경경영시스템

조직은 다음에 대한 상세함의 수준과 범위를 포함하여, 이 표준의 요구사항을 어떻게 충족할 것인지를 결정하는 권한과 책무를 갖는다.

- 관리되고, 계획된 대로 실행되며, 바람직한 결과를 달성하는 것에 확신을 주는 하나 이상의 프로세스를 수립
- 환경경영시스템 요구사항을 설계 및 개발, 구매, 인적자원, 영업 및 마케팅과 같은 조직의 다양한 비즈니스 프로세스와 통합
- 조직의 환경경영시스템에 조직의 상황과 관련된 이슈(4.1 참조)와 이해관계자의 요구사항(4.2)을 반영

만약 이 표준을 조직의 특정 부분에 적용할 경우, 조직의 다른 부분에서 개발된 방침과 프로세스 및 문서화된 정보가, 해당 특정 부분에 적용 가능하다면, 이 표준의 요구사항을 충족하기 위해 사용될 수 있다.

변경관리의 부분으로 환경경영시스템을 유지하는 것에 대한 정보는 **A.1**을 참조한다.

A.5 리더십

A.5.1 리더십 및 의지

리더십과 의지를 표명(demonstrate)하기 위해서는, 최고경영자가 직접 관여하거나 지시하는 환경경영시스템과 관련한 구체적인(specific) 책임이 있다. 최고경영자는 이러한 조치의 책임을 다른 인원에게 위임할 수 있으나, 이 조치가 수행됨을 보장해야 하는 책무를 갖는다.

A.5.2 환경방침

환경방침은 최고경영자가 환경성과를 지원하고 향상시키겠다는 조직의 의도를 보여 주는 의지로써 언급된 원칙들이다. 환경방침은 조직이 환경 목표를 수립하고(6.2 참조), 환경경영시스템의 의도한 결과를 달성하기 위한 조치를 취하며, 지속적인 개선을 달성하는 것을(10절 참조) 가능하게 한다.

환경방침의 세 가지 기본적인 의지를 이 표준에서 다음과 같이 규정하고 있다.

- 환경 보호
- 조직의 준수의무사항 충족
- 환경성과 향상을 위해 환경경영시스템을 지속적으로 개선

이 표준의 특정 요구사항을 다루고, 확고하고 신뢰할 만한(credible and reliable) 환경경영시스템을 보장하기 위해 이러한 의지를 조직이 수립한 프로세스에 반영하여야 한다.

환경보호에 대한 의지는 오염예방을 통해 환경 악영향을 예방할 뿐만 아니라, 조직의 활동, 제품 및 서비스로부터 발생하는 유해화(harm) 및 악화(degradation)로부터 자연환경을 보호하는 것을 의도하고 있다. 조직이 추구하는 특정 의지는 국지적 또는 지역적 환경여건을 포함한, 조직의 상황과 관련되어야 할 것이다. 이러한 의지는 예를 들어 수질, 재활용 또는 대기질을 다룰 수도 있고, 기후변화 완화 및 적응, 생물다양성 및 생태계의 보호, 복원과 관련될 수 있다.

이 모든 의지가 중요하지만, 어떤 이해관계자는 준수의무사항, 특히 적용 가능한 법적 요구사항을 충족시키는 조직의 의지에 특별히 관심을 가진다. 이 표준은 이러한 의지와 관련하여 많은 상호 연계된 요구사항을 규정하고 있다. 이러한 요구사항들은 다음을 포함한다.

- 준수의무사항 결정
- 준수의무사항과 일관되게 운용됨을 보장
- 준수의무사항의 충족성을 평가
- 부적합의 시정

A.5.3 조직의 역할, 책임 및 권한

조직의 환경경영시스템에 관련된 인원들은 이 표준의 요구사항에 적합하고 의도한 결과를 달성하기 위한 그들의 역할, 책임 및 권한을 명확하게 이해하여야 할 것이다.

5.3에 언급된 특정 역할과 책임은 때로는 "경영대리인"이라 불리는 개인에게 주어질 수도 있고, 여러 인원에게 배분할 수도 있으며, 최고경영진 중 한 명에게 부여될 수도 있을 것이다.

A.6 기획

A.6.1 리스크와 기회를 다루는 조치

A.6.1.1 일반사항

6.1.1에서 수립하는 프로세스의 전반적인 의도는 조직의 환경경영시스템이 의도한 결과를 달성할 수 있고, 바람직하지 않은 영향을 방지하거나 감소시키며, 지속적인 개선의 달성을 보장하기 위한 것이다. 조직은 조직이 다룰 필요가 있는 리스크와 기회를 결정하고, 이를 위한 조치를 계획하는 것으로써 이를 보장할 수 있다. 이러한 리스크와 기회는 환경측면, 준수의무사항, 기타 이슈 또는 이해관계자의 니즈 및 기대와 관련될 수 있다.

환경측면(**6.1.2** 참조)은 환경 악영향, 유익한 환경영향, 조직에 대한 기타 다른 영향과 관련되어 리스크와 기회를 생성시킬 수 있다. 환경측면과 관련된 리스크와 기회는 중대성 평가의 부분으로 또는 이와는 별개로 결정될 수 있다.

준수의무사항(6.1.3 참조)은 리스크나 기회를 만들어 낼 수 있다. 리스크의 예는 미준수(failing to comply: 조직의 명성에 해를 끼치거나 법적 처분으로 이어질 수 있는 것)에 해당하며, 기회의 예는 초과준수(조직의 명성을 향상시킬 수 있도록 준수요구사항 이상으로 실행하는 것)에 해당한다.

조직은 환경여건 또는 이해관계자의 니즈(needs)와 기대를 포함하여 또 다른 이슈와 관련된 리스크와 기회를 가질 수 있다. 이러한 이슈들은 환경경영시스템이 의도한 결과를 달성하는 조직의 능력에 영향을 줄 수 있다. 그 이슈의 예는 다음과 같다.

- 작업절차를 이해할 수 없는 작업자들 간의 글 읽고 쓰는 능력 또는 언어 장벽으로 인한 환경누출
- 조직의 부지에 영향을 미칠 수 있는 기후변화로 인한 홍수 증가
- 경제적 제약 조건으로 인해 효과적인 환경경영시스템의 유지에 이용 가능한 자원 부족
- 대기질 개선을 위해 정부가 재정 지원한 신기술 도입
- 조직의 배출물 관리장비 운용 능력에 영향을 줄 수 있는 가뭄 기간의 물 부족

비상상황은 비상상황의 실질적 또는 잠재적 결과를 예방하거나 완화하기 위해 특정 자격을 가진 인원, 자원 또는 프로세스의 긴급한 적용을 필요로 하는 계획되지 않거나 예상하지 못한 사건을 말한다. 비상상황은 조직에게 환경 악영향이나 다른 영향을 줄 수 있다. 잠재적인 비상상황(예: 화재, 화학물질 유출, 혹한)을 결정할 때 조직은 다음을 고려하여야 할 것이다.

- 현장의 위험 특성(예: 인화성 액체, 저장탱크, 압축가스)
- 비상상황의 가장 가능한 유형 및 규모
- 인근 시설(예: 공장, 도로, 철로)의 비상상황의 잠재 가능성

리스크와 기회를 결정하고 다룰 필요는 있으나, 공식적인 리스크 관리 또는 문서화된 리스크 관리 프로세스에 대한 요구사항은 없다. 조직의 리스크 및 기회를 결정하기 위해 사용하는 방법은 조직이 선택할 수 있다. 이러한 방법은 조직의 운용 상황에 따라 단순한 정성적 프로세스 또는 완전한 정량적 평가가 될 수도 있다.

파악된 리스크 및 기회(6.1.1부터 6.1.3까지 참조)는 조치 계획(6.1.4 참조) 및 환경목표 수립(6.2)을 위한 입력이 된다.

A.6.1.2 환경측면

조직은 조직의 환경측면과 이에 관련된 환경영향을 규명하고, 조직의 환경경영시스템에서 다루어야 할 필요가 있는 중대한 환경측면과 환경영향을 결정한다.

환경측면으로부터 전체 또는 일부분의 불리한 또는 유익한 환경변화를 환경영향이라고 한다. 환경영향은 국지적·지역적·세계적인 규모로 발생할 수 있으며, 특성상 직접적·간접적이거나 누적될 수 있다. 환경측면과 환경영향은 인과관계가 있다.

조직은 환경측면을 결정할 때 전과정 관점을 고려한다. 이것은 상세한 전과정평가를 요구하지는 않으며, 조직이 관리할 수 있거나 영향을 미칠 수 있는 전과정 단계를 주의 깊게 고려하는 것으로 충분하다. 제품(또는 서비스)의 일반적인 전과정 단계에는 원료물질 채취, 설계, 생산, 운송/배송, 사용, 사용 후 처리 및 최종 폐기가 포함된다. 적용 가능한 전과정 단

계는 활동, 제품 및 서비스에 따라 다르다.

조직은 환경경영시스템 적용범위 내에서 환경측면을 규명할 필요가 있다. 조직의 현재 및 관련된 과거의 활동, 제품 및 서비스, 계획된 또는 새로운 개발, 신규 또는 수정된 활동, 제품 및 서비스와 관련된 투입물과 산출물(의도된 또는 의도하지 않은)을 반영한다. 사용된 방법론은 6.1.1에서 파악된 합리적으로 예측 가능한 비상상황뿐 아니라 정상 그리고 비정상 운용조건, 작업 중단 및 작업 재개 조건을 고려하여야 할 것이다. 이전에 발생한 비상상황에 주의를 기울여야 한다. 변경사항 관리의 일부분으로서 환경측면에 대한 정보는 A.1을 참조할 수 있다.

조직은 환경측면을 규명하고 평가하기 위해 개별 제품, 부품 또는 원료물질을 각각 고려할 필요는 없다. 조직은 공통된 특성을 갖고 있는 활동, 제품 및 서비스를 그룹화하거나 분류해도 된다.

환경측면을 규명할 때, 조직은 다음을 고려할 수 있다.

- 대기 배출
- 수계 배출
- 토양 배출
- 원료물질 및 천연자원 사용
- 에너지 사용
- 에너지 발생[예: 열, 방사선, 진동(소음), 빛]
- 폐기물 또는 부산물 발생
- 공간 사용

조직은 직접 관리할 수 있는 환경측면에 추가하여 조직이 영향을 미칠 수 있는 환경측면이 있는지를 규명한다. 여기에는 외주 처리된 프로세스와 관련한 것을 포함하여, 조직이 공급하는 제품 및 서비스뿐 아니라 외부에서 공급되어 조직이 사용하는 제품 및 서비스가 포함된다. 조직이 다른 곳에 공급하는 제품 및 서비스와 관련하여, 제품과 서비스의 사용 및 폐기 처리에 대한 조직의 영향력은 제한적이다. 그러나 모든 상황에서, 조직이 행사(exercise)할 수 있는 관리의 범위, 조직이 영향력을 미칠 수 있는 환경측면, 그리고 이러한 영향력을 행사(exercise)하는 범위를 결정하는 것은 결국 조직이다.

다음과 같은 조직의 활동, 제품 및 서비스와 관련된 환경측면을 고려하여야 한다.

- 조직의 시설, 프로세스, 제품 및 서비스의 설계 및 개발
- 채취를 포함하는 원료물질의 획득
- 창고 보관을 포함하는 운용 또는 제조 프로세스
- 설비 운전 및 유지, 조직의 자산 및 기반구조
- 외부 공급자의 환경성과 및 관행
- 포장을 포함하는 제품 운송 및 서비스 제공
- 제품의 보관, 사용 및 사용 후 처리
- 재사용, 정비, 재활용 및 폐기를 포함하는 폐기물 관리

중대한 환경측면을 규명하는 방법이 하나만 있는 것은 아니지만, 사용한 방법과 기준이 일관성 있는 결과를 보여 주어야 할 것이다. 조직은 중대한 환경측면을 결정하는 기준을 설정한다. 환경기준은 환경측면을 평가하는 최우선적이며 최소한의 기준이다. 기준은 환경측면(예: 유형, 규모, 빈도) 및 환경영향(예: 규모, 심각성, 기간, 노출)과 연계시킬 수 있다. 또한 다른 기준이 사용될 수도 있다. 환경측면은 환경기준만을 고려했을 때에는 중대하지 않을 수도 있으나, 다른 기준까지 고려하면 중대성을 결정하는 임계점(threshold)에 다다르거나 초과할 수도 있다. 이러한 다른 기준에는

법적 요구사항이나 이해관계자의 관심사항 등과 같은 조직의 이슈가 포함될 수 있다. 이러한 다른 기준은 환경영향을 기준으로 했을 때 중대한 측면을 저평가(downgrade)하기 위해 사용하도록 의도되지 않는다.

중대한 환경측면은 하나 이상의 중대한 환경영향을 초래할 수 있다. 따라서 조직이 환경경영시스템을 통해 의도하는 결과를 달성할 수 있음을 보장하기 위해서는 다루어져야 할 필요가 있는 리스크와 기회로 귀결될 수 있다.

A.6.1.3 준수의무사항

조직의 환경측면에 적용 가능한 4.2에서 파악한 준수의무사항과 그들이 어떻게 조직에게 적용되는지를 충분히 상세한 수준에서 규명한다. 준수의무사항은 조직이 충족해야 할 법적 요구사항을 포함하고, 조직이 준수해야 하거나 준수하기로 결정한 그 밖의 요구사항도 포함한다.

조직의 환경측면과 관련된 의무적인 법적 요구사항에는, 적용 가능한 경우 다음을 포함할 수 있다.

- 정부 부처 또는 관련 행정기관의 요구사항
- 국제, 국가, 지방 법률과 규제
- 승인, 면허 또는 다른 형태의 허가에서 규정한 요구사항
- 규제 당국의 명령, 규칙, 지침
- 법원이나 행정심판의 판결

준수의무사항에는 또한 환경경영시스템과 관련하여 조직이 준수해야 하거나 준수하기로 결정한 다른 이해관계자의 요구사항도 포함된다. 여기에는 적용 가능한 경우, 다음이 포함될 수 있다.

- 지역단체나 NGO와의 협약
- 공공기관 또는 고객과의 협약

- 조직 요구사항

- 자발적 원칙 또는 실행규칙(code of practice)

- 자발적 라벨링 또는 환경선언

- 조직과의 계약관계에서 발생하는 의무사항

- 관련 내규 또는 산업표준

A.6.1.4 조치 계획

조직은 6.1.1(환경경영시스템이 의도한 결과를 달성하는 데 우선시되어야 하는)에서 파악한 조직의 중대한 환경측면, 준수의무사항, 그리고 리스크와 기회를 다루기 위해 환경경영시스템 내에서 취해져야 할 조치를 상위 수준(high level)에서 계획한다.

계획된 조치는 환경목표의 수립(6.2 참조)을 포함할 수 있으며, 다른 환경경영시스템 프로세스와 개별 또는 조합되어 통합될 수도 있다. 어떤 조치는 안전보건이나 비즈니스 연속성(business continuity)과 같은 다른 경영시스템을 통해서 또는 리스크, 재무 또는 인적자원(human resource)경영과 관련된 비즈니스 프로세스를 통해 다루어질 수도 있다.

기술적 선택사항을 고려할 때, 조직은 경제적으로 실행 가능하고 비용 효과적이며 적절하다고 판단된 경우, 최적가용기술(best-available techniques)의 사용을 고려하여야 할 것이다. 이것은 조직이 환경원가회계(environmental cost-accounting) 기법을 활용하도록 의무화하고자 하는 것은 아니다.

A.6.2 환경목표 및 환경목표 달성을 위한 기획

최고경영자는 전략적, 전술적 및 운용 수준에서 환경목표를 수립해도 된다. 전략적 수준은 조직의 최고 수준을 포함하고 환경목표는 조직 전체에 적용될 수 있다. 전술적 또는 운용 수준에서는 조직 내 특정 단위조직이나 부서를 위한 환경목표를 포함할 수 있으며, 전략적 방향과 일치하여야 할 것이다.

환경목표는 조직의 관리하에서 환경목표의 달성에 영향을 미칠 수 있는 능력이 있는 인원들과 의사소통되어야 할 것이다.

"중대한 환경측면을 반영하라"는 요구사항은 환경목표를 각각의 중대한 환경측면별로 수립하여야 한다는 것을 의미하지는 않지만, 환경목표를 수립할 때 중대한 환경측면을 우선시해야 한다.

"환경방침과 일관성이 있다"는 것은 환경목표가 최고경영자가 정한 지속적 개선에 대한 의지를 포함한 환경방침의 의지와 광범위하게 일관되고 조화되는 것을 의미한다.

지표는 측정 가능한 환경목표의 달성을 평가하기 위해 선택된다. "측정 가능한"이란, 환경목표 달성 여부를 결정하기 위해, 명시된 척도(scale)에 의한 정량적 또는 정성적 방법을 사용할 수 있다는 것을 의미한다. "실행 가능한 경우"라고 언급한 것은 환경목표를 측정하는 것이 실행 가능하지 않을 수 있다는 것을 의미하나, 조직이 환경목표가 달성되었는지를 결정할 수 있는지는 중요하다.

환경지표에 대한 추가 정보는 KS Q ISO 14031에 있다.

A.7 지원

A.7.1 자원

자원은 환경경영시스템의 효과적인 기능과 개선, 환경성과의 향상을 위해 필요하다. 최고경영자는 환경경영시스템에 대한 책임을 가진 인원에게 필요한 자원이 지원됨을 보장하여야 할 것이다. 내부 자원은 외부 공급자에 의해 보완될 수 있다.

이 자원에는 인적자원, 천연자원, 기반구조, 기술 및 재정적 자원이 포함될 수 있다. 인적자원의 예로는 전문 기량이나 지식이 포함되며, 기반구조의 예로는 조직 소유의 건물, 장비, 지하저장소와 배수 시스템이 포함된다.

A.7.2 적격성

이 표준에서의 적격성 요구사항은 조직관리하에서, 환경성과에 영향을 미치는 인원들에게 적용되며, 다음과 같은 인원을 포함한다.

- 중대한 환경영향을 일으키는 잠재적 가능성이 있는 작업을 하는 인원
- 다음을 포함한 환경경영시스템에 대한 책임이 부여된 인원
  - 환경영향 또는 준수의무사항의 결정과 평가
  - 환경목표 달성에 기여
  - 비상상황에 대응
  - 내부심사 수행
  - 준수평가 수행

A.7.3 인식

환경방침을 인식하는 것은 의지(commitment)를 암기하거나 조직관리하에 업무를 수행하는 인원이 문서화된 환경방침을 지니고 있어야 하는 것을 의미하지 않는다. 이들의 업무가 준수의무사항을 충족시키는 조직의 능력에 어떻게 영향을 미치는지를 포함하여, 이들이 환경방침의 존재와 목적, 의지(commitment)를 달성하는 데 있어서의 역할을 인지하여야 할 것이다.

A.7.4 의사소통

의사소통을 통해 조직은 중대한 환경측면, 환경성과, 의무준수사항과 지속적 개선을 위한 권고사항과 관련된 정보를 포함하여 환경경영시스템과 관련된 정보를 제공하고 얻을 수 있다. 의사소통은 조직 내외부에서의 양방향 프로세스이다.

의사소통 프로세스를 수립할 때, 조직은 가장 적절한 계층과 부서와 의사소통됨을 보장하기 위해 내부 조직구조를 고려하여야 할 것이다. 서로 다른 다양한 이해관계자들의 니즈(needs)를 충족시키기 위해 하나의 접근법이 고려되거나, 또는 개별 이해관계자의 특정 니즈를 다루기 위해 복수의 접근법이 필요할 수도 있다.

조직이 입수한 정보에는 조직의 환경측면의 관리와 관련된 특정 정보에 대한 이해관계자의 요청이 포함될 수 있거나, 조직이 환경측면을 관리하는 방법에 대한 일반적인 인식(impressions)이나 견해가 포함될 수 있다. 이러한 인식이나 견해는 긍정적이거나 부정적일 수 있다. 후자의 경우(예: 불만) 조직은 신속하고 명확한 답변을 제공하는 것이 중요하다. 불만에 대한 후속적인 분석은 환경경영시스템의 개선 기회를 파악하는 데 가치 있는 정보를 제공할 수 있다.

의사소통은 다음과 같아야 할 것이다.

- 투명해야 함. 즉, 조직이 보고한 정보의 작성방식은 공개적이어야 함.
- 적절해야 하며, 정보가 관련 이해관계자의 니즈를 충족시켜서, 그들이 참여할 수 있도록 해야 함.
- 진실되고 보고된 정보에 의존하는 사람을 오도하지 않아야 함.
- 사실에 근거하여 정확하고 신뢰할 수 있어야 함.
- 관련 정보를 제외하지 말아야 함.
- 이해관계자가 이해 가능해야 함.

변경사항 관리의 일부분으로서 의사소통에 대한 정보는 A.1을 참조할 수 있다. 의사소통에 관해서는 KS I ISO 14063을 참조할 수 있다.

A.7.5 문서화된 정보

조직은 적절하고 효과적인 환경경영시스템을 보장하기에 충분한 방법으로 문서화된 정보를 작성 및 유지하여야 할 것이다. 복잡하게 문서화된 정보관리시스템이 아닌, 환경경영시스템의 실행과 환경성과에 1차적인 초점이 맞춰져야 할 것이다.

이 표준의 특정 조항에서 요구하는 문서화된 정보에 추가하여, 조직은 투명성과 책무, 연속성, 일관성, 훈련 또는 심사의 편리성을 위해 추가적으로 문서화된 정보를 작성해도 된다.

본래, 환경경영시스템 이외의 목적으로 작성된 문서화된 정보가 사용될 수 있다. 환경경영시스템과 연관된 문서화된 정보는 조직이 실행하는 다른 정보관리시스템에 통합될 수 있다. 이것이 반드시 매뉴얼의 형태일 필요는 없다.

A.8 운용

A.8.1 운용 기획 및 관리

운용관리의 유형과 범위는 운용의 특성, 리스크 및 기회, 중대한 환경 측면 및 준수의무사항에 의존한다. 조직은 프로세스가 효과적이고 바람직한 결과를 달성할 수 있도록 보장하는 데 필요한 운용관리 방법의 유형을 개별 또는 조합하여 선택할 수 있는 융통성을 가지고 있다. 이러한 방법에는 다음이 포함된다.

- 오류를 예방하고 일관된 결과를 보장할 수 있도록 프로세스를 설계

- 프로세스를 관리하고 불리한 결과를 예방하는 기술을 사용(예: 엔지니
  어링 관리)
- 바람직한 결과를 보장하기 위해 적격한 인원을 활용
- 규정된 방식으로 프로세스를 실행
- 결과를 점검하기 위해 프로세스를 모니터링 및 측정
- 필요한 문서화된 정보의 사용과 양을 결정

조직은 외주처리 프로세스 또는 제품 및 서비스의 공급자를 관리하거나
영향을 미치기 위해 조직 자체의 비즈니스 프로세스(예: 구매 프로세스) 내에
서 필요한 관리범위를 결정한다. 이러한 결정은 다음과 같은 요소에 근거
하여야 할 것이다.
- 다음을 포함한 지식, 적격성 및 자원
- 조직의 환경경영시스템 요구사항을 충족하는 외부 공급자의 적격성
- 적절한 관리 또는 관리의 적절성을 평가할 수 있는 조직의 기술적 적
  격성
- 환경경영시스템의 의도한 결과를 달성할 수 있는 조직의 능력에 대
  해 제품 및 서비스가 가지게 될 중요성 또는 잠재적인 영향
- 프로세스 관리가 공유되는 범위
- 조직의 일반적인 구매 프로세스를 통해 필요한 관리를 달성할 수 있
  는 능력
- 이용 가능한 개선 기회

프로세스를 외주 처리하는 경우, 또는 제품과 서비스를 외부에서 공급
받는 경우, 이를 관리하거나 영향력을 행사하는 조직의 능력은 직접적인
관리로부터 부분적인 관리, 또는 더 이상의 영향력을 행사할 수 없는 경

우까지 다양할 수 있다. 어떤 경우에는 현장에서 수행된 외주처리 프로세스가 조직의 직접적인 관리하에 있을 수도 있다. 또 다른 경우에는 조직이 외주 처리한 프로세스 또는 외부 공급자에게 영향을 미칠 수 있는 조직의 능력이 제한될 수도 있다.

계약자를 포함한 외부 공급자와 관련된 운용관리의 유형과 범위를 결정할 때, 조직은 다음과 같은 요소들을 고려할 수 있다.

- 환경측면 및 관련 환경영향
- 조직의 제품 생산 또는 서비스의 제공과 관련된 리스크와 기회
- 조직의 준수의무사항

변경사항 관리의 일환으로서 운용관리에 대한 정보는 A.1을 참조한다. 전과정 관점에 대한 정보는 A.6.1.2를 참조한다.

외주처리 프로세스는 다음의 모든 사항을 충족하는 프로세스이다.

- 환경경영시스템의 적용범위 내에 있음
- 조직의 기능에 통합됨
- 환경경영시스템이 의도한 결과를 달성하는 데 필요함
- 요구사항 준수에 대한 책임이 조직에 있음
- 프로세스가 조직에 의해 수행되고 있는 것으로 이해관계자가 인지하고 있다면 조직과 외부공급자는 관계를 가져야 함

환경 요구사항은 조직의 이해관계자(예: 구매, 고객, 외부 공급자와 같은 내부 기능)를 위해 수립하고 이해관계자와 의사 소통하는 조직의 환경과 관련된 니즈(needs)와 기대이다.

조직의 중대한 환경영향의 일부는 조직의 제품 및 서비스의 운송, 배송, 사용, 사용 후 처리 또는 최종 폐기 동안 발생할 수 있다. 조직은 정

보를 제공함으로써 이러한 전과정 단계에서의 환경 악영향을 잠재적으로 예방하거나 완화할 수 있다.

A.8.2 비상사태 대비 및 대응

조직의 특정한 필요에 의해 적절한 방식으로 비상상황에 대비하고 대응하는 것은 개별 조직의 책임이다. 비상상황을 결정하기 위한 정보는 A.6.1.1을 참조한다.

비상사태 대비 및 대응 프로세스를 계획할 때, 조직은 다음을 고려하여야 할 것이다.

- 비상상황에 대응하는 가장 적절한 방법
- 내부 및 외부 의사소통 프로세스
- 환경영향을 예방하거나 완화하기 위해 요구되는 조치
- 비상상황의 다른 유형을 위해 취해진 완화 및 대응조치
- 시정조치를 결정하고 실행하기 위한 사후 비상사태 평가를 위한 필요성
- 계획된 비상사태 대응조치의 주기적인 시험
- 비상사태 대응 인원의 훈련
- 연락처를 포함한 주요 인원 및 지원기관의 목록(예: 소방서, 유출물처리 서비스)
- 대피 경로 및 집결 장소
- 인근 조직으로부터의 상호 협조 가능성

A.9 성과평가

A.9.1 모니터링, 측정, 분석 및 평가

A.9.1.1 일반사항

무엇을 모니터링하고 무엇을 측정할 것인가를 결정하고자 할 때, 조직은 환경목표의 진척 상황에 추가하여 조직의 중대한 환경측면, 준수의무사항 및 운용관리를 반영하여야 할 것이다.

조직이 모니터링 및 측정, 분석 및 평가에 사용한 방법은 다음을 보장하기 위해 환경경영시스템에서 정의하여야 할 것이다.

- 모니터링 및 측정 시기가 분석 필요성 및 평가 결과에 따라 조정됨
- 모니터링 및 측정 결과를 신뢰할 수 있으며, 재현 가능하고 추적 가능함
- 분석 및 평가를 신뢰할 수 있으며, 재현 가능하고, 조직이 경향 보고를 가능케 함

환경성과 분석 및 평가 결과는 적절한 조치를 취할 수 있는 책임과 권한이 있는 자에게 보고되어야 할 것이다.

환경성과평가에 대한 추가 정보는 KS Q ISO 14031에 있다.

A.9.1.2 준수평가

준수평가의 빈도와 시기는 요구사항의 중요성, 운용조건의 변화, 준수의무사항의 변경사항 및 조직의 이전 성과에 따라 다를 수 있다. 조직은 조직의 준수 상태에 대한 지식과 이해를 유지하기 위해 다양한 방법을 사용할 수 있으나, 모든 준수의무사항을 주기적으로 평가할 필요가 있다.

준수평가의 결과가 법적 요구사항을 충족하지 못한 경우, 조직은 법규 준수를 위해 필요한 조치를 결정하고 실행할 필요가 있다. 이때 규제당국과의 의사소통 및 법적 요구사항을 충족하기 위한 일련의 활동에 대한 합의가 필요할 수 있다. 이러한 합의가 이루어지면, 이것이 준수해야 할 요

구사항이 된다.

미준수사항이 파악되어 환경경영시스템 프로세스에 따라 시정된다면, 이를 반드시 부적합으로 평가할 필요는 없다. 만약, 이러한 부적합이 법적 요구사항에 대해 실제 미준수를 초래하지 않았다 할지라도 준수와 관련한 부적합은 시정될 필요가 있다.

A.9.2 내부심사

심사원은 가능한 한 심사 대상 활동으로부터 독립적이어야 하며, 항상 편견이나 이해상충이 없는 방식으로 행동하여야 할 것이다.

내부심사를 통해 파악된 부적합은 적절하게 시정 조치되어야 한다.

이전의 심사 결과를 고려할 때, 조직은 다음을 포함시켜야 할 것이다.

- 이전에 파악된 부적합 및 취해진 조치의 효과성
- 내부 및 외부 심사의 결과

내부심사 프로그램의 수립, 환경경영시스템 심사 수행 및 심사원의 적격성 평가에 대한 추가 정보는 KS Q ISO 19011을 참조할 수 있다. 변경사항 관리의 일부분으로서 내부 심사 프로그램에 대한 정보는 A.1에 있다.

A.9.3 경영검토

경영검토는 높은 수준(high-level)에서 실시되어야 하나, 상세한 정보를 철저하게 검토할 필요는 없다. 경영검토 주제를 한 번에 모두 다룰 필요도 없다. 검토를 일정 기간 동안 수행할 수도 있으며, 경영진 회의 또는 운용회의와 같이 주기적으로 계획된 경영활동의 일부분으로 수행할 수도 있다. 경영검토가 독립적인 활동이 될 필요는 없다.

이해관계자로부터 접수된 관련 불만사항은 개선 기회를 결정하기 위해 최고경영자가 검토한다.

변경사항 관리의 일부분으로서 경영검토에 대한 정보는 A.1에 있다.

"적절성(suitability)"이란 환경경영시스템이 조직, 조직 운용, 문화 및 비즈니스 시스템에 얼마나 맞는지를 의미한다. "충족성(adequacy)"이란 환경경영시스템이 이 표준의 요구사항을 충족하고 적절하게 실행되고 있는가를 의미한다. "효과성(effectiveness)"이란 환경경영시스템이 바람직한 결과를 달성하는가를 의미한다.

A.10 개선

A.10.1 일반사항

조직은 개선을 위한 조치를 할 때 환경성과의 분석 및 평가, 준수평가, 내부심사 및 경영검토의 결과를 고려하여야 할 것이다.

개선의 예에는 시정조치, 지속적 개선, 획기적인 변화, 혁신 및 조직개편이 포함된다.

A.10.2 부적합 및 시정조치

환경경영시스템의 주요 목적 중 하나는 사전예방적인 도구로서의 역할이다. 예방조치의 개념은 4.1(조직과 조직의 상황에 대한 이해)과 6.1(리스크와 기회를 다루는 활동)에 포함되어 있다.

A.10.3 지속적 개선

지속적 개선을 지원하는 조치의 속도, 범위 및 일정은 조직에 의해 결정된다. 환경성과는 환경경영시스템 전체를 적용함으로써 또는 하나 이상의 요소를 개선함으로써 향상될 수 있다.

ISO 14001:2015와 ISO 14001:2004와의 관계

표 B.1은 이 문서의 현재 판(ISO 14001:2015)과 이전 판(ISO 14001:2004)과의 관계를 보여 준다.

[표 B.1] ISO 14001:2015와 ISO 14001:2004와의 관계

ISO 14001:2015		ISO 14001:2004	
조항 제목	조항번호	조항번호	조항 제목
개요			개요
적용범위	1	1	적용범위
인용표준	2	2	인용표준
용어 및 정의	3	3	용어 및 정의
조직의 상황(제목만)	4		
		4	환경경영시스템 요구사항(제목만)
조직과 조직 상황 이해	4.1		
이해관계자의 니즈(needs)와 기대 이해	4.2		
환경경영시스템의 적용범위 결정	4.3	4.1	일반 요구사항
환경경영시스템	4.4	4.1	일반 요구사항
리더십(제목만)	5		
리더십과 의지표명	5.1		
환경방침	5.2	4.2	환경방침
조직의 역할, 책임 및 권한	5.3	4.4.1	자원, 역할, 책임 및 권한
기획(제목만)	6	4.3	기획(제목만)

ISO 14001:2015		ISO 14001:2004	
조항 제목	조항번호	조항번호	조항 제목
리스크 및 기회를 다루는 조치(제목만)	6.1		
일반사항	6.1.1		
환경측면	6.1.2	4.3.1	환경측면
준수 의무사항	6.1.3	4.3.2	법규 및 그 밖의 요구사항
조치 계획	6.1.4		
환경목표와 이를 달성하기 위한 기획(제목만)	6.2	4.3.3	목표, 세부목표 및 추진계획
환경목표	6.2.1		
환경목표 달성을 위한 조치 기획	6.2.2		
지원(support)(제목만)	7	4.4	실행 및 운영(제목만)
자원(resource)	7.1	4.4.1	자원, 역할, 책임 및 권한
역량(competence)	7.2	4.4.2	적격성, 교육훈련 및 인식
인식	7.3		
의사소통(제목만)	7.4	4.4.3	의사소통
일반사항	7.4.1		
내부 의사소통	7.4.2		
외부 의사소통	7.4.3		
문서화된 정보(제목만)	7.5	4.4.4	문서화
일반사항	7.5.1		
작성(creating) 및 갱신	7.5.2	4.4.5	문서관리
		4.5.4	기록관리
문서화된 정보의 관리	7.5.3	4.4.5	문서관리
		4.5.4	기록관리
운용(제목만)	8	4.4	실행 및 운영(제목만)
운용 기획 및 관리(control)	8.1	4.4.6	운영관리

ISO 14001:2015		ISO 14001:2004	
조항 제목	조항번호	조항번호	조항 제목
비상사태 대비 및 대응	8.2	4.4.7	비상사태 대비 및 대응
성과평가(제목만)	9	4.5	점검(제목만)
모니터링, 측정, 분석 및 평가 (제목만)	9.1	4.5.1	모니터링 및 측정
일반사항	9.1.1		
준수평가	9.1.2	4.5.2	준수평가
내부 심사(제목만)	9.2	4.5.5	내부 심사
일반사항	9.2.1		
내부심사 프로그램	9.2.2		
경영검토	9.3	4.6	경영검토
개선(제목만)	10		
일반사항	10.1		
부적합 및 시정조치	10.2	4.5.3	부적합, 시정조치 및 예방조치
지속적 개선	10.3		
이 표준의 사용을 위한 지침	부속서 A	부속서 A	표준 사용지침
KS I ISO 14001:2015와 KS I ISO 14001:2009와의 관계	부속서 B		
		부속서 B	KS I ISO 1400과 KS Q ISO 9001의 대조표
참조문헌			참고문헌
용어 색인(가나다 순)			

참고문헌

[1]   KS I ISO 14004, 환경경영시스템 – 원칙, 시스템 및 지원기법에 대한 일반지침

[2]   KS Q ISO 14031, 환경경영 – 환경 성과 평가 – 지침

[3]   KS I ISO 14044, 환경경영 – 전과정평가 – 요구사항 및 지침

[4]   KS I ISO 14063, 환경경영 – 환경의사소통 – 지침 및 사례

[5]   KS Q ISO 19011, 경영시스템 심사 가이드라인

[6]   ISO 31000, Risk management – Principles and guidelines

[7]   KS A ISO 50001, 에너지경영시스템 – 사용지침을 포함한 요구사항

[8]   ISO Guide 73, Risk management – Vocabulary

[9]   KS Q ISO 9000:2015, 품질경영시스템 – 기본사항과 용어

[10] KS Q ISO 9001:2015, 품질경영시스템 – 요구사항

용어 색인

ㄱ

경영시스템(management system) **3.1.1**

ㄹ

리스크(risk) **3.2.10**

리스크와 기회(risks and opportunities) **3.2.11**

ㅁ

모니터링(monitoring) **3.4.8**

목표(objective) **3.2.5**

문서화된 정보(documented information) **3.3.2**

ㅂ

법규 및 기타 요구사항(legal requirements and other requirements) **3.2.9**

부적합(nonconformity) **3.4.3**

ㅅ

성과(performance) **3.4.10**

시정조치(corrective action) **3.4.4**

심사(audit) **3.4.1**

ㅇ

역량(competence) **3.3.1**

오염예방(prevention of pollution) **3.2.7**

외주처리하다(outsource) **3.3.4**

요구사항(requirement) **3.2.8**

이해관계자(interested party) **3.1.6**

ㅈ

전과정(life cycle) **3.3.3**

조직(organization) **3.1.4**

준수의무사항(compliance obligations) **3.2.9**

지속적 개선(continual improvement) **3.4.5**

지표(indicator) **3.4.7**

ㅊ

최고경영자(top management) **3.1.5**

측정(measurement) **3.4.9**

ㅍ

프로세스(process) **3.3.5**

ㅎ

환경(environment) **3.2.1**

환경경영시스템(environmental management system) **3.1.2**

환경목표(environmental objective) **3.2.6**

환경방침(environmental policy) **3.1.3**

환경성과(environmental performance) **3.4.11**

환경영향(environmental impact) **3.2.4**

환경여건(environmental condition) **3.2.3**

환경측면(environmental aspect) **3.2.2**

효과성(effectiveness) **3.4.6**

제 5부 **지원 기법**

1. 환경라벨링(EL: Environmental Labeling)
2. 환경성과평가(EPE: Environmental Performance Evaluation)
3. 전과정평가(LCA: Life Cycle Assessment)
4. 녹색경영시스템(GMS: Green managements system)

1
환경라벨링(EL: Environmental Labeling)

1) 환경라벨링의 일반 개요

(a) 환경라벨링 제도

환경라벨이 부착된 제품이 그렇지 않은 제품보다 우수한 환경성을 지니고 있음을 소비자에게 알림으로써, 해당 제품의 소비를 촉진함과 동시에 환경적 경쟁우위를 바탕으로 환경비용의 내부화를 도모하고자 하는 제도. 이 제도의 시행으로 환경친화적 제품의 수요를 증대시킴으로써, 모든 산업계가 자발적으로 제품의 환경성을 제고하도록 유도하고자 한다.

(b) 환경라벨링의 무역효과

원천적으로 환경라벨링은 구속력 있는 요건을 수반하지 않고 소비자의 구매의사 결정에 의존하는 시장경제원리에 입각한 제도이므로 직접적인 규제조치라고 보기는 어렵다. 환경라벨링은 제품의 전과정에 걸쳐, 즉 LCA에 기초하여 환경부하가 적은 제품에 규정된 표지를 부착하여 소비자로 하여금 차별적 선택을 가능하게 함으로써 환경친화적 생산과 소비를 유도하는 자발적 제도이므로, 수출기업이 수입국의 환경라벨링을 반드시 획득하여야 하는 것은 아니다.

그러나 환경라벨링의 부착 여부가 소비자의 구매의사결정에 큰 영향을 미치는 경우, 라벨링 부여 기준을 충족시키기 위한 추가적인 비용부담이 발생하므로 궁극적으로 제품의 시장 접근에 영향을 미치게 된다. 또한 제조공정상의 환경오염 여부가 환경라벨링 부여 기준의 하나가 될 경우, 제품 관련 PPMS를 포함하게 되며, 이 점이 무역 장벽 요인으로 작용하게 된다는 것이 WTO무역환경위원회(CTE)의 입장이다.

(c) 환경라벨링의 기능

대부분의 환경라벨은 제3자 인증 프로그램으로 운영되고 있지만, 제품을 생산하는 개별 기업이 자사 제품의 환경친화성을 스스로 공표하는 자체적인 환경라벨링도 있다. 환경라벨링이 한 국가의 정책도구로 활용될 경우에는 ① 다른 제품의 시장진입이나 자국시장에 다른 나라 제품의 접근을 막는 등 시장활동에 영향을 줄 수 있고, ② 광고를 통하여 환경 친화적 제품을 구매하도록 소비자를 유도할 수도 있으며, ③ 이러한 여러 가지 인센티브를 통하여 생산자를 환경친화적 공공정책 목표 달성에 동참하도록 유인하는 기능을 할 수도 있다. 기업의 환경경영 조직에 대한 평가는 환경경영체제에 대한 인증으로 나타나며, 제품의 환경성과에 대한 평가는 직접적으로 환경라벨링 인증과 연결된다.

(d) 평가방법

환경라벨링 부여기준을 설정하는 데 있어 일반적으로 전과정평가(LCA) 기법이 사용된다. 즉, 원료의 조달에서부터 제품 처리에 이르기까지의 모든 환경영향을 고려하여 총체적으로 환경부하가 적은 제품에 환경라벨링을 부여하는 것이다.

예를 들어, 캐나다 'Environmental Choice Program'에서의 복사기에 대

한 평가요소는 ① 제조 과정 중 사용 금지, ② 사용 과정에서 VOCs, 오존, 먼지 방출량 기준 준수, ③ 인쇄 중 에너지 사용량 및 소음 방출치 등이 있다.

(e) 환경라벨링의 유형

① GATT의 분류

- 자발적 라벨(Voluntary label): 생분해성과 같이 제품의 환경적 특성을 자발적으로 표시
- 강제적 라벨(Mandatory label): 제품의 위험성이나 유해성 등 부정적인 측면을 경고

② OECD의 분류

- 단일주제 자발적 라벨(Single-Issue voluntary label): 하나의 특정한 환경성을 기준으로 하여 자발적으로 라벨을 부여하는 경우[예: 유기농 재배(organically-grown), 에너지 효율적인(energy efficient), CFC를 포함하지 않은(CFC-Free), 재생지(recycled paper) 등]
- 단일주제 강제적 라벨(Single-Issue mandatory label): 하나의 특정한 환경성을 기준으로 하여 강제적으로 라벨을 부여하는 경우[예: 가연성(flammable), 유독성(toxic) 등과 같은 부정적인 라벨이 대부분이지만 생분해성(biodegradable)과 같은 긍정적인 라벨도 있음]
- 복합주제 자발적 라벨(Multi-Issue voluntary label): 제품의 종합적인 환경 관련 특성을 표시하는 것으로 보통 에코라벨이라 불림

③ ISO의 분류

- 타입 Ⅰ 환경라벨: 제3자 기관의 인증에 의거하여 부착하게 되는 라벨로서, 보통 '에코라벨'로 부르고 있으며 OECD에서 분류하고 있는 복합주제 자발적 라벨과 같은 유형임. 일반적으로 제품의 전과정에 걸친 환경부하를 평가하고 이를 기준으로 이 라벨을 부여하게 됨.

- 타입 Ⅱ 환경라벨: '자기선언 라벨'이라고도 하며, 제3자의 인증과 상관없이 기업 스스로 선언하는 환경성에 대한 자기주장 및 환경광고가 이 범주에 해당됨. 그러나 이 경우 '환경 친화적', '무공해', '그린' 등 포괄적인 용어의 무분별한 사용으로 소비자의 혼란을 일으키는 행위는 인정하지 않고 있음.

- 타입 Ⅲ 환경라벨: '정보제공 라벨'이라고도 하며 제품의 전과정에서 발생하는 환경정보(environmental information), 즉 환경 관련 자료를 정량화된 제품정보(QPI: Quantified Product Information)의 형태로 소비자에게 제시하는 것임. 따라서 이 유형의 환경라벨은 전과정평가(LCA) 및 환경성과평가(EPE)와도 밀접한 관련을 가짐. 타입 Ⅰ 환경라벨이 일정한 기준을 만족하는 경우에만 부여되는 것과는 달리, 이 프로그램에서는 환경 관련 자료만을 제공하고 최종적인 판단은 소비자에게 맡김. 현재 실시되고 있는 환경라벨 가운데 미국의 과학적 인증시스템(SCS: Scientific Certification system)에 의한 '환경리포트 카드'나 자동차 회사인 볼보사의 '환경사양서' 등이 이에 해당함. 타입 Ⅲ 환경라벨은 제3자 인증으로 운영할 수도 있고, 자기선언 방식으로 운영할 수도 있음.

2) ISO 국제규격화 현황

(a) ISO/TC207/SC3 조직 구성

① 의장단

- SC3 의장: Mr. Gary Johnson(오스트리아 표준국, Type Ⅱ 전문)
- WG1 회장: Dr. Sven-olot Ryding (스위스 환경표시위원회, LCA 전문)
- WG2 회장: Mr. Ahmad Husiein(캐나다 표준국, 환경선택계획 전문)
- WG3 회장: Mr. Arthur Weissman(미국 녹색표시계획, 환경표시 전문)

② Env. Labelling

- Type Ⅰ: Eco-labelling third party certification program

     (제3자 인증프로그램)

- Type Ⅱ: Informative Environment self-declarations claims

     (당사자선언제도)

- Type Ⅲ: Quantified product information label based upon independent verification using preset indices

     (기준독립검증에 의한 상품정량 정보표시)

③ SC3 회원국

- 'P'회원(25개국): 호주, 오스트리아, 벨기에, 캐나다, 덴마크, 프랑스, 독일, 일본, 네덜란드, 스웨덴, 스위스, 영국, 미국, 콜롬비아, 체코, 인도, 말레이시아, 태국, 트리니다드/토바고, 터키, 핀란드, 아일랜드, 남아공화국, 스페인, 한국(1993. 7. 0회원, 1993. 12. P회원)
- '0'회원(7개국): 아르헨티나, 아이슬란드, 인도네시아, 노르웨이, 폴란드, 싱가포르, 스리랑카

④ 기타 참석기구

- 국제기구(ITC국제무역센터, ICC 국제상공협회 등)
- 국제단체(IIS, 국제철강협회 등)

(b) 일반원칙: ISO 14020

① 제목

Environmental labels and declarations－General principles

② 주요 내용

- 제3자 프로그램과 자기선언을 포함한 모든 환경라벨링 프로그램의 목적과 원칙에 관한 지침을 제시하고 있음
- 프로그램이 실천적이고 신뢰성이 있으려면 이러한 목적과 원칙에 준해야 한다고 밝히고 있음

③ 진척 수준 및 추진 방향

- 현재 국제규격 최종안(ISO/FDIS) 단계로 이에 대한 회원국의 투표가 진행 중임

(c) Type II 환경라벨: ISO 14021

① 제목

Environmental labels and declarations－Self－declaration environmental claims

② 주요 내용
- ISO 14021 이전 판(정의 및 용어), ISO 14022(심벌), 그리고 ISO 14023(시험 및 검증 방법) 등 세 문서를 하나로 합친 본 문서는 조직의 제품과 서비스의 환경측면에 대한 자기선언을 목적으로 조직이 사용할 수 있는 용어, 심벌, 그리고 시험 및 검증 방법에 관한 지침을 제시하고 있음
- ISO 14022 및 ISO 14023 이전 판은 ISO/TC 207 작업프로그램에서 폐지되었음

③ 진척 수준 및 추진 방향
- 현재 국제규격초안(ISO/DIS) 단계로 이에 대한 회원국의 투표가 진행 중임
- 99년 1/4분기 말에 공표 예정

(d) **Type I 환경라벨: ISO 14024**
① 제목
Environmental labels and declarations-Environmental labeling Type I-Guiding Principles and procedures

② 주요 내용
- 본 문서는 제3자 인증 라벨링 프로그램을 개발할 때 지켜야 하는 원칙 및 프로토콜을 제시하고 있음
- 그 목적은 전세계적으로 다양하게 실시되고 있는 제3자 인증 라벨링 제도에서 사용하고 있는 기준을 표준화하는 것이며 그렇게 함으로써

이해관계자 간에 보다 포괄적인 협정을 맺을 수 있고, 상이한 프로그램에서 각각 개발하여 사용하고 있는 기준의 단일화를 기할 수 있음

- 제3자 인증 라벨링 프로그램은 특정 제품이 환경적으로 어떤 특징 또는 속성을 가지고 있으며 따라서 환경적으로 어떠한 측면에서 우수한지를 결정하고 일정하기 위하여 수립된 기준을 사용하고 있음

③ 진척 수준 및 추진 방향
- 현재 국제규격초안(ISO/DIS) 단계로 이에 대한 회원국의 투표가 진행 중
- 98년 말경에 공표될 예정

(e) Type III 환경라벨: ISO 14025
① 제목

Environmental labels and declarations-Environmental labeling Type III-Guiding principles and procedures

② 주요 내용
- Type III 라벨링으로 표현되는 특정한 제3자 프로그램에 관한 지침 및 원칙과 프로토콜을 제시하고 있음
- 사전에 설정된 지표를 사용하는 독자적인 검증 방법에 기초하여 제품의 정량화된 환경정보를 제공하기 위한 것임
- 목표(objective)는 지표들이 특정 제품에 적절한지 여부와 측정되는 방법을 보증하기 위하여 사용될 수 있는 방법론을 제시한 것이며, 목적(goal)은 전 세계적으로 다양한 프로그램을 통일하는 것임

③ 진척 수준 및 추진 방향

– 작업반 초안(ISO/WD) 단계에서 회원국들의 투표 결과 기술보고서
(TR: Technical Report)로 하자는 안이 우세한 가운데, 국제규격으로 할
지 기술보고서로 할지는 아직 결정되지 않은 상태임

(f) 환경라벨링 제도 운영의 일반원칙

〈원칙 1〉
환경라벨 및 환경선언은 정확하고 검증 가능하며, 적절하고, 오해의 여지
가 없어야 한다.

환경라벨 및 환경선언의 유용성과 효과는 이들이 제품 또는 서비스의
환경측면에 대하여 신뢰할 수 있고 의미 있는 정보를 얼마나 전달해 주는
지에 달려 있다. 환경라벨 및 환경선언에 대한 사실적이고 기술적인 근거
는 검증 가능해야 한다. 환경라벨 및 환경선언은 관련된 정보를 제공해야
하며, 제품 또는 서비스와 관련된 중요한 환경측면만을 다루어야 한다.
기술혁신에 대처할 수 있도록 환경라벨 및 환경선언의 근거에 대하여 정
기적으로 검토하는 것이 좋으므로 기술 혁신의 속도와 보조를 맞추어 정
보를 수집하도록 한다. 환경라벨 및 환경선언은 이해하기 쉬워야 하며,
제품 또는 서비스를 구매하려는 사람들을 오도하지 않아야 한다.

〈원칙 2〉

국제 무역에 대한 불필요한 장애를 초래하거나 또는 그러한 효과를 가질 목적으로 환경라벨 및 환경선언의 절차와 요구사항을 준비, 채택 또는 적용해서는 안 된다.

상기 원칙에 대한 지침으로서 세계무역기구(WTO)의 해당 조항과 해석을 고려한다.

〈원칙 3〉

환경라벨 및 환경선언은 그 주장을 뒷받침할 수 있을 만큼 면밀하고 포괄적이며 정확하고 재현성 있는 결과를 산출할 수 있는 과학적 방법에 근거해야 한다.

인정되고 널리 수용되었거나 과학적으로 타당한 방법으로 수집되고 평가되어야 한다. 그 방법들은 국제적으로 수용되고 있는 인정된 규격(국제, 지역 또는 국가 규격을 포함할 수 있음)을 준수하거나 또는 정밀 검토를 받아 산업체 및 업계에서 통용되는 규격이나 방법을 따르는 것이 좋다. 사용된 방법은 주장에 적합해야 하며 정확하고 재현할 수 있을 뿐 아니라 주장을 뒷받침할 수 있도록 적절하고 필요한 정보를 제공하여야 한다.

<원칙 4>

환경라벨 및 환경선언을 뒷받침하기 위해 사용되는 절차, 방법 및 모든 기준과 관련된 정보는 모든 이해관계자가 입수할 수 있어야 하며 요청이 있을 경우 제공되어야 한다.

정보는 근본 원칙, 가정 및 한계 조건을 포함해야 한다. 이 정보는 과학적 원리, 관련성 및 전체적인 유효성 측면에서 구매자, 잠재 구매자 및 그 밖의 이해관계자가 환경라벨 및 환경선언을 평가하고 비교할 수 있으며 환경라벨 또는 환경선언이 KS A 14020 시리즈 내의 해당 규격과 일관성이 있는가를 평가하기에 충분하고 합리적으로 이해될 수 있는 것이어야 한다.

제품 또는 서비스를 시판하는 경우에는 언제나 구매자 및 잠재 구매자가 이 정보를 얻는 수단을 알 수 있도록 해야 한다. 이것은 4.10에서 논의된 다양한 수단을 통해서 성취될 수 있다. 비밀 영업 정보, 지적 재산권 또는 그 밖의 유사한 법적 제약으로 인해 특정 정보의 이용이 제한될 수 있다.

<원칙 5>

환경라벨 및 환경선언을 개발할 때는 제품 전과정의 모든 관련 측면을 고려해야 한다.

제품 또는 서비스의 전과정은 원재료의 생산과 운반 또는 천연 자원의 산출에서 최종 폐기까지의 활동을 그 범위로 한다.

제품 또는 서비스의 전과정을 고려하는 것은 환경라벨 또는 환경선언을 개발하는 당사자로 하여금 환경에 영향을 미치는 제반 요소를 고려하도록 한다. 나아가서 이 고려는 그 당사자로 하여금 하나의 영향을 감소시키는 과정에서 다른 영향이 증대될 수 있다는 잠재성을 파악할 수 있도록 해 준다. 환경라벨 및 환경선언에 대한 적절하고 관련된 특성 및 기준을 파악하고 환경성 주장의 중요성을 결정하는 것을 돕기 위해서 제품 또는 서비스의 전과정을 고려하는 것이 좋다. 전과정을 고려하는 정도는 환경라벨 및 환경선언의 유형, 주장의 특성 그리고 제품 범주에 따라 다를 수 있다.

이것은 전과정평가를 반드시 수행해야 한다는 것을 의미하지 않는다.

> 〈원칙 6〉
> 환경라벨 및 환경선언은 환경 성과를 유지 또는 개선시킬 잠재성이 있는 기술 혁신을 방해해서는 안 된다.

요구사항은 설계나 서술적 특성보다는 성과의 측면에서 표현되어야 한다.

이 접근법은 기술 혁신 또는 그 밖의 혁신에 대하여 최대한 융통성을 부여한다. 해당 환경 기준의 적합성에 영향을 미치지 않거나 중요한 환경 개선을 가져올 수 있는 제품 또는 서비스의 개선을 제한하거나 위축시킬 가능성이 있기 때문이다.

> 〈원칙 7〉
>
> 환경라벨 및 환경선언과 관련된 모든 행정상의 요구사항 또는 정보 요청은 라벨 및 선언의 해당 기준 및 표준에 대한 적합성을 수립하는 데 필요한 것으로 한정되어야 한다.

모든 조직은 그 규모에 관계없이 환경라벨 및 환경선언을 사용할 동등한 기회를 부여받아야 한다. 절차상의 복잡성 혹은 불합리한 정보 요청 또는 행정상의 요청과 같은 외부 요인 또는 요건에 의해 참여를 방해받지 않는다.

> 〈원칙 8〉
>
> 환경라벨 및 환경선언을 개발하는 과정에서 이해관계자와의 공개적이고 적극적인 협의를 거치도록 한다. 그 과정 전반에 걸쳐서 합의에 이르기 위한 합리적인 노력을 한다.

규격 및 기준을 개발하는 과정은 모든 이해관계자에게 공개되어야 한다. 그 이해관계자에게 시의 적절하고 충분한 정보를 제공하여 개발 과정에 이들의 참여를 권장해야 한다. 이해관계자는 직접 참여하거나 혹은 서면 또는 전자 통신과 같은 그 밖의 수단을 통해서 참여할 수 있다. 제시된 의견이나 제안은 그 본질을 다루는 의미 있는 방식으로 대응되어야 한다. KS A 14021에 의거해서 개발된 자체 선언 환경성 주장에 대해서는 그 규격의 개발 중에 협의가 이루어진 것으로 간주한다.

비고 추가 지침으로 ISO/IEC Guide 2와 ISO/IEC Guide 59를 참조하기 바람

<원칙 9>

환경라벨 및 환경선언을 하는 당사자는 환경라벨 또는 환경선언과 관련된
제품 및 서비스의 환경 측면에 대한 정보를 구매자와 잠재 구매자가 이용
할 수 있도록 하여야 한다.

궁극적으로 환경라벨 및 환경선언의 효과성은 구매자 및 잠재 구매자가
그들의 구매 결정에 있어서 환경 측면에 대해 책임을 지고 정보에 근거한 선
택을 할 수 있도록 하며, 그들의 제품 또는 서비스 선택에 영향을 줄 수 있는
역량에 달려 있다. 다시 말하면, 이것은 제시되는 환경 측면 정보에 대하여
구매자 및 잠재 구매자가 가지는 수용과 이해의 정도와 관련이 있다.

따라서 환경라벨 및 환경선언을 이용하는 당사자들은 구매자 및 잠재
구매자가 모든 주장 심벌 및 용어의 의미를 이해할 수 있도록, 이들이 정
보에 접근할 수 있도록 하는 인센티브와 책임이 있다. 이는 여러 가지 수
단, 예를 들어 광고, 소매 단계의 설명회, 무료전화 및 교육 프로그램 등
을 통해서 이루어질 수 있다. 제공되는 정보는 해당 환경성 주장의 특성
과 범위에 적합하고 충분해야 한다.

2

환경성과평가(EPE: Environmental Performance Evaluation)

1) 정의

- 지표의 선정, 자료의 수집, 분석, 환경성과 기준에 대비한 정보의 평가, 보고 및 의사소통, 그리고 이러한 과정의 정기적 검토와 개선 등을 통하여 조직의 환경성과에 관련된 경영의사결정을 지원하는 과정
- 기업은 환경경영체제의 도입 여부와는 별도로 환경법규에서 요구하는 수준 이상으로 자발적인 환경관리 기준을 설정하고 이를 근거로 환경성과를 지속적으로 평가해 나가야 할 것이며, 이에 필요한 평가체제를 제공하는 것이 바로 환경성과평가라 할 수 있음

2) 환경성과평가의 목적

(a) 다양한 이해관계자(stakeholders)들의 알 권리(right to know) 충족
① 자연생태계의 지속 가능성
- 기업은 지구 환경문제의 해결에 필요한 제반 조치를 위해야 할 것이며 그 결과를 환경성과평가를 통해 분석·평가함으로써 지속적인 환경개선을 도모해야 한다.

② 재무적 이해관계자에 대한 수익성 보장

- 기업의 환경관리 수준이 이들의 수익성 확보에 큰 위험요인이 되지 않고 있음을 환경성과평가를 통해 보여 줄 필요가 있다.

③ 비재무적 이해관계자에 대한 신뢰성 확보
- 정부기관, 환경단체, 지역사회 등 비재무적 이해관계자들의 기대에 부응하지 못할 경우 여러 가지 불이익을 당할 수 있으므로 기업의 환경성과를 평가하여 공표함으로써 기업의 신뢰도를 제고해 나가야 한다.

④ 고객에 대한 효용가치 제공
- 기업은 기존 제품의 환경성 개선은 물론 새로운 제품개발을 통하여 고객이 기대하는 효용가치를 충족시킬 수 있도록 해야 하며, 환경성과평가를 통하여 이에 관련되는 각종 정보를 제공할 수 있다.

⑤ 기업이윤의 실현과 조화
- 성공적인 환경경영을 위해서는 환경성과평가를 통해 기업의 이윤 실현에 필요한 각종 정보가 제공되어야 하며, 제공된 정보는 철저한 분석을 거쳐 전략적 의사결정에 최대한 반영되어야 한다.

(b) 이외에도 기업은 환경성과평가를 통하여
- 환경성과를 개선할 수 있는 기회를 식별하고
- 환경성과에 대한 자료를 전략적 의사결정에 필요한 정보로 가공하여 제공하며
- 경영활동의 환경성 효율성을 제고하고
- 새로운 사업 기회를 발굴해 나가야 한다.

(c) 기업의 환경관리와 이해관계자와의 관계

- 자연생태계: Impact on Ecosystem

- 재무적 이해관계자: 주주, 투자자, 금융기관, 보험회사

- 비재무적 이해관계자: 정부, 환경단체 등

- 고객: 품질, 가격, 환경

- 기업: 적정이윤 확보

※ 긍정적 방향: 적정 수준의 환경관리 필요

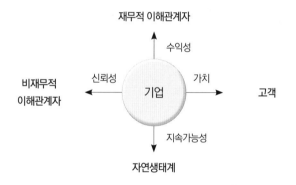

3) 환경성과평가의 실행 단계

① 계획
- 현황 분석
- 평가대상의 구체화
- 환경성과지표의 선정
- 목표 설정

② 실행
- 자료 수집
- 수집 자료의 분석
- 평가 및 보고

③ 검토 및 개선
- 실행 결과의 검토
- 개선

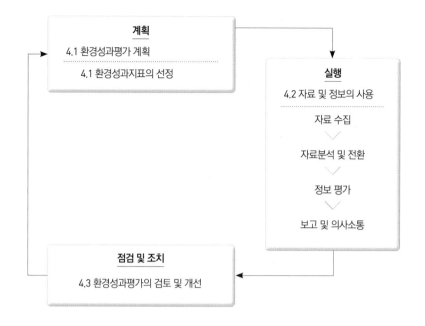

4) 환경성과지표의 유형

(a) 경영성과지표(MPIs: Management Performance Indicators)

기업 내 모든 계층의 인력 및 업무 절차와 의사결정 및 제반 활동과 관련된 환경성과를 나타내는 지표들을 포함하게 되며, 교육훈련, 법규 요건, 자원배분, 문서화 및 시정조치 등이 주된 내용이다. 이러한 경영부문의 지표에 포함되는 내용은 결국 운영 부분에 많은 영향을 미치게 되며 궁극적으로 기업의 환경성과를 결정짓는 핵심적 요인이라 할 수 있다.

경영성과지표의 예는 다음과 같다.

① 환경방침과 추진계획의 실행(implementation of policies and programs)
- 달성된 목표와 세부목표의 수
- 목표와 세부목표를 달성한 단위조직의 수
- 경영 또는 운영활동에서 특정 규범의 실행 정도
- 선도적으로 실행된 오염예방 활동의 수
- 직무 기술서에 환경적 요건이 포함되어 있는 종업원의 수
- 구체적인 환경적 책임을 지고 있는 경영자의 수
- 환경경영 활동(제안, 재활용, 청정화 작업, 보상과 인식 등)에 참여하고 있
  는 종업원의 수
- 훈련이 필요한 종업원 수 대비 훈련을 받는 종업원 수
- 훈련 참가자의 성적
- 종업원들의 환경개선 제안 수
- 조직의 환경문제에 대한 종업원의 지식 조사 결과
- 환경문제에 대해 문의해 온 공급자와 계약자의 수
- 환경경영체제를 갖추고 있는 계약에 의한 서비스 제공자 수
- 명시적으로 '제품책임주의'를 표방하고 있는 제품의 수
- 분해, 재활용 또는 재사용을 감안하여 설계된 제품의 수

② 적합성(conformity)
- 법규준수의 정도
- 계약에 의한 서비스 제공자의 법규준수 정도
- 환경사고에 대응하거나 시정하는 데 걸린 시간

- 해결된 또는 해결되지 않은 시정조치의 횟수
- 벌금 및 처벌의 횟수 또는 비용
- (감사와 같은) 특정 활동의 횟수 및 빈도
- 계획된 감사 횟수 대비 완료된 감사 횟수
- 일정 기간 동안 감사에 의한 지적 사항의 수
- 운영절차에 대한 검토 빈도
- 비상훈련 실시 횟수
- 비상대책 대비 준비 상황을 보여 주는 비상훈련의 비율

③ 재무적 성과(financial performance)
- 제품 또는 공정의 환경측면과 관련된 수익적·자본적 비용
- 환경개선 프로젝트의 투자 수익
- 폐기물 재활용, 자원 사용의 감축 또는 오염예방 등으로부터의 절감
- 환경성과나 설계목적에 맞도록 설계된 신제품이나 부산물로부터 얻은 판매 수입
- 환경적 중요성을 지닌 사업에 투입된 연구개발 자금
- 조직의 재무 상태에 중대한 영향을 미치는 환경 의무

④ 지역사회와의 관계(community relation)
- 환경 관련 사안에 대한 인원의 횟수
- 조직적 환경성과에 대한 언론보도 횟수
- 지역사회에 제공된 환경교육 프로그램 및 자료의 수
- 지역사회의 환경 프로그램 지원에 투입한 자원
- 환경보고서를 발간하는 사업장 수
- 야생동물 보호 프로그램을 시행하는 사업장 수

- 지역 환경치유 활동의 진척도
- 지역 청소 및 재활용 활동의 수(후원 또는 자체 실행을 구분)
- 지역사회를 대상으로 한 조사에 의해 평가된 호의도

(b) 운영성과지표(OPIs: Operational Performance Indicators)

기업이 제품이나 서비스를 생산·공급하는 데 필요한 각종 설비, 원자재, 에너지 등의 설계, 운전 및 사용 과정에서 발생하는 환경인자들이 포함된다. 이 영역에 해당되는 지표는 주로 기존의 환경관리 대상에 포함되어 온 배출물 관련 지표들이며, 단지 그 범위가 기업활동의 전과정으로 확대된다는 차이점이 있다.

운영성과지표의 예는 다음과 같다.

① 원재료(materials)
- 제품단위당 사용된 원재료의 양
- 가공, 재활용 또는 재사용된 원재료의 양
- 제품단위당 폐기 또는 재사용된 포장재의 양
- 재활용 또는 재사용된 보조재료의 양
- 생산공정에서 재사용된 원재료의 양
- 제품단위당 사용된 용수의 양
- 재사용된 용수의 양
- 생산공정에 사용된 유해물질의 양

② 에너지(energy)
- 연간 또는 제품단위당 사용된 에너지양

- 서비스 또는 고객에 대한 에너지 원단위

- 에너지 유형별 사용량

- 부산물 또는 공정으로부터 재생 또는 회수된 에너지양

- 에너지 보전 프로그램에 따라 절감된 에너지양

③ 조직운영 지원 서비스(service supporting the organization's operation)

- 계약에 의한 서비스 제공자가 사용한 유해물질의 양

- 계약에 의한 서비스 제공자가 사용한 정화제의 양

- 계약에 의한 서비스 제공자가 사용한 재생 또는 재사용 재료의 양

- 계약에 의한 서비스 제공자가 사용한 폐기물의 유형과 양

④ 시설 및 장비(physics facilities and equipment : supply and delivery)

- 운송장비의 평균 연료 소비량

- 운송 유형별 일일 화물운송 횟수

- 오염 저감 기술을 도입한 운송장비의 수

- 여타 통신수단을 통하여 감소된 운송 횟수

- 운송 유형별 운송 횟수

- 생산 목적으로 사용된 총 대지면적

⑤ 제품 및 부산물(products and by-products)

- 유해성을 줄여서 출시한 제품의 수

- 재사용 또는 재활용될 수 있는 제품의 수

- 재사용 또는 재활용될 수 있는 제품 성분비

- 제품의 불량률

- 단위생산당 발생하는 부산물의 양

- 제품의 사용 기간 동안 소비되는 에너지양
- 제품의 사용기간
- 환경라벨링이 부착된 제품의 수

⑥ **조직에 의해 제공되는 서비스**(services provided by the organization)
- 단위 면적당 사용되는 청정제의 양
- 연료 소비량(운송업체의 경우)
- 향상된 공저기술의 제공 건수(기술제공 업체의 경우)
- 제품의 사후 서비스(after service)에 소요된 자재의 양

⑦ **폐기물**(wastes)
- 연간 또는 제품단위당 발생 폐기물의 양
- 유독성, 재활용 또는 재사용 가능한 폐기물의 연간 발생량
- 처분되는 폐기물의 총량
- 사업장에 보관된 폐기물의 양
- 허가에 의해 통제되는 폐기물의 양
- 재사용 물질로 전환되는 폐기물의 양

⑧ **배출물**(emissions)
- 특정 물질의 연간 배출량
- 제품단위당 특정 물질 배출량
- 대기로 방출되는 폐에너지의 양
- 대기 배출물의 오존층 파괴 잠재성
- 대기 배출물의 지구온난화 잠재성

⑨ 토양, 수질, 소음, 진동, 방사선(land, water, noise, vibration, radiation)

- 연간 버려지는 특정 물질의 양

- 제품단위당 수계로 버려지는 특정 물질의 양

- 수중으로 방출되는 폐에너지의 양

- 제품단위당 매립되는 물질의 양

- 서비스 또는 고객 단위당 유출되는 용수의 양

- 특정 지점에서의 소음 측정치

- 방출되는 방사선의 양

- 방출되는 열, 진동 또는 빛의 양

(c) 환경여건지표(ECIs: Environmental Condition Indicators:)

환경법규에서 제시하고 있는 환경기준과 유사한 내용이라 할 수 있으며, 이에는 대기, 수질, 토양, 동식물의 서식, 인류의 건강 및 천연자원 등에 관련되는 사항들이 포함된다. 환경여건 지표를 통하여 범지구적·국가별·지역별 환경상태에 관한 정보를 제공할 수 있으며, 과학적 연구, 법규에 의한 환경관리기준의 개발 또는 지역사회와의 의사소통에도 활용할 수 있다.

환경여건지표의 예는 다음과 같다.

① 대기(air)

- 선정된 감시지역 인근의 대기에 포함된 특정 오염물질의 농도

- 조직의 시설로부터 일정 거리 내에 있는 지역의 농도

- 풍향에 따른 조직시설의 투명도

- 특정 지역 내에서 광화학 스모그 현상이 발생하는 빈도

- 조직의 시설로부터 일정 거리 내에서 측정되는 악취

② 물(water)

- 지하수 또는 지표수에 포함된 특정 오염물의 농도
- 폐수배출 지점의 전후방 시설에 인접한 수계의 혼탁도(turbidity)
- 유입용수의 용존산소
- 조직의 시설에 인접한 저장 지표수의 온도
- 지하수층의 변화
- 물 1리터당 대장균 수

③ 토지(land)

- 조직의 시설 주변에 위치한 측정 지점의 토양에 포함되어 있는 특정 오염 물질의 농도
- 조직의 시설에 인근한 토양에 포함된 특정성분의 농도
- 설정된 구역 내에서 복구된 토지의 크기
- 설정된 구역 내에서 매립지, 관광지, 또는 습지로 지정된 토지의 크기
- 설정된 구역 내에서 포장된 또는 경작이 불가능한 토지의 크기
- 설정된 구역 내의 보호구역
- 표토층의 침식 정도

④ 식물계(flora)

- 해당 지역에 있는 특정 식물종의 조직 내에 포함된 특정 오염물질의 농도
- 주변 지역의 곡물 수확량 변화
- 조직의 시설로부터 일정 거리 내에 있는 특정 식물종의 수
- 설정된 지역 내에 있는 식물종의 총수
- 설정된 지역 내에 있는 농작물종의 수와 다양성

- 지역에 서식하는 특정 종의 식생 질에 대한 척도
- 지역 내의 삼림 벌채율

⑤ 동물(fauna)
- 해당 지역에 있는 특정 동물종의 조직에 포함된 특정 오염물질의 농도
- 조직의 시설로부터 일정 거리에 있는 특정 동물종의 수
- 지역 내 특정 종의 서식 질에 대한 척도
- 설정된 지역 내에 있는 식물종의 총수

⑥ 인간(human)
- 특정 인구의 수명에 대한 자료
- 지역 내 특정 전염병의 발병률
- 지역 내의 인구성장률
- 지역 내 어린이들의 혈중 납 함유량

⑦ 미관, 유산 및 문화(aesthetic, heritage and culture)
- 지역 내 역사적 건물의 외형 보존도
- 민감한 구조물의 보존 상태
- 조직의 시설에 인근한 신성시되는 장소의 보존 상태
- 조직의 시설 주변 소음 수준의 가중평균치

5) 환경성과지표의 선정 기준

(a) 환경 관련 법규에서 지적하고 있는 오염물질과 관련된 지표는 필수적으로 포함

우리나라의 경우 대기환경보전법 및 수질환경보전법에서 각각 규정하고 있는 대기오염물질 및 특정 대기유해물질과 수질오염물질 및 특정 수질오염물질, 폐기물관리법상의 지정폐기물 등에 포함되는 오염물질이나 폐기물이 해당 사업장에서 발생한 경우 이에 관련된 지표는 필수적인 관리대상이 되고 있다.

(b) 지표의 적합성(relevance) 여부에 대한 검토 필요

해당 지표가 지니는 의미가 명확한 것인지, 그 지표를 관리함으로써 기업의 환경성과 개선에 도움이 되는 것인지, 가용한 자료를 최대한 활용한 최선의 방법인지, 환경성과지표의 설정이 기업이 제정한 환경방침이나 지향하는 방향에 부합하는 내용인지 등에 대한 종합적인 판단이 필요하다.

(c) 측정가능성(measurability) 및 투명성(transparency) 고려

환경성과지표는 그 평가가 가능하여야 하며, 그 방법의 객관성이 보장되어야 한다. 특히 외부 이해관계자와의 정보 욕구를 충족시키기 위한 경우에는 그 투명성이 절대적으로 중요하게 다루어져야 한다. 아무리 개념적으로 훌륭한 지표가 개발되었다 하더라도 객관적으로 측정이 불가능하다면 채택할 수 없게 된다.

(d) 측정에 소요되는 비용(costs) 고려

완벽한 환경성과지표의 개발과 실행에는 많은 예산이 소요되므로 해당 기업의 환경경영이 지향하는 목적에 적합한 수준의 환경성과지표를 선별적으로 적용하는 방법이 바람직하다. 일반적으로 대부분의 환경성과지표는 새로운 자료를 수집하여 만들기보다는 회사가 이미 보유하고 있는 기존 자료를 근거로 새로운 각도에서 체계화하는 것이 효과적일 수 있다.

(e) 비교 가능성(comparability)에 대한 고려 필요

환경성과평가를 통해 환경성과의 지속적인 개선을 도모하기 위해서는 시차적 평가결과에 대한 객관적인 비교, 검토가 필요하다. 또한 산업계 평균치나 경쟁회사의 평가 결과와 비교할 수 있도록 함으로써 회사의 환경성과에 대한 상대적 수준을 가늠할 수 있도록 해야 할 것이다.

(f) 이해관계자 지향적(stakeholders-oriented)인 환경성과지표 선정

환경성과지표는 궁극적으로 다양한 환경적 이해관계자들이 정보 욕구를 충족시키는 데 그 목적이 있으므로 환경성과지표를 개발하고 선정하는 과정에서 이해관계자들이 중요시하는 환경성과가 어떠한 것인지를 파악하여 지표에 반영해야 한다.

6) 전과정을 고려한 환경성과지표 체계

지표 단계	환경영향 및 위험 지표	배출물 지표 수질, 대기, 폐기물	투입자원 지표	재무적 지표	표준화 지표
설계	- 재생가능성 - 사용기간 - 유해물질 사용 - 사용상 위험성	- 제품의 배출물 - 제품의 구성	- 제품의 무게 - 제품의 에너지 구성	제품의 전과 정 동안 소요 되는 에너지 및 연료비	에너지 소비량 에 따른 생산량

지표 단계	환경영향 및 위험 지표	배출물 지표 수질, 대기, 폐기물	투입자원 지표	재무적 지표	표준화 지표
원료	– 자원복구율 – 수계의 BOD – 소음·진동 수준 – 생물지표 – 위험물질 사용	원료 생산 시의 배출물	– 원료의 무게, 부피 – 에너지 소비량	원재료비	원료 생산에 소 요된 에너지 및 배출물량
생산	– 수계의 BOD – 소음진동수준 – 생물지표 – 공중보건위험	아래의 별도 내용 참조	– 생산시설 수준 – 에너지 소비량 – 물 소비량	– 환경 관련 투자 및 비용 – 환경관리 효과 및 비 용절감액	– 배출량/생산량 – 에너지투입/ 생산량 – 원자재투입/ 생산량
포장	–	–	– 포장재 사용량 – 포장재 폐기량 – 재생포장재 사 용비	포장재 비용	– 포장재사용/ 매출액 – 포장재 폐기/ 매출액
운송	운송수단별 구성비 (예: 철도 몇%, 트럭 몇 %)	운송 시 발생 되는 배출물 (예: 운송트럭 CO2 배출량)	운송에 소요되 는 에너지양	–	에너지소비 무게/거리 (tone-km)
사용 및 폐기	제품 사용 시 인체 유해성	제품 사용 시 배출량	– 사용기간 내 의 에너지 소 비량 – 재사용 시설 비중 – 재생시설 유무	재활용에 따른 효과	에너지 소비/ 원단위

※ 생산단계에서의 배출물 지표

- 수질
특정 수질유해물질 발생량
33/50 Toxics
Tri Toxics
총 SS(Suspended Solid)
폐수방출량

- 대기
특정 대기유해물질 발생량
33/50 Toxics
Clean Air Act Toxics
SOx/NOx/CO2
VOCs 및 미립자

- 폐기물
지정폐기물 발생량
33/50 Toxics
Tri Toxics
고형폐기물 총량
폐기물 매립, 소각, 재활용량

7) 환경성과평가 지표 사례

(a) ECI, OPI, MPI연계한 지표

① 예시 1

– 대기질이 나쁜 지역에 위치한 기업의 주요한 환경성과의 개선대상은 대기오염도이며, 따라서 대기질과 관련된 정보에 근거하여 지표를 선정한다. 이러한 기업의 환경목표로는 회사에서 운영 중인 차량에서 배출되는 오염물질의 감축이 될 수 있으며, 다음과 같은 지표들을 생각해 볼 수 있다.

- 환경여건지표
  – 차에서 배출되는 물질과 관련된 대기 중 오염농도
- 운영성과지표
  – 대체연료 사용에 의하여 차에서 배출되는 오염물질 양의 감소
  – 총 연료소비량
  – 연료효율
  – 보수빈도
  – 오염물질 배출억제 장치가 장착된 차량 대수
- 경영성과지표
  – 대중교통수단의 제공과 사용에 지원된 금액
  – 직원에게 대중교통수단의 이용에 따른 이점을 교육한 시간
  – 연료소비 감축량, 차 보수 방법 및 연료의 효율성 개선, 그리고 대체연료 사용 노력의 효과

② 예시 2

– 물 공급 부족이 심각한 지역에 위치한 기업의 환경성과 개선의 주요

한 대상은 수질개선이 될 것이며, 이와 관련된 정보에 근거하여 지표를 선정할 것이다. 이러한 기업의 환경목표는 물의 원활한 확보가 될 것이며, 물 보존 방법과 관련된 다음과 같은 지표들을 생각해 볼 수 있다.

- 환경여건지표
  - 지하수량
  - 재충전율
- 운영성과지표
  - 일일 물 사용량
  - 생산단위당 사용된 물의 양
- 경영성과지표
  - 물 소비 감축 방법에 관한 연구에 투자된 금액

(b) ICI(Imperial Chemical Industries)의 환경성과지표

1997년 현재 전 세계 30여 개국에 200개 이상의 사업장을 운영하면서 약 8,000가지 이상의 화학제품을 생산하고 있으며 종업원은 약 6만 7천여 명에 이른다. ICI현재 안전, 보건 및 환경경영체제(SHE: Safety, Health and Environment)를 운영하고 있으며 'SHE Challenge 2000'이라는 환경목표의 달성도를 확인하기 위하여 ICI는 다음과 같이 20개의 지표를 개발하였다. 이 가운데 7개는 경영성과지표이며 13개는 운영성과 지표이다.

- 준수(Compliance): 4개
- 일반이슈(Public Topic): 2개
- 자원보존(Resource Conservation): 2개

- 폐기물(Wastes)：5개
- 환경부하(EB: Environmental Burden)：7개

경영성과지표의 예를 살펴보자. ICI사의 경영성과지표는 환경방침 및 환경목표와 연계되어 있다.

① 환경방침: ICI그룹의 전 사업장은 지방정부에서 인정할 수 있는 방법으로 운영되고 있음을 보증함

② 환경목표: ICI 전 사업장은 지방정부의 규정을 100% 준수함
- 수계로 배출되는 함유물질 가운데 검사하는 항목비중
- 대기로 배출되는 함유물질 가운데 검사하는 항목비중
- 고소 건수 및 벌과금

③ 환경목표: 신규공장 건설에 관한 ICI의 기준을 준수
- 환경보고서 발간 연도 중 준공 및 건설 중인 공장의 수

④ 환경목표: 오염에 따른 손실을 회피하며 모든 누수를 방지
- 일반대중의 관심을 낮을 수 있거나 혹은 촉발시키지 않을 수도 있으며, 또는 환경에 피해를 야기하지 않는 누수 회수 및 장소
- 연간 환경지출 비용 추정치(어떠한 환경목표와도 연계되어 있지 않음)

3
전과정평가(LCA: Life Cycle Assessment)

1) 전과정평가의 역사

시기	내용	비고
1960 년대	LCA의 태동	포장재료의 에너지 소비량 비교
1969	코카콜라사가 MRI[1]에 의뢰하여 수행한 음료 용기에 관한 전과정 연구	천연자원에 대한 환경영향을 최소화하기 위한 용기의 차이점을 비교할 목적
1970~75	– MRI 에서 REPA[2]연구를 계속함 – 스웨덴의 Sundstrom 및 영국의 Boustead에 의한 LCA 모형개발	미국에서 약 15개의 REPA 연구가 진행됨
1973~74	제1차 석유파동	에너지 사용절감을 목적으로 분석
1970년대 후반	– REPA및 LCA에 대한 흥미 격감 – SETA[3]설립(1979)	제2차 석유파동 이후 에너지 절감 분위기 소멸
1980년대 초반	EMPA[4]가 전과정평가의 초기 계산체계를 개발	
1980년대 후반	Oko–institut가 제품 LCA 작업수행	주로 방법론에 관한 연구가 진행됨
1990	P&G와 WWF등의 공동연구 추진	WWF의 참여로 여타 환경단체들의 참여가 확신됨
1990	프랑스의 Ecobilan사 설립	본격적인 LCA연구 수행
1990	LCA에 관한 SETAC회의	LCA의 3단계 확인: 목록, 영향평가, 개선
1992	SPOLD[5]설립	LCA 연구 및 보급의 확산
1992	3차례에 걸친 SETAC회의	영향평가, LCA의 응용, 자료의 질 등에 관한 논의
1993	2차례에 걸친 SETAC 회의	영향분류에 대한 논의, LCA 지침서 개발
1993	SPOLD 등의 LCA 자료집[6] 발간	

시기	내용	비고
1993년 이후	ISO/TC207의 SC5에서 LCA를 국제 표준화 대상으로 선정하고 본격적인 작업을 진행	LCA에 대한 연구가 전세계적으로 확산되고 있으며, 국가, 산업 또는 기업 단위의 연구가 진행되고 있음

각주 1) MRI: Midwest Research Institute

2) REPA: Resource and Environmental Profile Analysis

3) SETAC: Society for Environmental Toxicology and Chemistry

4) EMPA: Swiss Federal Laboratories for Material Testing and Research

5) SPOLD: Society for the Promotion of LCA Development

6) Sustainability, SPOLD and Business in the Environment, the LCA

Sourcebook(London, 1993)

2) 전과정평가에 대한 일반기준(ISO)

(a) 완전성(completeness)

경제활동이 모든 환경영역에 영향을 미친다는 관점에서 볼 때, 엄밀한 의미에서의 전과정평가는 경제활동이 환경영역에 미치는 광범위한 영향을 모두 고려해야 한다. 그러나 이러한 작업은 현실적으로 불가능하기 때문에 일정한 기준을 근거로 고려해야 할 범위를 선택하는 것이다. ISO에서는 보다 완전한 전과정평가를 실시하기 위해서 자료의 범위를 어떻게 설정할 것인가를 중점적으로 검토한 결과, 전과정평가의 목적에 적합한 수준으로 자료를 수집할 필요가 있으며 반드시 모든 단계를 대상으로 전과정평가를 해야 하는 것은 아니라는 입장을 제시하고 있다.

(b) 투명성(transparency)

전과정평가에 대한 표준화 내용 가운데 가장 중요시되고 있으며 의무적인 측면이 강한 부분이 바로 투명성에 관한 것이다. 특히, 평가의 목적에 따라 그 결과를 일반에게 공표할 경우에는 제3자에 의한 정밀검토(critical review)를 거칠 필요가 있다. 이 경우에는 특히 평가방법의 과학적 타당성과 기술적 유효성 그리고 목표에 따른 자료의 적절성, 해석의 적합성, 평가과정의 투명성 등을 집중적으로 검토하게 된다. ISO에서는 다음과 같이 전과정평가의 각 단계별로 투명성에 대한 내용을 포함시키고 있다.

① 목표

전과정평가의 목표에서는 평가 결과의 적용 예, 평가가 필요한 이유, 평가 결과에 대한 정보를 제공받을 대상자 등을 분명히 하도록 하고 있다. 단, 평가에 소요되는 자금을 제공한 조직 등에 대해서는 별도로 언급하지 않고 있다.

② 범위

전과정평가의 범위는 대상 시스템의 기능을 지정하고, 기능단위를 측정 가능한 형태로 정의하는 것이 필요하다. 물질 및 에너지의 영향, 그리고 가정(assumption)에 대해서도 명확히 기술하도록 하고 있다.

③ 자료 수집

자료의 질에 관한 요건을 구체적으로 언급하고 있다.

④ 계산 방법

물질 및 에너지의 흐름을 복수의 제품에 배분하는 방법에 대해서 순서에 입각하여 명시하도록 하고 있으며, 모든 계산 과정을 문서화하도록 하고 있다.

⑤ 영향평가

영향평가의 단계에서 가장 중요한 요건은 투명성이므로, 영향평가에서 사용하고 있는 가정은 명확히 기술하여 보고해야 한다.

⑥ 해석

전과정평가의 결과, 자료, 계산 방법, 그리고 사용된 가정과 그 한계는 투명하게 해석되고 보고되어야 한다.

(c) 일관성(consistency)

전과정평가는 그 목표와 적용영역이 적절하게 조화되어야 하므로 다음과 같이 모든 평가과정은 일관성을 유지해야 한다.

① 목적 및 범위

평가의 목적과 범위는 적용 대상과 처음부터 끝까지 일관성이 있어야 한다. 특히, 기능단위의 상세한 정의에 대한 일관성은 매우 중요하다.

② 자료

수집 또는 계산되어야 할 자료의 대상과 모형화에 포함되는 자료의 범주는 평가의 목적과 연계하여 정당성이 입증되어야 한다.

③ 모형화 및 계산 방법

투입물과 산출물의 선택, 자료 범주 내에서의 집약 정도, 시스템의 모형화는 연구의 목적과 일관성을 가져야 한다.

④ 결과의 표현 방법

평가 결과, 자료, 분석 방법, 그리고 가정 및 한계는 평가의 목적에 적합한 형태로 해석되어 가급적 충분하고 상세히 보고되어야 한다.

3) LCA의 개요

(a) LCA의 목적과 용도

LCA는 제품/재료, 공정/산업체계, 활동/서비스의 환경영향을 최소화하는 데 이용되는 설계 준칙이며, 개념적으로는 설계와 개선 방법의 선택을 알려 주는 사고과정으로서, 그리고 방법론적으로는 환경부하 혹은 방출에 관한 질적, 양적 자료 목록을 작성하고, 이들 부하 또는 방출의 영향을 평가하며, 또한 환경성과를 개선하기 위한 대안을 검토하는 데에 이용된다. 평가 대상인 제품의 전생애(Life Cycle)의 경로를 예로 들어 살펴보면 [표 1]과 같다.

[표 1] 폴리에틸렌 병의 전생애(Life Cycle) 경로

원유 개발 → 원유 수송 → 정유 → 나프타 생산

포리머 포장, 유통 ← 포리머 그래뉼 생산 ← 폴리에틸렌 생산 ← 에틸렌 생산

병 생산 → 제품 주입 → 병 제품 포장 → 병 제품 유통

쓰레기 ← 용기 폐기 ← 소비자 사용 ← 제품 소매

LCA는 환경적으로 건전하고 지속 가능한 발전을 위하여 공업 제품 및 서비스로 인한 환경영향의 저감과 자원 및 에너지 소비의 극소화를 목적으로 하고 있다. LCA의 효과는 새로운 제조공정, 제품, 포장 등을 선택할 때에 이것이 진정한 의미에서 환경개선의 효과가 있는지 확인할 수 있다는 점이다. 1990년 환경독성화학협회(SETAC)가 주관한 LCA 전문가회의에서 전생애 목록의 각 단계를 관찰하는 기술적 틀(frame)이 [표 2]와 같이 제시되었다.

[표 2] LCA 목록의 기술적 틀

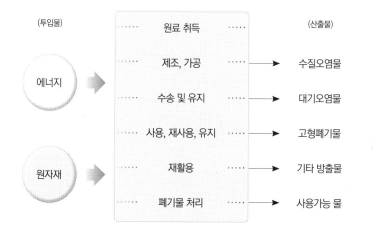

(투입물) — 원료 취득 — (산출물)

에너지 ⇒ 제조, 가공 → 수질오염물

수송 및 유지 → 대기오염물

사용, 재사용, 유지 → 고형폐기물

원자재 ⇒ 재활용 → 기타 방출물

폐기물 처리 → 사용가능 물

LCA는 기업 내부의 공정설계, 제품 수정, 심지어 신제품의 발명 등에 사용할 수 있는 매우 가치 있는 도구가 되고 있다. 특히 제품 개선 시 발생할 수 있는 종합적인 장단점(원료물질 감소, 경량화, 재활용물질의 사용이나 대체물질 사용), 원료물질 취득(농산물이나 화석연료 유도체), 기술 변화(공정상 또는 원료)나 새로운 폐기물의 관리 방안 등을 제시한다는 점에서 그 사용이 중요하다. 용도를 살펴보면 [표 3]과 같다.

[표 3] LCA의 용도

구분	정부	기업	환경단체
기존의 용도	• 법적 규제 수단 (예: 환경라벨링, 포장폐기물 등)	• 제품, 서비스, 기능, 시스템 등과 관련된 환경 부하의 점의 및 비교 • 마케팅 활동 • 소비자에 대한 정보 제공(예: 환경라벨링)	• 정부와 기업에 대한 비판 근거 • 기업의 평가결과에 대한 반박 수단 • 제품 및 공정에 대한 정보원
새로운 용도	• 법적 규제의 우선순위 결정 • 표준설정	• 구매규격 결정 및 공급업체 선정 • 제품 / 공정의 설계와 최적화 • 전략적 계획 및 우선순위 결정	• 환경라벨링에 관한 의견 제시의 근거 • 현안과제에 대한 입장 정립 • 캠페인 우선과제 선정
잠재적 용도	• 정책수립 • 경제적 유인책에 의거한 정책수단의 선택 • 공공교육	• 환경경영전략 수립 • 공공교육 • 성과평가의 척도 • 제품의 환경성 재고	• 다수의 환경단체가 참여하여 제품 평가에 대한 기반 구축

　　또한 LCA는 정부의 장기개발정책 입안, 지방자치단체의 지역사회 기반 정비사업 실시 및 보조금 제도의 검토 시 또는 소비자의 상품 정보의 취득과 구입 상품의 선택 등에 폭넓게 사용될 수 있다. 따라서 LCA 기법은 아래와 같은 분야에서 사용될 수 있을 것이다.

– 폐기물 감량 및 재활용 정책의 선택

– 공장 · 사업장의 조언에 의한 환경부하 저감

– 제품의 전생애 동안의 환경부하 저감

– 건축공사에 따른 환경부하 저감

– 교통 · 운수에 따른 환경부하 저감

– 생활활동에 따른 환경부하 저감

(b) LCA의 구성 요소

LCA는 몇 가지 상호 관련되는 요소들, 즉 목적의 정립 및 범위 설정 (Goal Definition and Scoping), 목록 분석(Inventory Analysis), 영향평가(Impact Analysis), 개선평가(Improvement Assessment) 등 4가지로 구성된다. [표 4]는 LCA를 수행함에 있어 이들 요소 간의 관계를 나타낸다.

[표 4] LCA의 구성요소

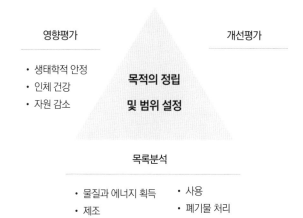

① 목적의 정립 및 범위 설정

LCA는 그 사용 목적에 따라 수집하는 자료, 분석 방법, 결과가 다르기 때문에 우선 당해 LCA를 어떠한 목적으로 사용할 것인가를 명확히 해야 한다.

예를 들면 (1) 목수 제품의 비교 선택, (2) 제품 및 공정의 개선 효과의 파악, (3) 목표치를 달성하기 위한 제품의 점검, (4) 개선점의 추출(및 우선 순위 결정), (5) 제품에 관계되는 각 주체 간의 의사 전달 촉진 등 여러 가지 목적이 있으므로 어떻게 하든 LCA의 대상으로 하는 제품을 결정하고 그 결과의 사용 목적을 명확히 할 필요가 있다.

다음으로 작업의 범위를 설정할 필요가 있는데, 그 설정 방법에 따라 최종적인 결과가 달라지는 일도 있으므로 그 결정은 신중해야 한다. 일반적으로 제품에 직접 영향을 주는 공정까지를 그 검토 범위로 한다. 예를 들면 건물의 건축에 들어가는 원자재나 제조장치는 보통 전생애 평가의 연구에 포함되지 않는다. 또한 작업장의 청결 유지, 구내식당의 쓰레기, 화장실이나 욕실의 오수 배출 등 공장 작업자의 행동도 작업의 범위에 포함되지 않는다.

② 목록 분석

목록 분석은 매우 객관적인 자료에 근거한 요소로서 제품, 공정 및 서비스 활동의 전생에 걸친 에너지, 원자재의 소비, 대기 배출 및 수질오염, 고형폐기물 등의 환경배출을 정량화하는 과정이다. 평가 목적과 범위가 설정되면 필요 자료 목록을 작성한다. 현실적으로 입수 가능한 자료에 한계가 있으므로 최초에는 중요한 몇 가지 항목으로 시작하여 실시하고 자료 입수가 향상됨에 따라 조사항목을 점차 늘려 가는 것이 현실적이다. 환경부하 항목은 영향 측면에서 몇 가지 범주로 나눌 수 있으며 [표 5]는 그 예를 나타낸다. 당장 각 기업에서 LCA 계획을 세우는 경우에는 정량적인 파악이 비교적 쉬운 것, 환경 관련 법령 등에 규제되고 있는 것, 위급한 환경문제로서 그 배출의 삭감이 국제적으로 요청되고 있는 것 등에 관하여 자료를 수집·분석한다.

또한 자료 수집 시에는 제품의 생명주기 중 어느 부분까지 자료를 수집할 것인가를 명확히 할 필요가 있다. 평가 대상제품의 세부공정도(process tree)를 상세히 그려 보면 많은 프로세스의 곁가지가 생긴다. 이상적으로 말하면 전체 프로세스의 모든 곁가지를 고려할 수 있으나, 현실적인 자료의 제약 조건으로 인하여 잠정적인 시스템 경계를 긋지 아니하면 안 된다. 다시 말하면, 고려할 프로세스와 고려하지 않는 프로세스 사이에 선을 그어야 한다는 것이다. 실제로는 자료의 입수 가능성이 한정되어 있는 것이 많으므로 자료 수집 과정에서는 주요 프로세스부터 순차 수집하고 지엽적인 프로세스는 가능한 범위에서 진행한다. 자료 수집이 종료되면 [표 6]과 같은 수집 자료의 알람표를 작성한다.

[표 5] 환경부하 항목의 분류 예

	환경부하를 발생시키는 행위의 범주	
대기	• 건강피해를 초래하는 대기오염물질의 배출 • 온실효과 가스의 배출	• 오존층 파괴물질의 배출 • 산성화 영향 물질의 배출
수역	• 건강피해를 일으키는 수질 오염 물질의 배출 • 생활 환경 피해를 일으키는 수질 오염 물질의 배출	
토양	• 토양 오염 물질의 배출	• 토지의 형질 변경
악취	• 악취물질의 배출	
소음	• 소음의 발생	
지반침하	• 지하수의 위치	
자연물, 경관	• 야생 생물 및 기타 자연물의 손상	• 자연 경관의 변경

환경부하를 발생시키는 행위의 범주	
공간소비	• 폐기물의 투기, 최종 처분

환경부하의 원인이 되는 행위의 범주	
• 폐기물의 배출 • 에너지의 소비	• 광물 자원의 소비 • 희소 생물 자원의 소비

[표 6] 목록 작성 알람표 예

항목	단위	자원 채취	원재료의 제조	제품 제조 가공	유통 판매	소비 사용	재 활용	폐기	수송	합계
대기: Nox										
대기: SO$_2$										
대기: CO										
대기: 분진										
대기:										
수질: BOD										
수질: COD										
수질: SS										
수질:										
에너지										
OO자원										
고형폐기물										
기타										

③ 영향평가

영향평가는 전생애 목록에서 규정된 에너지, 원자재, 환경배출의 환경적 영향을 평가하고 규정하는 기술적이고 정성·정량적인 과정이다. 영향평가는 반드시 환경 및 인체에 관한 영향을 함께 고려해야 한다. 자료목록을 분석하여 환경부하의 크기를 파악할 때, 각 개별 환경부하 항목에 따라 가중치의 적용이 필요하다. 이것은 물질에 따라, 배출량에 따라 영향도가 다르기 때문이다. 예를 들면 SO_2의 배출량을 기준으로 하는 경우 사람의 건강에 미치는 영향 측면에서 보면, 카드뮴의 배출량은 같은 양의 SO_2의 약 100배가 되므로 100이라는 가중치를 주는 것이 적절하다. 그와 같은 가중치는 환경규제기준과 인체허용한계의 역수 등을 기초로 산출되는 일이 많다.

④ 개선평가

개선평가는 제품, 공정 및 서비스 활동의 전생에 걸친 에너지와 원자재 사용 및 오염물질의 환경 배출과 관련된 환경영향을 최소화하기 위한 방법들을 평가하는 체계적인 과정이다. 영향평가 결과를 기초로 LCA의 당초 목적에 따라 제품의 개선평가를 검토하게 된다. 제품의 개선 효과를 평가하는 경우 어떤 증분류의 환경부하의 저감을 위해 행한 조치가 타의 환경부하를 증대하는 경우도 있으므로 전체로서 환경부하가 적절히 저감되도록 해야 한다.

또한 복수 제품을 비교할 때는 간단히 되지 않는데, 증분류에 있어 A제품과 B제품을 비교할 때 A가 모든 증분류에서 우수한 경우는 문제가 없으나 그 같은 경우는 많지 않다. 많은 경우 어떤 증분류에서는 A제품이 우수해도 다른 증분류에서는 B제품이 우수하기 때문이다. 어차피 최종적으로 어떻게 평가하여 실제 기업 전략과 제품의 개선에 적용하는가는 평가 실시 단체의 주관적인 평가판단이 반영되므로 전천후로 적용될 수 있는 수법은 없다.

4) LCA의 한계 및 전망

(a) 전과정평가의 한계

전과정평가가 지니는 방법론적 합리성과 높은 효용가치에도 불구하고, 현실적으로는 많은 한계를 지니고 있음이 국제 표준화 작업 또는 구체적 적용 과정에서 제기되고 있다. 지금까지 지적되어 온 전과정평가의 몇 가지 한계점들을 살펴보면 다음과 같다.

- 시스템 경계의 설정, 자료 출처 및 영향범주의 선정과 같은 전과정평가의 핵심적 사항들과 평가과정에서 설정하게 되는 가정들이 대부분 주관적으로 결정되고 있음.
- 목록 분석 또는 환경영향 평가 시에 사용되는 모형은 여러 가정에 의해 설정되므로, 모든 잠재적인 환경영향을 충분히 반영하지 못하게 됨.
- 범지구적 또는 지역적 환경문제에 초점을 맞추어 설정되고 있는 각종 평가 기준과 자료 또는 평가 결과는 각 국가나 기업 단위에서 적용하기에 적합하지 않을 수 있음.
- 평가 결과의 정확성은 관련 자료의 활용 가능성, 접근 가능성, 자료의 질 등에 따라 달라질 수 있음.
- 영향평가에 사용하는 목록 자료는 공간적, 시간적 차이를 고려하지 않음으로써 영향평가 결과에 대한 부정확성을 초래할 수 있음.
- 기업의 입장에서는 무엇보다도 전과정평가의 경제성에 대해 많은 의문을 제기하고 있음.

(b) 전과정평가의 전망

현재, 전과정평가에 대한 ISO의 표준화 작업은 목록분석까지의 표준화와 영향평가 및 해석의 표준화 등 두 가지로 크게 나눌 수 있다. 목록분석에 대해서는 다소의 기술적 문제가 있더라도 국제표준이 합의에 의해 재정된다면 동일한 자료로부터 동일한 목록결과가 산출될 수 있으므로, 표준화의 의미와 역할이 비교적 크다고 볼 수 있다. 그러나 영향평가와 해석 단계는 주관적인 판단 요소가 상당 부분 포함될 수밖에 없으므로, 표준화가 되더라도 평가의 주체나 목적, 그리고 대상이 달라질 경우 그 결과는 많은 차이를 보일 것이다. 따라서 다양한 평가 결과를 비교할 수 있는 절차나 투입물 및 산출물에 관련되는 용어의 국제 표준화가 필요하며, 동일한 공정에 적용할 수 있는 표준화된 자료의 데이터베이스가 구축된다면 전과정평가 결과의 효용성 제고는 물론 평가에 소용되는 비용과 시간을 크게 줄일 수 있을 것이다. 현재 이러한 작업은 ISO의 표준화 작업과는 별도로 각 국가별 또는 국제 산업단체별로 활발하게 진행되고 있어 향후 전과정평가의 실용성이 크게 높아질 것으로 전망된다.

4
녹색경영시스템(GMS: Green managements system)

1) 녹색경영시스템이란?

　조직이 녹색경영 방침을 개발하여 실행하고 녹색경영 측면을 관리하는데 활용되는 조직의 경영시스템의 일부로서, 조직이 제품이나 서비스의 품질을 관리하기 위해 품질관리시스템을 갖추듯이, 조직의 모든 활동이나 제품, 서비스와 관련된 녹색경영 측면들을 체계적으로 관리하기 위한 시스템이다(녹색경영시스템 - 제1부 - 요구사항 및 사용지침).

　녹색경영체제란, "기업들이 녹색경영을 도입하여 실행함으로써 환경요인을 효율적으로 관리하기 적합하도록 구축한 체제"라고 정의된다(환경친화적 산업구조로의 전환촉진에 관한 법률 2조 7항 참조).

[녹색경영시스템 인증체계]

2) 녹색경영 추진 방향

"녹색경영"이란 기업이 경영활동에서 자원과 에너지를 절약하고 효율적으로 이용하며 온실가스 배출 및 환경오염의 발생을 최소화하면서 사회적, 윤리적 책임을 다하는 경영(저탄소 녹색성장 기본법 2조).

3) 필요성 및 기대효과

① 국내외 녹색경영 추진 방향에 동참
② 온실가스 배출 및 환경오염 최소화
③ 사회적, 윤리적 책임 강화에 대응 가능
④ 환경 경영체계와의 통합시스템으로 관리 가능
⑤ 원자재, 에너지, 온실가스의 절감
⑥ 녹색경영 설계/개발, 생산 및 서비스까지 대응 가능

[국제표준에 부합될 수 있는 인증 체계]

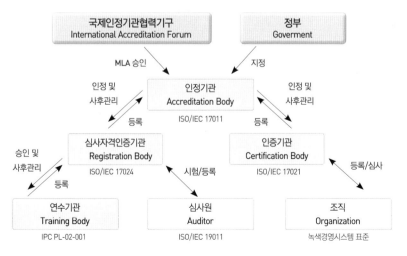

[녹색경영시스템 표준 구성체계]

환경경영시스템 요구사항
(KS I ISO 14001)

추가 요구사항

시스템 요구사항

> 에너지 경영 필수요소

> 온실가스 배출·제거 관리 필수요소

> 환경과 관련된 사회적 책임 필수요소

성과평가 요구사항

녹색경영시스템 요구사항

> 녹색격영시스템 – 제1부:
> 요구사항 및 사용지침(KS I 7001)

> 녹색격영시스템 – 제2부:
> 녹색경영 성과평가(KS I 7002)

[표준과 국제표준들과 관계]

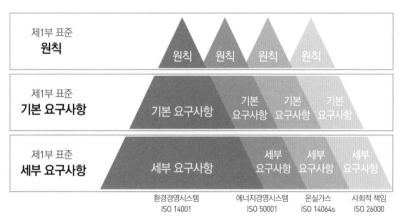

제1부 표준
원칙

원칙　원칙　원칙　원칙

제1부 표준
기본 요구사항

기본 요구사항　기본 요구사항　기본 요구사항　기본 요구사항

제1부 표준
세부 요구사항

세부 요구사항　세부 요구사항　세부 요구사항　세부 요구사항

| 환경경영시스템 | 에너지경영시스템 | 온실가스 | 사회적 책임 |
| ISO 14001 | ISO 50001 | ISO 14064s | ISO 26000 |

[ISO 14001 및 기타 요구사항 관계]

녹색경영시스템 인증기준(표준)의 구성

녹색격영시스템 – 제 1부: 요구사항 및 사용지침(KS I 7001)	녹색격영시스템 – 제 2부: 녹색경영 성과평가(KS I 7002)

EMS와 기타 요구사항 관계

이 표준은 ISO 14001의 기반구조를 근거로 자원·에너지, 온실가스 및 사회적 책임에 대한 녹색경영 요구사항을 추가 규정하고 있다.

※ 이 표준은 ISO 14001에 자원·에너지, 온실가스, 사회적 책임 추가개념
※ 이 표준과의 적합성은 녹색경영시스템 및 ISO 14001 요구사항에 대한 적합성을 의미
※ 이 표준이 일부 핵심 요소만을 반영한 다른 참조표준에 대한 적합성을 보장하지 않음
※ KS 17002 표준은 KS I 7001 요구사항의 실행 정도를 측정하고 그 결과인 녹색경영성과를 평가하기 위한 최소한의 녹색경영성과 측정지표를 규정

4) 녹색성과평가 기준의 목적

조직의 녹색경영시스템 실행의 정도를 측정하고 그 결과를 평가하기 위한
최소한의 녹색성과지표와 그 지표의 관리를 규정

※ 조직이 관리하여야 할 최소한의 녹색성과지표 규정
※ 조직이 측정 가능한 지표를 추가 선정 및 관리
※ 조직이 자체적인 녹색수준 평가
※ 산업계 및 인증조직의 녹색성과 수준 벤치마킹
※ 녹색성과지표를 활용한 지속적 개선

5) 녹색성과평가 기준 적용

녹색경영시스템을 구축 및 운영하고자 하는 조직은
녹색성과평가지표를 선정, 관리 및 유지하여야 함

※ 녹색경영시스템을 수립, 실행 및 유지하고자 하는 조직에 대해서는 필수 요구사항
※ 조직의 녹색경영시스템을 외부조직으로부터 인증 받고자 할 때에는 표준에 규정된 녹색
성과를 관리하여야 함
※ 자체적으로 녹색경영시스템을 수립, 실행 및 유지 하거나 표준과의 적합성을 스스로 선
언하고자 할 경우에는 녹색성과의 제출이 요구되지 않음

6) 녹색성과 수준과 인증의 관계

- 녹색성과의 수준이 녹색경영시스템의 인증여부를 결정하지는 않음
- 녹색성과의 수준이 인증 여부를 결정하지는 않으나 녹색경영시스템 3자 인증을 위해서는
  녹색지표의 선정 및 관리가 요구됨
- 녹색경영시스템을 운영하는 조직은 녹색성과 평가 결과를 토대로 지속적인 개선에 활용
  할 수 있음

7) 녹색경영 성과지표 구성

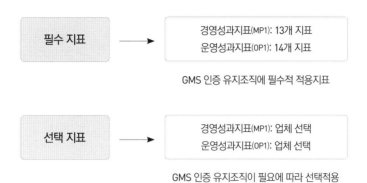

필수 지표	→	경영성과지표(MP1): 13개 지표 운영성과지표(OP1): 14개 지표

GMS 인증 유지조직에 필수적 적용지표

선택 지표	→	경영성과지표(MP1): 업체 선택 운영성과지표(OP1): 업체 선택

GMS 인증 유지조직이 필요에 따라 선택적용

8) 필수 녹색경영 성과지표

경영성과지표(MPI): 13	운영성과지표(OPI): 14
M1-1 녹색경영 목표 수립 룰	O1-1 에너지 사용량
M1-2 녹색경영 목표 달성 룰	O1-2 에너지 사용량 원단위
M2-1 MRO 제품에 대한 녹색구매 비율	O2-1 직접 온실가스 배출량
M3-1 원부자재에 대한 녹색구매 비율	O2-2 직접 온실가스 배출량 원단위
M4-1 녹색제품 투자 비율	O3-1 간접 온실가스 배출량
M5-1 녹색제품 비율	O3-2 간접 온실가스 배출량 원단위
M5-2 녹색제품 매출액 비율	O4-1 용수 사용량
M6-1 교육훈련 시간	O4-2 용수 사용량 원단위
M7-1 의견 및 이의제기	O5-1 원부자재 사용량 원단위 개선율
M8-1 사업장 관련 법규 위반	O6-1 폐기물 발생량 원단위
M9-1 제품 공급 관련 법규 위반	O7-1 폐기물 재활용율
M10-1 녹색 경영성과 공개 주기	O8-1 대기오염물질 배출량 원단위
M10-2 녹색공정 투자 비율	O9-1 수질오염물질 배출량 원단위
	O10-1 유해화학물질 사용량 원단위

9) 녹색경영 성과지표 관리 프로세스

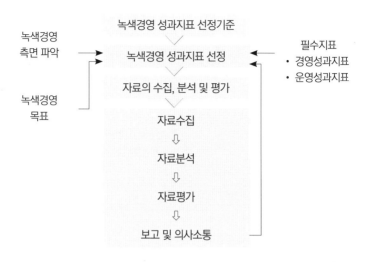

10) 참조(GMS 신규용어)

- 3.21 녹색경영(green management)

온실가스(3.22) 배출량 저감과 오염예방(3.18)을 추구하고, 자원 및 에너지를 효율적으로 사용하며, 환경과 관련된 사회적 책임(3.23)을 다하는 것을 목표로 하는 조직(3.1.4)의 경영활동

참고 녹색경영은 "조직이 경영활동에서 자원과 에너지를 절약하고 효율적으로 이용하며 온실가스 배출 및 환경오염의 발생을 최소화하면서 사회적, 윤리적 책임을 다하는 경영"이라 정의되기도 한다(저탄소 녹색성장 기본법 제2조).

- 3.22 온실가스(greenhouse gas)

지구의 표면, 대기 및 구름에 의해 복사되는 적외선 스펙트럼 중 특정 파장에서 복사열을 흡수하고 방출하는 대기 중의 자연적인 또는 인위적인 가스 성분

비고 온실가스에는 이산화탄소(CO2), 메탄(CH4), 아산화질소(N20), 수소불화탄소(HFCs), 과불화탄소(PFCs), 육불화황(SF6)이 포함된다.

- 3.23 환경과 관련된 사회적 책임(social responsibility on environment)

조직(3.1.4)의 환경(3.5)과 관련된 의사결정이나 활동이 사회적으로 미치거나 미칠 수 있는 영향에 대하여 조직(3.1.4)이 다음 사항들을 투명하게, 그리고 도의적으로 수행하여야 할 책임

 - 조직(3.1.4)의 활동으로 인한 녹색영향(3.7) 고려
 - 이해관계자(3.13)의 요구사항을 반영
 - 적용되는 법규나 행동규범을 준수
 - 조직 전체에 통합되어 조직의 모든 관계(relationship)에서 실행됨

비고 1 활동에는 제품, 서비스 및 절차가 포함된다.
비고 2 관계란 조직의 영향범위 내에서의 조직의 활동을 의미한다.

제6부 **법규 및 기타 요구사항**

1. 국내 환경 관련 주요 법규
2. 국내 환경법의 체계
3. 주요 국내 환경법 요약
4. 환경 관련 법규 소개
5. 환경기준
6. 자연환경보존법 주요 내용

1

국내 환경 관련 주요 법규

1) 환경법의 변천사

세계적으로 쾌적한 환경에서 살 권리, 곧 환경권을 인식하기 시작한 것은 1972년이었다. 이해에 세계 모든 사람들에게 환경문제의 본질을 알리고 그 해결을 위해서는 공통의 사상과 원칙이 필요하다는 전제하에 스톡홀름선언(인간환경선언)이 채택되었다. 인간환경선언의 정신은 1992년 리우회의에서 계승되어 더욱 구체화되었고, ESSD(환경적으로 건전하고 지속 가능한 개발)로 한 단계 더 발전하였다.

한편 우리나라는 전후의 폐허에서 급속한 산업화를 통한 '한강의 기적'을 이룩하여 경제적으로 풍요롭고 윤택한 생활을 할 수 있게 되었다. 그러나 그 성장은 '인간'에 대한 고려 없이 공업화와 산업화에만 매달린, 지나친 압축 성장이었다. 게다가 국민의 경제력이 상승하면서 소비가 증가하게 되자, '공유지의 비극'이 나타나면서 환경오염이 심각해졌다. 그래서 우리나라 국민들도 뒤늦게나마 환경권을 인식하게 되었다.

환경권은 환경보전의 의무의 기초하에서만 보장받을 수 있다. 자신이 타인의 환경권을 보장해 줄 때 비로소 자기 자신의 환경권을 보장받을 수 있다는 뜻이다. 또한 환경문제는 국경 없이 전 세계, 나아가 전 인류의 생존에 영향을 미친다. 그래서 우리나라를 비롯한 세계 각국은 환경의 중요성을 절감하고 환경보전을 위해 범세계적 노력을 기울이고 있다. 1997년 교토의정서를 채택하고 그에 따라 최근 탄소배출권 거래 시장을 설립한 것이 그 대표적인 예이다.

우리나라 환경법의 역사는 앞서 살펴본 환경문제에 대한 인식 변화와 밀접한 관계가 있다. 법은 사람들의 생활을 직접 규율하므로 사람들의 인식을 잘 반영하기 때문이다. 우리나라 환경법의 출발은 1963년 제정된 공해방지법이다. 이는 박정희 정부가 경제개발 5개년 계획을 수립하여 공업화를 추진하기 시작하면서 거기에 수반하는 각종 환경오염에 대처하기 위하여 제정한 것이다. 그러나 공해방지법은 이미 발생한 환경오염에 대한 소극적 사후 규제에 중점을 두어 환경문제의 본질적인 해결책을 제시하기 못했다. 또한 공해방지법은 전문(全文)이 21개조에 불과하고 현재 국민의 생활환경 향상만을 추구하는 등 단편적이거나 원론적인 내용만을 담고 있어 크게 미흡했다. 여기에 더해 개발과 경제성장을 최우선으로 추진했던 당시 사회 분위기로 인해 공해방지법은 실효를 거두지 못했다.

이어 1970년대에는 급속한 산업화·도시화가 이루어지면서 환경문제가 더욱 심각하게 인식되었다. 그래서 정부는 1977년 기존의 공해방지법을 대체할 환경보전법을 제정하여 다양한 환경문제에 대한 좀 더 폭넓은 대응책을 마련하였다. 환경보전법에서는 환경파괴 또는 환경오염의 사전예방을 중시하였고, 이미 오염된 환경을 개선하고 제반 환경문제에 보다 적극적·종합적으로 대응하기 위하여 새로운 환경기준과 오염물질 규제제도 등을 도입하였다. 또한 환경보전법은 현재 국민은 물론 장래의 세대까지 건강하고 쾌적한 환경에서 생활할 환경권을 갖고 있음을 명시하였다.

1980년에 개정된 헌법에 환경권에 관한 규정이 처음으로 신설된 이후 환경문제 해결 및 예방에 대한 논의는 더욱 활발해졌다. 산업화의 진전으로 인해 경제구조가 고도화되면서 환경문제가 한층 더 심각화·다양화되자, 국민들 사이에서 기존의 환경보전법을 분야별로 세분화하여 각각 개별대책법으로 특화해야 한다는 목소리가 높아졌다. 이에 따라 정부는

1990년에 기존의 환경보전법을 6개 법으로 세분화하여 복잡하고 다양한 환경문제에 전문적으로 대처할 것임을 천명하였다. 특히 이때부터 우리나라의 환경관계법도 세계적 추세에 발맞추어 지속 가능한 개발을 추구하기 시작하였다.

이렇게 변모해 온 우리나라의 환경관계법은 환경정책기본법과 그 외의 환경관계 개별 대책법으로 나뉜다. 환경정책기본법은 모든 환경법의 헌법과도 같은 법으로, 환경보전에 대한 국민의 권리와 의무를 명확히 하고 국가 환경보전정책의 기본 이념과 방향을 제시하여 궁극적으로 지속 가능한 개발을 추구한다. 환경관계 개별 대책법은 제정 목적에 따라 환경문제의 개별 분야들을 전문적이고 구체적으로 규율하는 법으로, 2009년 현재 44개에 이른다. 이들이 규율하는 분야로는 자연환경 보전, 국민 생활환경 관리, 환경 관련 시설 및 주변 지역 관리, 각종 오염 예방 및 오염 발생 시 사후처리 등이 있다.

최근의 환경관계법은 ESSD를 더욱 구체적으로 추구하는 방향으로 나아가고 있으며, 이는 지속 가능 발전 기본법, 저탄소 녹색성장 기본법, 온실가스 배출권 거래제도에 관한 법률, 자원의 절약과 재활용 촉진에 관한 법률 등 최근 제·개정된 환경관계법의 이름에서도 알 수 있다. 이처럼 우리나라 환경법의 변천사는 인류가 가졌던 환경에 대한 태도가 바뀌는 과정과 일치한다. 우리는 환경과학을 배워 환경을 올바르게 이해하고, 그것을 통해 우리가 지금 취해야 하는 자세와 행동이 무엇인지 깨달아 실천해야 한다. 그것이 지금의 우리는 물론 미래의 인류가 환경과 공존하며 지속 가능한 발전을 이룰 수 있는 방법이다.

2) 환경법의 연혁

'60 (6개 법률)	'70~80 (9개 법률)	'90~2016(45개 법률)		
		현황	제정일	최종개정일
공해 방지법 ('63. 11. 5 제정)	환경 보전법 ('77. 12. 31 제정)	환경정책기본법	1990. 8. 1.	2016. 1. 17.
		대기환경보전법	1990. 8. 1.	2016. 1. 17.
		지속가능발전법	2007. 8. 3.	2015. 12. 1.
		환경교육진흥법	2008. 3. 21.	2015. 2. 3.
		환경보건법	2008. 3. 21.	2014. 3. 24.
		다중이용시설 등의 실내공기질 관리법	1996. 12. 30.	2014. 1. 7.
		소음 · 진동관리법	1990. 8. 1.	2013. 8. 13.
		악취방지법	2004. 2. 9.	2015. 12. 1.
		수도권대기 환경개선에 관한 특별법	2003. 12. 31.	2015. 7. 20.
		수질 및 수생태계 보전에 관한 법률	1900. 8. 1.	2016. 7. 27.
		한강수계 상수원 수질개선 및 주민지원 등에 관한 법률	1999. 2. 8.	2016. 1. 27.
		낙동강수계 물관리 및 주민지원 등에 관한 법률	2002. 1. 14.	2016. 1. 27.
		금강수계 물관리 및 주민지원 등에 관한 법률	2002. 1. 14.	2016. 1. 27.
		영산강 · 섬진강수계 물관리 및 주민지원 등에 관한 법률	2002. 1. 14.	2016. 1. 27.
		자연환경보전법	1991. 12. 31.	2016. 1. 27.
		환경법죄 등의 단속 및 가중처벌에 관한 법률	1991. 5. 31.	2013. 5. 22.
		환경분쟁조정법	1990. 8. 1.	2015. 12. 22.
		남극활동 및 환경보호에 관한 법률	2004. 3. 22.	2014. 10. 15.
		녹색제품 구매촉진에 관한 법률	2004. 12. 31.	2013. 12. 30.
		환경분야 시험 · 검사 등에 관한 법률	2006. 10. 4.	2015. 2. 3.
		환경개선비용부담법	1991. 12. 31.	2015. 7. 20.
		자연공원법	1980. 1. 4.	2014. 1. 14.
		독도등도서지역의 생태계보전에 관한 특별법	1997. 12. 31.	2014. 3. 18.

'60 (6개 법률)	'70~80 (9개 법률)	'90~2016(45개 법률)		
		현황	제정일	최종개정일
공해 방지법 ('63. 11. 5 제정)	자연 공원법 ('80. 1. 4 제정)	습지보전법	1999. 2. 8.	2014. 3. 24.
		환경 · 교통 · 재해등에 관한 영향평가법 (공동입법)	1999. 12. 31.	2015. 7. 24.
		토양환경보전법	1995. 1. 5.	2015. 12. 1.
		백두대간보호에 관한 법률	2003. 12. 31.	2014. 3. 11.
		문화유산과 자연환경자산에 관한 국민신탁법	2006. 3. 24.	2016. 1. 27.
조수보호 및 수립에 관한법률 ('67. 3. 30 제정)		야생생물 보호 및 관리에 관한 법률	2004. 2. 9.	2016. 1. 27.
	환경오염 방지사업 단법 ('83. 5. 1 제정)	환경관리공단법(폐지)	1983. 5. 21.	2010. 1. 1. (폐지일)
		환경개선 특별회계법	1994. 1. 5.	2009. 2. 6.
		환경기술 및 환경산업 지원법	1994. 12.22.	2016. 1. 6.
독물 및 극물에 관한 법 ('63. 12. 13 제정)		유해화학물질관리법	1990. 8. 1.	2015. 1. 20.
		잔류성유기오염물질 관리법	2007. 1. 26.	2013. 6. 4.
오물 청소법 ('61. 12. 30 제정)	폐기물 관리법 ('83. 12. 31 제정)	폐기물관리법	1986. 12. 31.	2015. 1. 20.
		오수 · 분뇨 및 축산폐수의 처리에 관한 법률 (폐지)	1991. 3. 8.	2007. 9. 28. (폐지일)
		가축분뇨의 관리 및 이용에 관한 법류 (공동입법)	2006. 9. 27.	2015. 12. 1.
		자원의 절약과 재활용촉진에 관한 법률	1992. 12. 8.	2015. 1. 20.
		전기 · 전자제품 및 자동차의 자원순환에 관한 법률(공동입법)	2007. 4. 27.	2015. 1. 20.
		폐기물의 국가 간 이동 및 그 처리에 관한 법률	1992. 12. 8.	2016. 1. 27.
		건설폐기물의 재활용촉진에 관한 법률	2003. 12. 31.	2015. 12. 1.

'60 (6개 법률)	'70~80 (9개 법률)	'90~2016(45개 법률)		
		현황	제정일	최종개정일
오물 청소법 ('61. 12. 30 제정)	폐기물 관리법 ('83. 12. 31 제정)	폐기물처리시설 설치 촉진 및 주변지역지원 등에 관한 법률	1995. 1. 5.	2015. 2. 3.
		수도권매립지관리공사의 설립 및 운영 등에 관한 법률	2000. 1. 21.	2011. 7. 28.
	합성수지 폐기물처리 사업법 ('79. 12. 28 제정)	한국환경자원공사법(폐지)	1993. 12. 27.	2016. 1. 1. (폐지일)
하수도법 ('63. 8. 3 제정)		하수도법	1966. 8. 3.	2014. 6. 3.
수도법 ('61. 12. 31 제정)		수도법	1961. 12. 31.	2016. 1. 27.
		먹는물관리법	1995. 1. 5.	2015. 2. 3.
		한국환경공단법	2009. 2. 6.	2014. 3. 24.

3) 환경법의 체계

(a) 환경법의 개념과 범위

환경법을 "환경을 보전하는 데 기여하기 위해 규정된 법규범의 총합"이라고 지칭한다면, 여기에는 우선 명시적으로 특수한 환경보전적 기능을 수행하는 법들이 포함된다. 이를테면 환경보전법, 대기환경보전법, 수질환경보전법 등의 법령이 포함된다고 할 수 있겠다. 이러한 법규에는 전통적인 환경법의 소재인 환경보전, 임미시온, 방사선, 폐기물, 수질보호와 같은 것들이 규정되어 있는 것이 보통이다.

그러나 환경법은 단지 몇 개의 특수한 법령만을 포함하고 있는 것은 아니다. 수많은 광범위한 법령에서 환경보전이라는 것은 법적으로 추구되는 목표 설정으로서 기능하게 된다. 물론 이러한 수많은 법들이 모두 환경법에 포섭되지는 않는다. 이러한 법령으로는 대표적으로 원자력법이 포함된다고 하는데, 원자력과 관련된 법은 핵에너지의 개발의 목적과 동시에 방사능으로부터 발생하는 위험의 방지도 목적으로 하고 있는 것이다. 따라서 이러한 법령은 위험방지 등의 환경보전과 관련된 부분만이 환경법으로 여겨지는 것이다.

(b) 환경문제 해결을 위한 수단 중 환경법의 지위

환경보전을 위한 대부분의 국가적 활동을 환경정책이라고 하겠으며, 이러한 환경정책은 다시 여러 가지 수단에 의하여 수행된다고 하겠다. 이러한 여러 가지 수단 중에 가장 큰 비중을 차지하는 수단이 바로 법적 수단인 환경법에 의한 방법이라는 것은 앞서 본 바와 같다.

근대 이후의 민주적·법치적 국가에 있어 법의 의미는 매우 크다. 인간이 사회를 이루고 공존하며 살아가기 위하여 일정한 질서가 필요하다는 것은 너무나 당연한 것이며, 그러한 질서에는 법규범에 의한 질서도 포함된다. 그러나 법규범은 신법이나 도덕규범과는 상당히 다른 의미를 갖는다. 가장 먼저 국가의 강제력에 의하여 그 효력이 담보된다는 점에서 특징을 갖는다고 말할 수 있겠지만, 그 이상의 특징을 발견할 수 있다. 즉 이성의 시대에 가장 합리적이며 정당한 질서, 국민의 대표에 의하여 제정된 자기규율적 규범이라는 의미를 갖는 것이다. 이러한 의미에 의하여 근대 국가 이후 국가생활의 모든 영역이 대부분 의회의 제정법을 비롯한 각종 법규범에 의하여 형성되고 규제되고 있음을 발견할 수 있는 것이다.

환경보전을 위한 노력과 환경법의 관계도 이러한 측면에서 이해할 수 있다. 환경법은 환경정책의 수행에 있어서 가장 근간이 된다. 환경보전의 목적, 수단, 권한, 분쟁 시의 이해관계 조절, 통제에 이르기까지 광범위한 규율을 담고 있으며, 따라서 환경정책에 있어서 환경법은 가장 의미가 큰 수단이라고 할 수 있다.

(c) 환경법의 체계

그렇다면 다양한 환경법규범을 어떻게 일목요연하게 구분하여 정리할 것인지가 문제된다. 이러한 구분은 먼저 전통적 법체계, 즉 민사법, 형사법, 행정법으로의 구분에 맞추어 분류하는 방식으로 이루어질 것이다. 또 국내법적 효력을 가질 것인가, 국제법적 효력을 가질 것인가에 따라 구분될 것이며, 법원(法源)의 성격에 따라 구분되기도 한다. 마지막으로 환경법 분야의 특유한 분류 방법인 보호대상에 따른 구분도 가능할 것이다.

4) 전통적 법체계에 따른 환경법의 구분

(a) 환경형법

독일에서는 환경보호를 위한 가장 중요한 형법규정이 1980년대 이후 형법전에 포함되었다. 독일 형법 제28장의 표제에 따라 전체로서의 환경이 보호되는 법익으로 물, 공기, 토양, 동식물과 무엇보다 인간의 생명과 건강이 보호되는 것이다. 물론 환경보호를 위한 모든 형사법적 조항이 형법전에 포함된 것은 아니다.

환경형법의 중심적 규범을 형법전에 수용하는 것은 환경침해의 사회적 해악성에 대한 공중의 인식을 강화시키고 독립적 환경보호 법익의 승인을 장려하며, 통합환경법 제정 요구의 부담을 경감시키고 결과적으로 일반예방의 효과를 증대시킴을 목적으로 한다. 그러나 환경보호형법의 형법으로의 단일화에 대하여 사소한 의심이 제기되고 있다. 특히 환경행정법과 환경법의 관계, 그와 관련된 문제들이 해결되지 않는다는 점이 비판의 대상이라고 한다.

우리나라의 경우, 환경일반을 보호법익으로 하는 형법전의 규율은 존재하지 않는다. 다만, 여러 환경행정법이 행정형법적 규율을 포함하고 있다. 이것은 행정형법의 일반적 문제점, 즉 특별형법의 비대화와 형법의 보충적 기능의 약화 문제를 수반하고 있다고 하겠다. 앞으로 우리의 환경 관련 형사법 규정은 형벌로 다스릴 만한 중대한 법익침해에 대하여는 형법전에 편입하고 기타의 자질구레한 환경행정형법은 과태료 등의 행정제재나 질서 위반법 위반 등으로 다스리는 것이 타당하다고 생각한다.

(b) 환경사법

환경보호에 기여하도록 규정된 법규범의 총합이 환경법이라면, 환경을 보호하기 위한 민사법적 규율의 총합이 환경사법이라고 하겠다. 환경사법은 직접적으로 환경침해의 야기자에게 가해지는 부작위 요청, 보호처분 또는 침해의 배상을 규율한다. 이러한 수단들의 법리적 구성을 일원적으로 할 것인가, 이원적 내지 다원적으로 할 것인가에 대해서는 학설이 대립한다. 일원적으로 구성하고자 하는 견해는 다시 불법행위설과 상린관계설, 인격권설, 환경권설 등으로 나뉘지만, 환경문제에 대한 다양한 사법적 수단을 모두 포괄하여 설명하지는 못하고 있으므로, 다원적으로 법리를 구성함이 타당하다고 하겠다.

하지만 환경사법의 의미는 비교적 협소하다고 한다. 그 이유는 한편으로는 환경분야에 전형적인 민사소송적 방식을 관철하기 곤란하다는 데에 있고, 다른 한편으로는 공법적 규정과의 중첩에 있다. 엄격한 민사소송적 증거절차는 피해자의 인과관계 입증을 곤란하게 한다. 또 공법적 구제와 민사법적 구제의 우선순위가 종종 곤란함을 야기하는 것이다. 일차적으로 환경사법은 개인의 법적 지위를 보장하는 것을 목적으로 삼고 있다는 것이 한계라고 하겠다.

환경의 사법적 보호는 오직 부작위나 방어청구 또는 피해배상요청에 의한 공포가 환경오염을 야기하는 행동에 영향을 미칠 수 있는 가능성을 통해 간접적으로 실현되는 것이다.

우리나라의 경우 민사법상 손해배상(민법 제750조 이하), 물권적 청구권(제214조 등), 상린관계(제216조 이하)에 관한 규정이 바로 이러한 범주에 포함된다고 볼 수 있다. 특히 상린관계에 관한 규정은 이른바 임미시온방지의 의미를 가진다고 해석되고 있다. 임미시온이란 가스·증기·냄새·매연·열·소음·진동의 침입과 이와 유사한 것들이 다른 토지로부터 생기는 여러 작용의 침입을 말하며, 임미시온에 해당하는가 아닌가의 기준은 이른바 불가량물(不可量物)인지, 지각 가능한지의 여부라고 한다. 독일의 경우 임미시온에 관한 민법 제906조의 규정을 두고 있으며, 이를 근거로 연방임미시온보호법(Bundesimmissionsschutzgesetz)을 제정하여 대처하고 있다.

(c) 공법적 환경법 – 환경사법과의 관계

환경보전은 우선 공적인 국가의 과제라고 하겠다. 이러한 공법적 규율을 통해서 개별적인 국민에게 일정한 의무를 부과하는 것이 가장 기본적인 형태라고 할 수 있다. 공법적 환경법에는 환경에 대한 국제법적, 헌법적 규율과 무엇보다도 환경행정법이 포함된다. 환경행정법은 특별행정법의 부분영역으로서 고려되는 것이 보통이다.

이러한 공법적 환경법과 앞서 설명한 환경사법을 구분하는 것이 문제된다. 양 법역 사이에는 수많은 중첩이 존재한다고 한다. 간접적으로 공법적 승인전제조건에 이미 사법적 계약의 영향이 수용되어 있는데, 예컨대 임미시온과 관련된 환경법규정에서 그러한 모습이 나타난다. 시설경영자와 제3당사자는 사법적 계약에서 방해배제 또는 손해배상에 대한 부제소를 합의할 수 있다. 중첩은 무엇보다도 민법상 방해배제청구 또는 손해배상규정의 요건에 대한 해석기준이 행정법상 보호규범이론과 동질의 것이라는 점에서 발생한다. 그 밖에도 환경법적 계획, 승인, 결정은 부분적으로 사법 형성적 작용을 한다. 기존의 민사법적 요청에 대하여 공법의 해석이 어느 정도 적용될 것인지, 특히 어느 정도 공법적 계획결정 또는 개별결정 및 공법적 환경기준이 사적 임미시온방지법에 영향을 미칠 수 있는가가 다투어지는 것이다.

양자의 규율영역의 관계를 도그마적으로 적절히 규명하기 위한 논쟁은 관찰자의 입장에 따라 하나의 법 영역이 다른 것에 비하여 우선적임을 입증하려는 노력으로 나타난다. 하지만 이것은 언제나 양자택일적으로 해결될 수 있는 문제는 아니다. 예컨대 사법적 계약을 통해 공법적 권한에 대한 포기가 부분적으로 유효하게 합의될 수 있다는 것에 일반적인 일치가 존재한다. 그에 반하여 공법적 계획결정이 사법적 상린법에 우선한다는 견해도 일부 존재한다. 공적 계획결정은 오직 장래의 계획명령의 발전에 관하여 결정함에 반하여 사적 상린법은 허용되는 토지이용을 실제적인 관계의 도움으로 판단하기 때문이라는 것이다.

5) 작용영역에 따른 구분 – 환경국제법의 문제

환경법은 그 작용영역에 따라 국내적 환경법과 환경국제법으로 구분된다. 환경과 관련된 헌법, 행정법, 민사법, 형사법 상의 규율은 우선 국내적 환경법의 범주에 속한다. 하지만 환경법 분야는 다른 어떠한 분야보다도 국제법적 규율의 비중이 크다고 할 수 있다. 환경국제법은 일반적인 국제적 상린관계법으로부터 발전되었다고 한다. 그러한 상린법은 본질적으로 국제 수질보호법으로부터 도출된 것이다. 환경국제법은 한편으로는 마찰하는 국가 간의 이익 형량에 기여하지만, 다른 한편으로는 특히 국경을 넘는 환경부담에 있어서 모든 국가의 건강하고 기능능력 있는 환경의 유지에 대한 공통의 관심에 기여한다. 환경보호를 대상으로 삼는 국제 환경법이 환경국제법으로 고려되는 것이다.

국제법의 법적 기초는 국제관습법, 국제법의 일반원칙, 그리고 국제조약이 된다. 그런데 환경보호의 국제법적 규율은 무엇보다도 국제법의 일반원칙과 국제조약으로부터 나온다. 이러한 국제법규범은 기본적으로 국내 환경법적 전환을 필요로 한다. 우리 헌법은 제6조에서 "헌법에 의하여 체결 공포된 조약과 일반적으로 승인된 국제법규는 국내법과 같은 효력을 가진다."라고 규정하고 있으며 일정한 사항에 대하여는 조약체결에 있어서 국회의 동의를 요구하고 있다(헌법 제60조). 물론 헌법 제60조에 규정된 내용이 아닌 경우, 또는 조약의 체결로 당연히 우리 국민을 구속하도록 되어 있는 경우에는 엄격한 의미의 국내법적 전환절차가 요구되지는 않는다고 볼 수도 있다. 하지만 명시적 또는 묵시적인 국내법으로의 승인행위는 대체로 존재하게 될 것이라고 생각한다.

6) 법원(法源)에 따른 구분

국제법적인 환경법을 제외하고 환경법은 국내적으로 매우 다양한 법원으로서 존재한다. 국회의 제정법의 형태뿐만 아니라 명령, 규칙, 심지어 관습과 조리의 형태로도 존재할 가능성이 있다.

그런데 환경법 분야에서는 환경계획, 환경기준 등이 커다란 역할을 한다. 특히 환경기준은 보호 가치성 측면과 위험 측면의 평가에 의하여 도출되는 것이며, 세부적이고 전문적인 분야의 환경에 대한 규율에 매우 큰 역할을 하게 된다. 또 학계, 전문관료 등으로 구성된 환경위원회가 이러한 구체적인 환경기준을 수립하는 데 결정적인 역할을 하기도 한다.

이러한 전문적인 규율은 과연 어떠한 법원으로 규정되어야 하는 것일까? 환경규율에 있어서 그 역할에 비추어 볼 때, 당연히 입법사항으로서 국회의 심의를 받도록 함이 타당할 것이다. 그러나 고도로 전문적이며 신축성 있게 변경될 필요성도 있기 때문에 법률로 규정하기는 쉽지 않다. 실제로 법규명령, 심지어 행정규칙의 형태로도 규정되는 것이다.

문제는 여기에만 그치는 것이 아니다. 외부적 효력을 나타내는 법규명령의 경우 법률의 위임을 받아서 규정되는 것이며, 일정한 의회적 통제를 받게 된다. 반면 행정규칙은 행정부의 내부적 효력만을 가지므로 그러한 엄격한 규율에서 벗어나 있다. 이러한 사정에도 불구하고 예외적으로 법규명령의 내용을 가지는 행정규칙, 행정규칙의 내용을 가지는 법규명령이 존재할 수 있으며, 실제로 인정되고 있다. 예컨대 '규범 구체화적 행정규칙'이 인정되는데, 환경법상의 환경기준, 환경계획이 이러한 문제되는 범주에 속할 가능성이 크다고 하겠다.

7) 보호대상에 따른 분류

(a) 중간적(매개적) 환경보호법

중간적 환경보호는 환경의 매개물, 즉 토양·대기·물 등을 보호대상으로 하는 것이다. 우리가 쉽게 환경법으로 생각하는 것들이 바로 이 범주에 포함된다. 우리나라의 경우 대기환경보전법, 수질환경보전법, 토양환경보전법 등의 단행법률이 이에 포함될 것이다.

(b) 인과적 환경보호법

인과적 환경보호의 목표는 위험물질의 환경으로의 진입과 그 과정을 규율함으로써 환경의 위험을 줄이는 것이다. 여기에는 화학물질법, 원자력법, 의약품법, 폐기물법, DDT규제법 등이 포함된다. 우리나라에서도 유해화학물질관리법, 원자력법, 폐기물관리법 등의 법이 제정되어 시행되고 있다.

(c) 생물학적 환경보호법

생물학적 환경보호는 동식물의 직접적 보호에 기여한다. 이러한 법 영역에 특히 자연보호법 등이 포함된다. 우리나라에도 자연환경보전법이 제정되어 시행되고 있다.

(d) 통합적 환경보호법

통합적 환경보호법은 위의 분류 어디에도 포함하기 어려운 복합적인 내용을 담고 있는 환경법규라고 할 수 있다. 이것은 다시 경쟁적 통합환경법과 수렴적 통합환경법으로 나뉜다. 경쟁적 통합환경법에는 대표적으로 공간과 건축, 개발과 관련된 법규가 포함된다. 이것은 마찰하는 개발의 이익과 환경보전의 이익이 충돌하고 경쟁하는 분야를 규율하는 것이다. 도시개발법시행규칙, 원자력법 등에 규정되어 있는 환경영향평가 규정은 이러한 측면을 보여 준다. 수렴적 통합환경법이란 환경의 이익과 인간의 이익이 충돌하는 것이 아닌 서로 협조적이고 수렴적인 관계에 있는 법적 규율을 말한다. 여기에는 국민의 건강과 관련된 의약품법 등이 포함된다.

2
국내 환경법의 체계

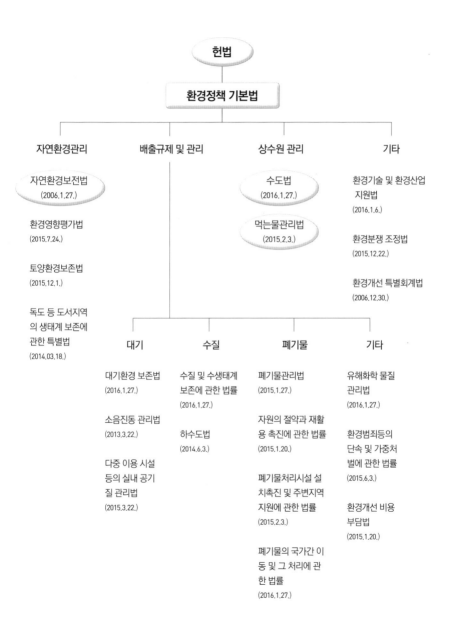

헌법

환경정책 기본법

자연환경관리	배출규제 및 관리	상수원 관리	기타

자연환경관리

자연환경보전법
(2006.1.27.)

환경영향평가법
(2015.7.24.)

토양환경보존법
(2015.12.1.)

독도 등 도서지역
의 생태계 보존에
관한 특별법
(2014.03.18.)

상수원 관리

수도법
(2016.1.27.)

먹는물관리법
(2015.2.3.)

기타

환경기술 및 환경산업
지원법
(2016.1.6.)

환경분쟁 조정법
(2015.12.22.)

환경개선 특별회계법
(2006.12.30.)

대기	수질	폐기물	기타

대기

대기환경 보존법
(2016.1.27.)

소음진동 관리법
(2013.3.22.)

다중 이용 시설
등의 실내 공기
질 관리법
(2015.3.22.)

수질

수질 및 수생태계
보존에 관한 법률
(2016.1.27.)

하수도법
(2014.6.3.)

폐기물

폐기물관리법
(2015.1.27.)

자원의 절약과 재활
용 촉진에 관한 법률
(2015.1.20.)

폐기물처리시설 설
치촉진 및 주변지역
지원에 관한 법률
(2015.2.3.)

폐기물의 국가간 이
동 및 그 처리에 관
한 법률
(2016.1.27.)

기타

유해화학 물질
관리법
(2016.1.27.)

환경범죄등의
단속 및 가중처
벌에 관한 법률
(2015.6.3.)

환경개선 비용
부담법
(2015.1.20.)

* 지방자치단체의 각종 화경관련 조례의 적용을 받음.

3

주요 국내 환경법 요약

구분	환경 관련법	적용 목적
1	환경정책기본법	환경보전에 관한 국민의 권리·의무와 국가의 책무를 명확히 하고 환경정책의 기본 사항을 정하여 환경오염과 환경훼손을 예방하고 환경을 적정하고 지속 가능하게 관리·보전함으로써 모든 국민이 건강하고 쾌적한 삶을 누릴 수 있도록 함을 목적으로 한다.
2	다중이용시설 등의 실내공기질 관리법	다중이용시설, 신축되는 공동주택 및 대중교통차량의 실내공기질을 알맞게 유지하고 관리함으로써 그 시설을 이용하는 국민의 건강을 보호하고 환경상의 위해(危害)를 예방함을 목적으로 한다.
3	환경범죄 등의 단속 및 가중 처벌에 관한 법률	생활환경 또는 자연환경 등에 위해를 끼치는 환경오염 또는 환경훼손 행위에 대한 가중처벌 및 단속·예방 등에 관한 사항을 정함으로써 환경보전에 이바지하는 것을 목적으로 한다.
4	환경분쟁조정법	환경분쟁의 알선(斡旋)·조정(調停) 및 재정(裁定)의 절차 등을 규정함으로써 환경분쟁을 신속·공정하고 효율적으로 해결하여 환경을 보전하고 국민의 건강과 재산상의 피해를 구제함을 목적으로 한다.
5	대기환경보전법	대기오염으로 인한 국민건강이나 환경에 관한 위해를 예방하고 대기환경을 적정하고 지속 가능하게 관리·보전하여 모든 국민이 건강하고 쾌적한 환경에서 생활할 수 있게 하는 것을 목적으로 한다.
6	수질환경보전법	이 법은 수질오염으로 인한 국민건강 및 환경상의 위해를 예방하고 하천·호소(湖沼) 등 공공수역의 수질을 적정하게 관리·보전함으로써 국민으로 하여금 그 혜택을 널리 향유할 수 있도록 함과 동시에 미래의 세대에게 승계될 수 있도록 함을 목적으로 한다.
7	소음·진동 관리법	공장·건설공사장·도로·철도 등으로부터 발생하는 소음·진동으로 인한 피해를 방지하고 소음·진동을 적정하게 관리해 모든 국민이 조용하고 평온한 환경에서 생활할 수 있게 함을 목적으로 한다.
8	화학물질관리법	화학물질로 인한 국민건강 및 환경상의 위해(危害)를 예방하고 화학물질을 적절하게 관리하는 한편, 화학물질로 인하여 발생하는 사고에 신속히 대응함으로써 화학물질로부터 모든 국민의 생명과 재산 또는 환경을 보호하는 것을 목적으로 한다.
9	폐기물 관리법	폐기물의 발생을 최대한 억제하고 발생한 폐기물을 친환경적으로 처리함으로써 환경보전과 국민생활의 질적 향상에 이바지하는 것을 목적으로 한다.

구분	환경 관련법	적용 목적
10	자원의 절약과 재활용촉진에 관한 법률	폐기물의 발생을 억제하고 재활용(再活用)을 촉진하는 등 자원(資源)을 순환적으로 이용하도록 함으로써 환경의 보전과 국민경제의 건전한 발전에 이바지함을 목적으로 한다.
11	환경개선비용분담법	환경오염의 원인자로 하여금 환경개선에 필요한 비용을 부담하게 하여 환경개선을 위한 투자재원을 합리적으로 조달함으로써 국가의 지속적인 발전의 기반이 되는 쾌적한 환경을 조성하는 데 이바지하는 것을 목적으로 한다.
12	환경개선특별회계법	환경개선사업의 투자를 확대하고, 그 관리·운영을 효율화하기 위하여 환경개선특별회계를 설치함을 목적으로 한다.
13	자연환경보전법	자연환경을 인위적 훼손으로부터 보호하고, 생태계와 자연경관을 보전하는 등 자연환경을 체계적으로 보전·관리함으로써 자연환경의 지속 가능한 이용을 도모하고, 국민이 쾌적한 자연환경에서 여유 있고 건강한 생활을 할 수 있도록 함을 목적으로 한다.
14	환경영향평가법	환경에 영향을 미치는 계획 또는 사업을 수립·시행할 때에 해당 계획과 사업이 환경에 미치는 영향을 미리 예측·평가하고 환경보전방안 등을 마련하도록 하여 친환경적이고 지속 가능한 발전과 건강하고 쾌적한 국민생활을 도모함을 목적으로 한다.
15	토양환경보전법	토양오염으로 인한 국민건강 및 환경상의 위해를 예방하고, 오염된 토양을 정화하는 등 토양을 적정하게 관리·보전함으로써 토양생태계를 보전하고, 자원으로서의 토양가치를 높이며, 모든 국민이 건강하고 쾌적한 삶을 누릴 수 있게 함을 목적으로 한다.
16	환경친화적 산업구조로의 전환촉진에 관한 법률	환경친화적인 산업구조의 구축을 촉진하여 에너지와 자원을 절약하고 환경오염을 줄이는 산업활동을 적극 추진함으로써 환경보전과 국가경제의 지속 가능한 발전에 이바지함을 목적으로 한다.
17	오존층 보호를 위한 특정물질 제조규제등에 관한 법률	「오존층 보호를 위한 비엔나 협약」과 「오존층 파괴물질에 관한 몬트리올 의정서」를 시행하기 위하여 특정물질의 제조와 사용 등을 규제하고 대체물질의 개발과 이용을 촉진하며, 특정물질의 배출 억제와 사용합리화 등을 효율적으로 추진하는 것을 목적으로 한다.
18	폐기물의 국가 간 이동 및 그 처리에 관한 법률	「유해폐기물의 국가 간 이동 및 그 처리의 통제에 관한 바젤협약」 및 같은 협약에 따른 양자간·다자간 또는 지역적 협정을 시행하기 위하여 폐기물의 수출·수입 및 국내 경유를 규제함으로써 폐기물의 국가 간 이동으로 인한 환경오염을 방지하고 국제협력을 증진함을 목적으로 한다
19	폐기물처리시설 설치촉진 및 주변지역 지원 등에 관한 법률	폐기물처리시설의 부지(敷地) 확보 촉진과 그 주변지역 주민에 대한 지원을 통하여 폐기물처리시설의 설치를 원활히 하고 주변지역 주민의 복지를 증진함으로써 환경보전과 국민 생활의 질적 향상에 이바지함을 목적으로 한다.

구분	환경 관련법	적용 목적
20	환경기술개발 및 지원에 관한 법률	환경기술의 개발·지원 및 보급을 촉진하고 환경산업을 육성함으로써 환경보전, 녹색성장 촉진 및 국민경제의 지속 가능한 발전에 이바지함을 목적으로 한다.
21	유류오염 손해배상 보장법	유조선 등의 선박으로부터 유출 또는 배출된 유류에 의하여 유류오염사고가 발생한 경우에 선박소유자의 책임을 명확히 하고, 유류오염손해의 배상을 보장하는 제도를 확립함으로써 피해자를 보호하고 선박에 의한 해상운송의 건전한 발전을 도모함을 목적으로 한다.
22	해양환경관리법	해양환경의 보전 및 관리에 관한 국민의 의무와 국가의 책무를 명확히 하고 해양환경의 보전을 위한 기본사항을 정함으로써 해양환경의 훼손 또는 해양오염으로 인한 위해를 예방하고 깨끗하고 안전한 해양환경을 조성하여 국민의 삶의 질을 높이는 데 이바지함을 목적으로 한다.
23	오수·분뇨 및 축산폐수의 처리에 관한 법률	오수·분뇨 및 축산폐수를 적정하게 처리하여 자연환경과 생활환경을 청결히 하고 수질오염을 감소시킴으로써 국민보건의 향상과 환경보전에 이바지함을 목적으로 한다.
24	수질 및 수생태계 보전에 관한 법률	수질오염으로 인한 국민건강 및 환경상의 위해를 예방하고 하천·호소 등 공공수역의 수질 및 수생태계(水生態系)를 적정하게 관리·보전함으로써 국민이 그 혜택을 널리 향유할 수 있도록 함과 동시에 미래의 세대에게 물려줄 수 있도록 함을 목적으로 한다.
25	먹는 물 관리법	먹는 물의 수질과 위생을 합리적으로 관리하여 국민건강을 증진하는 데 이바지하는 것을 목적으로 한다.
26	수도법	수도(水道)에 관한 종합적인 계획을 수립하고 수도를 적정하고 합리적으로 설치·관리하여 공중위생을 향상시키고 생활환경을 개선하게 하는 것을 목적으로 한다.
27	하수도법	하수도의 설치 및 관리의 기준 등을 정함으로써 하수와 분뇨를 적정하게 처리하여 지역사회의 건전한 발전과 공중위생의 향상에 기여하고 공공수역의 수질을 보전함을 목적으로 한다.
28	지하수법	지하수의 적절한 개발·이용과 효율적인 보전·관리에 관한 사항을 정함으로써 적정한 지하수개발·이용을 도모하고 지하수오염을 예방하여 공공의 복리증진과 국민경제의 발전에 이바지함을 목적으로 한다.

4
환경 관련 법규 소개

1) 대한민국 헌법(제35조)

① 모든 국민은 건강하고 쾌적한 환경에서 생활할 권리를 가지며, 국가와 국민은 환경보전을 위하여 노력하여야 한다.

② 환경권의 내용과 행사에 관하여는 법률로 정한다.

③ 국가는 주택 개발 정책 등을 통하여 모든 국민이 쾌적한 주거생활을 할 수 있도록 노력하여야 한다.

2) 환경정책 기본법(법률 제13894호 일부 개정 2016. 01. 27.)

제1조 (목적)

이 법은 환경보전에 관한 국민의 권리 · 의무와 국가의 책무를 명확히 하고 환경정책의 기본 사항을 정하여 환경오염과 환경훼손을 예방하고 환경을 적정하고 지속 가능하게 관리 · 보전함으로써 모든 국민이 건강하고 쾌적한 삶을 누릴 수 있도록 함을 목적으로 한다.

제 3조 (정의)

이 법에서 사용하는 용어의 뜻은 다음과 같다. [개정 2016. 1. 27.] [[시

행일 2016. 7. 28.]]

1. "환경"이란 자연환경과 생활환경을 말한다.

2. "자연환경"이란 지하·지표(해양을 포함한다) 및 지상의 모든 생물과 이들을 둘러싸고 있는 비생물적인 것을 포함한 자연의 상태(생태계 및 자연경관을 포함한다)를 말한다.

3. "생활환경"이란 대기, 물, 토양, 폐기물, 소음·진동, 악취, 일조(日照), 인공조명 등 사람의 일상생활과 관계되는 환경을 말한다.

4. "환경오염"이란 사업활동 및 그 밖의 사람의 활동에 의하여 발생하는 대기오염, 수질오염, 토양오염, 해양오염, 방사능오염, 소음·진동, 악취, 일조 방해, 인공조명에 의한 빛공해 등으로서 사람의 건강이나 환경에 피해를 주는 상태를 말한다.

5. "환경훼손"이란 야생동식물의 남획(濫獲) 및 그 서식지의 파괴, 생태계 질서의 교란, 자연경관의 훼손, 표토(表土)의 유실 등으로 자연환경의 본래적 기능에 중대한 손상을 주는 상태를 말한다.

6. "환경보전"이란 환경오염 및 환경훼손으로부터 환경을 보호하고 오염되거나 훼손된 환경을 개선함과 동시에 쾌적한 환경 상태를 유지·조성하기 위한 행위를 말한다.

7. "환경용량"이란 일정한 지역에서 환경오염 또는 환경훼손에 대하여 환경이 스스로 수용, 정화 및 복원하여 환경의 질을 유지할 수 있는 한계를 말한다.

8. "환경기준"이란 국민의 건강을 보호하고 쾌적한 환경을 조성하기 위하여 국가가 달성하고 유지하는 것이 바람직한 환경상의 조건 또는 질적인 수준을 말한다.

제5조 (사업자의 책무)

사업자는 그 사업활동으로부터 발생하는 환경오염 및 환경훼손을 스스로 방지하기 위하여 필요한 조치를 하여야 하며, 국가 또는 지방자치단체의 환경보전시책에 참여하고 협력하여야 할 책무를 진다.

제7조 (오염원인자 책임원칙)

자기의 행위 또는 사업활동으로 환경오염 또는 환경훼손의 원인을 발생시킨 자는 그 오염·훼손을 방지하고 오염·훼손된 환경을 회복·복원할 책임을 지며, 환경오염 또는 환경훼손으로 인한 피해의 구제에 드는 비용을 부담함을 원칙으로 한다.

제8조 (환경오염 등의 사전예방)

① 국가 및 지방자치단체는 환경오염물질 및 환경오염원의 원천적인 감소를 통한 사전예방적 오염관리에 우선적인 노력을 기울여야 하며, 사업자로 하여금 환경오염을 예방하기 위하여 스스로 노력하도록 촉진하기 위한 시책을 마련하여야 한다.

② 사업자는 제품의 제조·판매·유통 및 폐기 등 사업활동의 모든 과정에서 환경오염이 적은 원료를 사용하고 공정(工程)을 개선하며, 자원의 절약과 재활용의 촉진 등을 통하여 오염물질의 배출을 원천적으로 줄이고, 제품의 사용 및 폐기로 환경에 미치는 해로운 영향을 최소화하도록 노력하여야 한다.

③ 국가, 지방자치단체 및 사업자는 행정계획이나 개발사업에 따른 국토 및 자연환경의 훼손을 예방하기 위하여 해당 행정계획 또는 개발사업이 환경에 미치는 해로운 영향을 최소화하도록 노력하여야 한다.

제12조 (환경기준의 설정)

① 국가는 생태계 또는 인간의 건강에 미치는 영향 등을 고려하여 환경기준을 설정하여야 하며, 환경 여건의 변화에 따라 그 적정성이 유지되도록 하여야 한다. [개정 2016.1.27.]

② 환경기준은 대통령령으로 정한다.

③ 특별시 · 광역시 · 도 · 특별자치도(이하 "시 · 도"라 한다)는 해당 지역의 환경적 특수성을 고려하여 필요하다고 인정할 때에는 해당 시 · 도의 조례로 제1항에 따른 환경기준보다 확대 · 강화된 별도의 환경기준(이하 "지역환경기준"이라 한다)을 설정 또는 변경할 수 있다.

④ 특별시장 · 광역시장 · 도지사 · 특별자치도지사(이하 "시 · 도지사"라 한다)는 제3항에 따라 지역환경기준을 설정하거나 변경한 경우에는 이를 지체 없이 환경부장관에게 보고하여야 한다.

제13조 (환경기준의 유지)

국가 및 지방자치단체는 환경에 관계되는 법령을 제정 또는 개정하거나 행정계획의 수립 또는 사업의 집행을 할 때에는 제12조에 따른 환경기준이 적절히 유지되도록 다음 사항을 고려하여야 한다.

1. 환경 악화의 예방 및 그 요인의 제거
2. 환경오염지역의 원상회복
3. 새로운 과학기술의 사용으로 인한 환경오염 및 환경훼손의 예방
4. 환경오염방지를 위한 재원(財源)의 적정 배분

5
환경기준

환경기준이란 환경오염이 점차 심해지면서 인간의 건강을 보호하고 쾌적한 생활환경을 보전하기 위해 유지되어야 할 환경의 질에 대한 일정한 기준을 말한다. 환경기준은 다음과 같은 단계를 거쳐 정한다.

첫째, 환경오염으로 인한 피해와 오염물질농도와의 상호관계를 알아야 한다. 즉 인체 피해, 동식물 피해 또는 물질적인 피해에 대해 어떠한 피해 대상이 어떠한 물질에 얼마 동안 노출되었을 때 어떠한 피해가 생기는가에 대한 과학적인 근거 자료가 필요하다. 이러한 자료를 준거치(criteria 또는 guide)라 하며 역학조사, 임상연구, 독물학적 연구 등 여러 연구에 의해 작성된다. 이때 대기오염에 의한 피해와 같이 오염물질에 대한 노출 시간이 중요한 경우에 대해서는 단기간 노출되었을 때 나타나는 급성피해와 장기간 노출되었을 때 나타나는 만성피해가 모두 조사되어야 한다.

둘째, 이러한 준거치로부터 건강상의 피해나 재산상의 피해 없이 쾌적한 환경을 유지하며 살 수 있는 오염농도 수준을 환경목표치(goal)로 정한다. 환경목표치의 설정에 있어서 모든 인간이 유해한 영향을 전혀 받지 않는 깨끗한 환경 속에서 일상생활을 할 수 있도록 설정하는 것이 가장 이상적이겠으나 이러한 기준 설정은 현실적으로 불가능하다. 따라서 준거치를 고려해 장기적으로 달성하고자 하는 환경의 질을 목표치로 정한다. 이때 목표치는 아무리 이상적으로 설정한다 하더라도 인공적인 오염원이 없는 자연상태에서의 농도를 초과할 수는 없다. 따라서 목표치를 정할 때는 자연상태에서의 배경농도(background concentration)를 참고해야 한다.

셋째, 환경목표치를 달성하기 위해 가까운 장래에 달성 가능한 수준을 환경기준으로 정하며 여기에는 대상항목·측정방법 등에 대한 기준도 함께 마련되어야 한다. 환경기준은 오염피해에 대한 준거치와 이에 대한 경제적·기술적인 달성 가능성뿐만 아니라 사회적 요구, 지역적 특성 등을 고려해 결정하게 된다. 따라서 국가 또는 지역에 따라 많은 차이를 보이고 있으며 여건에 따라 보완 또는 강화해 나갈 수 있다.

이와 같은 과정을 거쳐 결정된 환경기준은 그 나라 또는 지역의 환경행정 목표가 되고 관련 제도와 행정조치가 환경기준 유지 달성을 위해 추진된다. 이를 위해 국가는 배출 규제, 토지이용 규제, 연료 규제, 교통수단의 규제 등 적절한 대책을 수립·추진해야 한다. 배출허용기준은 환경기준을 달성하기 위한 대표적인 규제수단으로 환경기준과 구별된다.

배출허용기준은 환경기준을 달성하기 위해 대기·수질·소음 배출시설이 지켜야 하는 배출허용량에 대한 기준으로서 최대 허용배출량을 각 시설별로 관련 법규에 명시하고 있다. 환경기준은 환경행정의 목표로서 이를 지키지 못했을 경우에도 이에 대한 법적 구속력이 없는 반면, 배출허용기준은 이를 초과할 경우 배출부과금을 부과하는 등 법적조치를 취할 수 있는 행정규제 수단이다. 그러나 배출허용기준만으로 환경기준을 달성할 수 없는 경우도 있다.

배출시설들이 밀집해 있는 지역의 경우에는 오염배출시설이 모두 배출허용기준을 지키더라도 각 배출시설로부터 배출되는 오염물질이 축적되어 그 지역의 환경오염 정도가 환경기준을 초과할 수 있다. 따라서 이러한 경우에는 그 지역의 대기나 수질 오염물질의 배출량을 총량으로 규제해야 환경기준을 유지할 수 있는데, 이를 총량규제라 한다.

한국에서는 환경정책기본법 제10조에 환경기준의 설정에 대해 "정부는 국민의 건강을 보호하고 쾌적한 환경을 조성하기 위해 환경기준을 설정해야 하며 환경여건의 변화에 따라 그 적정성이 유지되도록 해야 한다."
라고 명시하고 있고 동법시행령 제2조에 대기 · 소음 · 수질의 환경기준을
정해 놓고 있다.

한국의 대기환경기준은 1979년에는 아황산가스(SO2), 1983년에는 이산
화질소(NO2) · 부유먼지(TSP) · 오존(O3) · 탄화수소(HC) · 일산화탄소(CO),
1991년에는 납(Pb)에 대한 환경기준이 설정되어 1992년 현재까지 운영되
고 있다. 특히 대기오염으로 인한 피해는 노출 시간과 오염농도의 곱에 비
례하므로 짧은 시간에 높은 농도에 노출되는 경우와 낮은 농도에 장기간
노출되는 경우에 대해 단기기준과 장기기준을 함께 마련하고 있다.

소음환경기준에 대해서는 일반지역과 도로변지역을 구분하고 토지의
용도지역에 따라 녹지지역 · 주거지역 · 준주거지역 · 상업지역 · 공업지역
으로 나누며 적용시간대도 주간과 야간으로 구분해 환경기준을 설정하고
있다. 소음도(dB)는 등가소음도(Leq)로 표시하는데 이는 임의의 측정 시간
동안 발생한 변동소음의 총에너지를 같은 시간대의 정상소음의 에너지로
환산해 얻은 소음도를 말하며, 주파수 보정특성은 A특성(dB(A))으로 하여
측정한다.

수질환경기준은 1978년부터 시행되었으며 수역별 · 등급별 · 항목별로
구분해 설정되어 있다. 대상수역은 하천 · 호수 · 지하수 · 해역으로 구분
하며, 하천과 호소에 대하여는 생활환경 수질기준과 인간의 건강보호를
위한 중금속 및 유해물질에 대한 기준을 함께 마련하고 있다. 생활환경
수질기준은 상수원수, 수산용수, 농업용수, 공업용수, 생활환경보전 등
이용목적에 따라 가장 깨끗한 수질이 요구되는 등급을 1등급으로 해 수질
등급을 정하고, 대상수역별로 등급에 따른 항목별 기준을 설정하고 있다.
수질기준 대상항목은 하천 · 호소 · 해역에 대해 생활환경보전을 위해 수
소 이온농도(pH), 생화학적 산소요구량(BOD), 화학적 산소요구량(COD),

부유물질량(SS), 용존산소량(DO), 대장균수, 총인, 총질소 등을 적용하고 있고 인간의 건강보호를 위해 카드뮴(Cd), 비소(As), 시안(CN), 수은(Hg), 유기인 · 납, 크롬(VI)(Cr6+), 폴리염화페닐(PCB) · 음이온계면활성제(ABS) 등 중금속과 유해물질에 대한 기준을 적용하고 있다.

지하수에 대해서는 수도법 제4조에 의한 음용수의 수질기준을 적용하도록 하고 있는데 여기에는 병원생물과 시안 · 수은 등 유독물질 그리고 구리 · 철 · 납 · 플루오르 등의 물질, 산성도와 냄새, 색도에 대한 기준이 정해져 있다.

항목	기준
아황산가스 (SO2)	연간 평균치 0.05PPM 이하, 24시간 평균치 0.15PPM 이하(연간 3회 이상 초과해서는 안 됨)
일산화탄소 (CO)	1개월 평균치 8PPM 이하, 8시간 평균치 20PPM 이하(연간 3회 이상 초과해서는 안 됨)
이산화질소 (NO2)	연간 평균치 0.05PPM 이하, 1시간 평균치 0.15PPM 이하(연간 3회 이상 초과해서는 안 됨)
부유먼지 (TSP)	연간 평균치 150µg/㎥ 이하, 24시간 평균치 300µg/㎥ 이하(연간 3회 이상 초과해서는 안 됨)
오존(O3)	연간 평균치 0.02PPM 이하, 1시간 평균치 0.1PPM 이하(연간 3회 이상 초과해서는 안 됨)
탄화수소 (HC)	연간 평균치 3PPM 이하, 1시간 평균치 10PPM 이하(연간 3회 이상 초과해서는 안 됨)
납(Pb)	1.5µg/㎥, 3개월 이하

1) 대기 기준

지역 구분	적용대상지역	기준	
		낮 (06:00~22:00)	밤 (22:00~06:00)
일반 지역	'가'지역 '나'지역 '다'지역 '라'지역	50 55 65 70	40 45 55 65
도로변 지역	'가' 및 '나'지역 '다'지역 '라'지역	65 70 75	55 60 70

2) 소음기준

구분	등급	이용 목적별 적용대상	기준				
			수소 이온 농도 (pH)	생화학적 산소요구량 (BOD) (mg/l)	부유물질량 (SS) (mg/l)	용존 산소량 (DO) (mg/l)	대장균 균수 (MPN /10㎖)
생활 환경	1	상수원1급 자연환경보전	6.5~8.5	1 이하	25 이하	7.5 이상	50 이하
	2	상수원수 2급 수산용수 1급 수영용수	6.5~8.5	3 이하	25 이하	5 이상	1,000 이하
	3	상수원수 3급 수산용수 2급 공업용수 1급	6.5~8.5	6 이하	25 이하	5 이상	5,000 이하
	4	공업용수 2급 농업용수	6.0~8.5	8 이하	100 이하	2 이상	–
	5	공업용수 3급 생활환경보전	6.0~8.5	10 이하	쓰레기 등이 떠 있어서는 안됨	2 이상	–

사람의 건강 보호	전수역	카드뮴(Cd): 0.01mg/l이하, 비소(As): 0.05mg/l 이하, 시안(CN): 검출되어서는 안 됨, 수은(Hg): 검출되어서는 안 됨, 유기인: 검출되어서는 안 됨, 납(Pb): 0.1mg/l 이하, 크롬(Ⅵ)(Cr6+): 0.05mg/l 이하, 폴리염화페닐(PCB): 검출되어서는 안 됨, 음이온 계면활성제(ABS): 0.5mg/l 이하

3) 수질기준(하천)

병원생물에 오염되거나 병원생물에 오염된 생물 또는 물질에 관한 사항

1. 암모니아성 질소는 10mg/l를 초과해서는 안 됨
2. 질산성 질소는 10mg/l를 초과해서는 안 됨
3. 염소 이온은 150mg/l를 초과해서는 안 됨
4. 과망간산칼륨 소비량은 10mg/l를 초과해서는 안 됨
5. 일반 세균(보통 한천배지에서 무리를 형성할 수 있는 세균을 말함)은 1cc 중 100을 초과해서는 안 됨
6. 대장균군(그람음성의 무아포성의 단간균으로 유당을 분배하여 산과 가스를 만드는 모든 호기성 또는 통성 혐기성균을 말함)은 50cc 중에서 검출되어서는 안 됨

시안, 수은 기타 유독물질에 관한 사항

1. 시안은 검출되어서는 안 됨
2. 수은은 검출되어서는 안 됨
3. 유기인은 검출되어서는 안 됨

구리(Cu) · 철(Fe) · 플루오르 · 페놀, 기타 물질에 관한 사항

1. 구리는 1mg/l를 초과해서는 안 됨
2. 철 및 망간은 각각 0.3mg/l를 초과해서는 안 됨
3. 플루오르는 1mg/l를 초과해서는 안 됨
4. 납(Pb)은 0.1mg/l를 초과해서는 안 됨
5. 아연(Zn)은 1mg/l를 초과해서는 안 됨
6. 크롬(Ⅵ)은 0.05mg/l를 초과해서는 안 됨
7. 페놀은 0.005mg/l를 초과해서는 안 됨
8. 경도는 300mg/l를 초과해서는 안 됨
9. 황산 이온은 200mg/l를 초과해서는 안 됨
10. 카드뮴(Cr6+)은 0.01mg/l를 초과해서는 안 됨
11. 세제(음이온 계면활성제[ABC])는 0.5mg/l를 초과해서는 안 됨

과도한 산성이나 알칼리성에 관한 사항
수소 이온 농도는 pH 5.8~8.5이어야 함
냄새와 맛에 관한 사항
소독으로 인한 냄새와 맛 이외의 냄새 및 맛이 있어서는 안 됨
무색 투명하지 않은 것에 관한 사항
1. 색도는 5도를 초과해서는 안 됨 2. 탁도는 2도를 초과해서는 안 됨 3. 증발잔류물은 500㎎/l를 초과해서는 안 됨

4) 수질기준(음용수)

구분	등급	이용목적별 적용대상	기준						
			수소 이온 농도 (pH)	화학적 산소 요구량 (COD) (mg/l)	부유 물질량 (SS) (mg/l)	용존 산소량 (DO) (mg/l)	대장균 균수 (MPN/ 100mg)	총인 T-P (mg/l)	총질소 T-N (mg/l)
생활환경	I	상수원수 1급 자연환경보전	6.5 ~ 8.5	1 이하	1 이하	7.5 이상	50 이하	0.010 이하	0.200 이하
	II	상수원수 2급 수산용수 1급 수영용수	6.5 ~ 8.5	3 이하	5 이하	5 이상	1,000 이하	0.030 이하	0.400 이하
	III	상수원수 3급 수산용수 2급 공업용수 1급	6.5 ~ 8.5	6 이하	15 이하	5 이상	5,000 이하	0.050 이하	0.600 이하
	IV	공업용수 2급 농업용수	6.0 ~ 8.5	8 이하	15 이하	2 이상	–	0.100 이하	1.0 이하
	V	공업용수 3급 생활환경보전	6.0 ~ 8.5	10 이하	쓰레기 등이 떠 있어서는 안됨	2 이상	–	0.150 이하	1.5 이하

사람건강보호	전수역	카드뮴(Cd): 0.01mg/l 이하 비소(As): 0.05mg/l 이하 시안(CN): 검출되어서는 안 됨 수은(Hg): 검출되어서는 안 됨 유기인: 검출되어서는 안 됨 납(Pb): 0.1mg/l 이하 크롬(Ⅵ)(Cr⁶⁺): 0.05mg/l 이하 폴리염화페닐(PCB): 검출되어서는 안 됨 음이온 계면활성제(ABS): 0.5mg/l 이하

5) 수질기준(해역)

등급	기준								
	수소이온농도 (pH)	화학적산소요구량 (COD) (mg/l)	부유물질량 (SS) (mg/l)	용존산소량 (DO) (mg/l)	대장균균수 (MPN/100mg)	노르말헥산 추출물질 (유분) (mg/l)	총질소 (mg/l)	총인 T-P (mg/l)	무기물질 등 (mg/l)
Ⅰ	7.8 ~ 8.3	1 이하	10 이하	포화율 95 이상	200 이하	검출되어서는 안 됨	0.05 이하	0.007 이하	크롬(Ⅵ)(Cr6+): 0.05 이하 비소(As): 0.05 이하
Ⅱ	6.5 ~ 8.5	2 이하	25 이하	포화율 85 이상	1,000 이하	검출되어서는 안 됨	0.1 이하	0.015 이하	카드뮴(Cd): 0.010이하 납(Pb): 0.10이하
Ⅲ	6.5 ~ 8.5	4 이하	–	포화율 80 이상	–		0.2 이하	00.03 이하	아연(Zn): 0.1 이하 구리(Cu): 0.02 이하 시안(CN)·유기인·수은(Hg)·폴리염화페닐(PCB): 검출되어서는 안 됨

* 상기 내용은 Daum 백과사전에서 제공되는 내용임을 밝힙니다.

6
자연환경보존법 주요 내용

[법률 제13885호 일부개정 2016. 01. 27]

제1조 (목적)

이 법은 자연환경을 인위적 훼손으로부터 보호하고, 생태계와 자연경관을 보전하는 등 자연환경을 체계적으로 보전·관리함으로써 자연환경의 지속 가능한 이용을 도모하고, 국민이 쾌적한 자연환경에서 여유 있고 건강한 생활을 할 수 있도록 함을 목적으로 한다.

제2조 (정의)

이 법에서 사용하는 용어의 정의는 다음과 같다. [개정 2006. 10. 4. 제8045호(해양생태계의 보전 및 관리에 관한 법률), 2012. 2. 1. 제11257호(생물다양성 보전 및 이용에 관한 법률), 2013. 3. 22.] [[시행일 2013. 9. 23.]]

1. "자연환경"이라 함은 지하·지표(해양을 제외한다) 및 지상의 모든 생물과 이들을 둘러싸고 있는 비생물적인 것을 포함한 자연의 상태(생태계 및 자연경관을 포함한다)를 말한다.

2. "자연환경보전"이라 함은 자연환경을 체계적으로 보존·보호 또는 복원하고 생물다양성을 높이기 위하여 자연을 조성하고 관리하는 것을 말한다.

3. "자연환경의 지속 가능한 이용"이라 함은 현재와 장래의 세대가 동등한 기회를 가지고 자연환경을 이용하거나 혜택을 누릴 수 있도록 하는 것을 말한다.

4. "자연생태"라 함은 자연의 상태에서 이루어진 지리적 또는 지질적 환경과 그 조건 아래에서 생물이 생활하고 있는 일체의 현상을 말한다.

5. "생태계"란 식물·동물 및 미생물 군집(群集)들과 무생물 환경이 기능적인 단위로 상호작용하는 역동적인 복합체를 말한다.

6. "소(小)생태계"라 함은 생물다양성을 높이고 야생동·식물의 서식지 간의 이동가능성 등 생태계의 연속성을 높이거나 특정한 생물종의 서식조건을 개선하기 위하여 조성하는 생물서식공간을 말한다.

7. "생물다양성"이라 함은 육상생태계 및 수생생태계(해양생태계를 제외한다)와 이들의 복합생태계를 포함하는 모든 원천에서 발생한 생물체의 다양성을 말하며, 종내(種內)·종간(種間) 및 생태계의 다양성을 포함한다.

8. "생태축"이라 함은 생물다양성을 증진시키고 생태계 기능의 연속성을 위하여 생태적으로 중요한 지역 또는 생태적 기능의 유지가 필요한 지역을 연결하는 생태적 서식공간을 말한다.

9. "생태통로"라 함은 도로·댐·수중보(水中洑)·하구언(河口堰) 등으로 인하여 야생동·식물의 서식지가 단절되거나 훼손 또는 파괴되는 것을 방지하고 야생동·식물의 이동 등 생태계의 연속성 유지를 위하여 설치하는 인공 구조물·식생 등의 생태적 공간을 말한다.

10. "자연경관"이라 함은 자연환경적 측면에서 시각적·심미적인 가치를 가지는 지역·지형 및 이에 부속된 자연요소 또는 사물이 복합적으로 어우러진 자연의 경치를 말한다.

11. "대체자연"이라 함은 기존의 자연환경과 유사한 기능을 수행하거나 보완적 기능을 수행하도록 하기 위하여 조성하는 것을 말한다.

12. "생태·경관보전지역"이라 함은 생물다양성이 풍부하여 생태적으로 중요하거나 자연경관이 수려하여 특별히 보전할 가치가 큰 지역

으로서 제12조 및 제13조제3항의 규정에 의하여 환경부장관이 지정·고시하는 지역을 말한다.

13. "자연유보지역"이라 함은 사람의 접근이 사실상 불가능하여 생태계의 훼손이 방지되고 있는 지역 중 군사상의 목적으로 이용되는 외에는 특별한 용도로 사용되지 아니하는 무인도로서 대통령령이 정하는 지역과 관할권이 대한민국에 속하는 날부터 2년간의 비무장지대를 말한다.

14. "생태·자연도"라 함은 산·하천·내륙습지·호소(湖沼)·농지·도시 등에 대하여 자연환경을 생태적 가치, 자연성, 경관적 가치 등에 따라 등급화하여 제34조의 규정에 의하여 작성된 지도를 말한다.

15. "자연자산"이라 함은 인간의 생활이나 경제활동에 이용될 수 있는 유형·무형의 가치를 가진 자연상태의 생물과 비생물적인 것의 총체를 말한다.

16. "생물자원"이란 「생물다양성 보전 및 이용에 관한 법률」 제2조제3호에 따른 생물자원을 말한다.

17. "생태마을"이라 함은 생태적 기능과 수려한 자연경관을 보유하고 이를 지속 가능하게 보전·이용할 수 있는 역량을 가진 마을로서 환경부장관 또는 지방자치단체의 장이 제42조의 규정에 의하여 지정한 마을을 말한다.

18. "생태관광"이란 생태계가 특히 우수하거나 자연경관이 수려한 지역에서 자연자산의 보전 및 현명한 이용을 통하여 환경의 중요성을 체험할 수 있는 자연친화적인 관광을 말한다.

제3조 (자연환경보전의 기본원칙)

자연환경은 다음의 기본원칙에 따라 보전되어야 한다.

1. 자연환경은 모든 국민의 자산으로서 공익에 적합하게 보전되고 현재와 장래의 세대를 위하여 지속 가능하게 이용되어야 한다.
2. 자연환경보전은 국토의 이용과 조화·균형을 이루어야 한다.
3. 자연생태와 자연경관은 인간활동과 자연의 기능 및 생태적 순환이 촉진되도록 보전·관리되어야 한다.
4. 모든 국민이 자연환경보전에 참여하고 자연환경을 건전하게 이용할 수 있는 기회가 증진되어야 한다.
5. 자연환경을 이용하거나 개발하는 때에는 생태적 균형이 파괴되거나 그 가치가 저하되지 아니하도록 하여야 한다. 다만, 자연생태와 자연경관이 파괴·훼손되거나 침해되는 때에는 최대한 복원·복구되도록 노력하여야 한다.
6. 자연환경보전에 따르는 부담은 공평하게 분담되어야 하며, 자연환경으로부터 얻어지는 혜택은 지역주민과 이해관계인이 우선하여 누릴 수 있도록 하여야 한다.
7. 자연환경보전과 자연환경의 지속 가능한 이용을 위한 국제협력은 증진되어야 한다.

제9조 (자연환경보전기본계획의 내용)

자연환경보전기본계획에는 다음의 내용이 포함되어야 한다.
1. 자연환경의 현황 및 전망에 관한 사항
2. 자연환경보전에 관한 기본방향 및 보전목표설정에 관한 사항
3. 자연환경보전을 위한 주요 추진과제에 관한 사항
4. 지방자치단체별로 추진할 주요 자연보전시책에 관한 사항
5. 자연경관의 보전·관리에 관한 사항
6. 생태축의 구축·추진에 관한 사항

7. 생태통로 설치, 훼손지 복원 등 생태계 복원을 위한 주요사업에 관한 사항

8. 제11조의 규정에 의한 자연환경종합지리정보시스템의 구축 · 운영에 관한 사항

9. 사업시행에 소요되는 경비의 산정 및 재원조달 방안에 관한 사항

10. 그 밖에 자연환경보전에 관하여 대통령령이 정하는 사항

제27조 (자연경관의 보전)

① 관계중앙행정기관의 장 및 지방자치단체의 장은 경관적가치가 높은 해안선 등 주요 경관요소가 훼손되거나 시계(視界)가 차단되지 아니하도록 노력하여야 한다.

② 지방자치단체의 장은 조례가 정하는 바에 따라 각종 사업을 시행함에 있어서 자연경관을 보전할 수 있도록 필요한 조치를 하여야 한다.

③ 환경부장관은 자연경관을 보전하기 위하여 필요한 지침을 작성하여 관계행정기관의 장 및 지방자치단체의 장에게 통보할 수 있다.

제3장 생물다양성의 보전

제30조 (자연환경조사)

① 환경부장관은 관계중앙행정기관의 장과 협조하여 5년마다 전국의 자연환경을 조사하여야 한다.

[개정 2013. 3. 22.] [[시행일 2013. 9. 23.]]

② 환경부장관은 관계중앙행정기관의 장과 협조하여 생태 · 자연도에서 1등급 권역으로 분류된 지역과 자연상태의 변화를 특별히 파악할 필요가 있다고 인정되는 지역에 대하여 2년마다 자연환경을 조사할 수

있다. [개정 2013. 3. 22.] [[시행일 2013. 9. 23.]]

③ 지방자치단체의 장은 당해 지방자치단체의 조례가 정하는 바에 의하여 관할구역의 자연환경을 조사할 수 있다.

④ 지방자치단체의 장은 제3항의 규정에 의하여 자연환경을 조사하는 경우에는 조사계획 및 조사결과를 환경부장관에게 보고하여야 한다.

⑤ 제1항 및 제2항의 규정에 의한 조사의 내용·방법 그 밖에 필요한 사항은 대통령령으로 정한다.

제32조 (자연환경조사원)

① 환경부장관 또는 지방자치단체의 장은 제30조의 자연환경조사 또는 제31조의 규정에 의한 정밀·보완조사와 그 밖의 자연환경에 대한 조사를 실시하기 위하여 필요한 경우에는 조사기간 중 자연환경조사원(이하 "조사원"이라 한다)을 둘 수 있다.

② 제1항의 규정에 의한 조사원의 자격·위촉절차 그 밖에 필요한 사항은 환경부령 또는 당해 지방자치단체의 조례로 정한다.

제4장 자연자산의 관리

제38조 (자연환경보전·이용시설의 설치·운영)

① 관계중앙행정기관의 장 및 지방자치단체의 장은 자연환경보전 및 자연환경의 건전한 이용을 위하여 다음의 시설을 설치할 수 있다.

　1. 자연환경을 보전하거나 훼손을 방지하기 위한 시설

　2. 훼손된 자연환경을 복원 또는 복구하기 위한 시설

　3. 자연환경보전에 관한 안내시설, 생태관찰을 위한 나무다리 등 자연환경을 이용하거나 관찰하기 위한 시설

4. 자연보전관 · 자연학습원 등 자연환경을 보전 · 이용하기 위한 교육 · 홍보시설 또는 관리시설

5. 그 밖의 자연자산을 보호하기 위한 시설

② 관계중앙행정기관의 장 및 지방자치단체의 장은 제1항의 규정에 의하여 자연환경보전 · 이용시설을 설치 · 운영하고자 하는 경우에는 환경부령이 정하는 바에 의하여 설치에 관한 계획을 수립하고 이를 고시하여야 한다.

③ 관계행정기관의 장 및 지방자치단체의 장은 제1항의 규정에 의하여 설치한 자연환경보전 · 이용시설을 이용하는 사람으로부터 유지 · 관리비용 등을 고려하여 이용료를 징수할 수 있다. 다만, 자연공원법에 의하여 지정된 공원구역은 자연공원법이 정하는 바에 의한다.

④ 제3항의 규정에 의한 이용료의 금액 · 징수절차 및 면제에 관하여 필요한 사항은 환경부령으로 정한다.

제39조 (자연휴식지의 지정 · 관리)

① 지방자치단체의 장은 다른 법률에 의하여 공원 · 관광단지 · 자연휴양림 등으로 지정되지 아니한 지역 중에서 생태적 · 경관적 가치 등이 높고 자연탐방 · 생태교육 등을 위하여 활용하기에 적합한 장소를 대통령령이 정하는 바에 따라 자연휴식지로 지정할 수 있다. 이 경우 사유지에 대하여는 미리 토지소유자 등의 의견을 들어야 한다.

② 지방자치단체의 장은 제1항의 규정에 의하여 지정된 자연휴식지의 효율적 관리를 위하여 자연휴식지를 이용하는 사람으로부터 유지 · 관리비용 등을 고려하여 조례가 정하는 바에 따라 이용료를 징수할 수 있다. 다만, 자연휴식지로 지정된 후 다른 법률의 규정에 의하여 공원 · 관광단지 · 자연휴양림 등으로 지정된 경우에는 그러하지 아

니하다.

③ 제1항의 규정에 의한 자연휴식지의 관리 그 밖에 필요한 사항은 당해 지방자치단체의 조례로 정한다.

제59조 (자연환경해설사)

① 환경부장관 또는 지방자치단체의 장은 제59조의2제1항에 따른 자연환경해설사 양성기관에서 환경부령으로 정하는 교육과정을 이수한 사람을 자연환경해설사로 채용하여 활용하거나 활용하게 할 수 있다.

② 자연환경해설사는 생태ㆍ경관보전지역, 「습지보전법」에 따른 습지보호지역 및 「자연공원법」에 따른 자연공원 등을 이용하는 사람에게 자연환경보전의 인식증진 등을 위하여 자연환경해설ㆍ홍보ㆍ교육ㆍ생태탐방안내 등을 전문적으로 수행한다.

③ 환경부장관 또는 지방자치단체의 장은 자연환경해설사의 활동에 필요한 비용 등을 예산의 범위에서 지원할 수 있다.

[전문개정 2011. 7. 28.] [[시행일 2012. 1. 29.]]

제59조의 2 (자연환경해설사 양성기관의 지정)

① 환경부장관은 자연환경해설사를 양성하기 위하여 자연환경해설사 양성기관(이하 "양성기관"이라 한다)을 지정할 수 있다.

② 양성기관으로 지정을 받고자 하는 자는 교육에 필요한 시설 및 전문인력 등 환경부령으로 정하는 지정기준을 갖추어 환경부장관에게 지정을 신청하여야 한다.

③ 양성기관의 지정절차, 운영 등에 관한 사항은 환경부령으로 정한다.

[본조신설 2011. 7. 28.] [[시행일 2012. 1. 29.]]

7
대기환경보존법 주요 내용
[법률 제13874호 일부 개정 2016. 01. 27.]

제1조 (목적)

이 법은 대기오염으로 인한 국민건강이나 환경에 관한 위해(危害)를 예방하고 대기환경을 적정하고 지속 가능하게 관리·보전하여 모든 국민이 건강하고 쾌적한 환경에서 생활할 수 있게 하는 것을 목적으로 한다.

제2조(정의)

이 법에서 사용하는 용어의 뜻은 다음과 같다. 〈개정 2007. 1. 19., 2008. 12. 31., 2012. 2. 1., 2012. 5. 23., 2013. 4.5., 2015. 12. 1.〉

1. "대기오염물질"이란 대기 중에 존재하는 물질 중 제7조에 따른 심사·평가 결과 대기오염의 원인으로 인정된 가스·입자상물질로서 환경부령으로 정하는 것을 말한다.
1의 2. "유해성대기감시물질"이란 대기오염물질 중 제7조에 따른 심사·평가 결과 사람의 건강이나 동식물의 생육(生育)에 위해를 끼칠 수 있어 지속적인 측정이나 감시·관찰 등이 필요하다고 인정된 물질로서 환경부령으로 정하는 것을 말한다.
2. "기후·생태계 변화유발물질"이란 지구 온난화 등으로 생태계의 변화를 가져올 수 있는 기체상물질(氣體狀物質)로서 온실가스와 환경부령으로 정하는 것을 말한다.

3. "온실가스"란 적외선 복사열을 흡수하거나 다시 방출하여 온실효과를 유발하는 대기 중의 가스상태 물질로서 이산화탄소, 메탄, 아산화질소, 수소불화탄소, 과불화탄소, 육불화황을 말한다.

4. "가스"란 물질이 연소·합성·분해될 때에 발생하거나 물리적 성질로 인하여 발생하는 기체상물질을 말한다.

5. "입자상물질(粒子狀物質)"이란 물질이 파쇄·선별·퇴적·이적(移積)될 때, 그 밖에 기계적으로 처리되거나 연소·합성·분해될 때에 발생하는 고체상(固體狀) 또는 액체상(液體狀)의 미세한 물질을 말한다.

6. "먼지"란 대기 중에 떠다니거나 흩날려 내려오는 입자상물질을 말한다.

7. "매연"이란 연소할 때에 생기는 유리(遊離) 탄소가 주가 되는 미세한 입자상물질을 말한다.

8. "검댕"이란 연소할 때에 생기는 유리(遊離) 탄소가 응결하여 입자의 지름이 1미크론 이상이 되는 입자상물질을 말한다.

9. "특정대기유해물질"이란 유해성대기감시물질 중 제7조에 따른 심사·평가 결과 저농도에서도 장기적인 섭취나 노출에 의하여 사람의 건강이나 동식물의 생육에 직접 또는 간접으로 위해를 끼칠 수 있어 대기 배출에 대한 관리가 필요하다고 인정된 물질로서 환경부령으로 정하는 것을 말한다.

10. "휘발성유기화합물"이란 탄화수소류 중 석유화학제품, 유기용제, 그 밖의 물질로서 환경부장관이 관계 중앙행정기관의 장과 협의하여 고시하는 것을 말한다.

11. "대기오염물질배출시설"이란 대기오염물질을 대기에 배출하는 시설물, 기계, 기구, 그 밖의 물체로서 환경부령으로 정하는 것을 말한다.

12. "대기오염방지시설"이란 대기오염물질배출시설로부터 나오는 대기

오염물질을 연소조절에 의한 방법 등으로 없애거나 줄이는 시설로 서 환경부령으로 정하는 것을 말한다.

13. "자동차"란 다음 각 목의 어느 하나에 해당하는 것을 말한다.

　가. 「자동차관리법」 제2조제1호에 규정된 자동차 중 환경부령으로 정하는 것

　나. 「건설기계관리법」 제2조제1항제1호에 따른 건설기계 중 주행 특성이 가목에 따른 것과 유사한 것으로서 환경부령으로 정하는 것

13의 2. "원동기"란 다음 각 목의 어느 하나에 해당하는 것을 말한다.

　가. 「건설기계관리법」 제2조제1항제1호에 따른 건설기계 중 제13 호나목 외의 건설기계로서 환경부령으로 정하는 건설기계에 사용 되는 동력을 발생시키는 장치

　나. 농림용 또는 해상용으로 사용되는 기계로서 환경부령으로 정 하는 기계에 사용되는 동력을 발생시키는 장치

14. "선박"이란 「해양환경관리법」 제2조제16호에 따른 선박을 말한다.

15. "첨가제"란 자동차의 성능을 향상시키거나 배출가스를 줄이기 위하 여 자동차의 연료에 첨가하는 탄소와 수소만으로 구성된 물질을 제 외한 화학물질로서 다음 각 목의 요건을 모두 충족하는 것을 말한다.

　가. 자동차의 연료에 부피 기준(액체첨가제의 경우만 해당한다) 또 는 무게 기준(고체첨가제의 경우만 해당한다)으로 1퍼센트 미만 의 비율로 첨가하는 물질. 다만, 「석유 및 석유대체연료 사업법」 제 2조제7호 및 제8호에 따른 석유정제업자 및 석유수출입업자가 자 동차연료인 석유제품을 제조하거나 품질을 보정(補正)하는 과정에 첨가하는 물질의 경우에는 그 첨가비율의 제한을 받지 아니한다.

　나. 「석유 및 석유대체연료 사업법」 제2조제10호에 따른 가짜 석유 제품 또는 같은 조 제11호에 따른 석유대체연료에 해당하지 아니

하는 물질

15의 2. "촉매제"란 배출가스를 줄이는 효과를 높이기 위하여 배출가스
　　　　저감장치에 사용되는 화학물질로서 환경부령으로 정하는 것을
　　　　말한다.

16. "저공해자동차"란 「수도권 대기환경개선에 관한 특별법」 제2조제6
　　　호에 따른 저공해자동차를 말한다.

17. "배출가스저감장치"란 자동차에서 배출되는 대기오염물질을 줄이
　　　기 위하여 자동차에 부착 또는 교체하는 장치로서 환경부령으로 정
　　　하는 저감효율에 적합한 장치를 말한다.

18. "저공해엔진"이란 자동차에서 배출되는 대기오염물질을 줄이기 위
　　　한 엔진(엔진 개조에 사용하는 부품을 포함한다)으로서 환경부령으로 정
　　　하는 배출허용기준에 맞는 엔진을 말한다.

19. "공회전제한장치"란 자동차에서 배출되는 대기오염물질을 줄이고
　　　연료를 절약하기 위하여 자동차에 부착하는 장치로서 환경부령으
　　　로 정하는 기준에 적합한 장치를 말한다.

20. "온실가스 배출량"이란 자동차에서 단위 주행거리당 배출되는 이산
　　　화탄소(CO_2) 배출량(g/km)을 말한다.

21. "온실가스 평균배출량"이란 자동차제작자가 판매한 자동차 중 환경
　　　부령으로 정하는 자동차의 온실가스 배출량의 합계를 해당 자동차
　　　총 대수로 나누어 산출한 평균값(g/km)을 말한다.

22. "장거리이동대기오염물질"이란 황사, 먼지 등 발생 후 장거리 이동
　　　을 통하여 국가 간에 영향을 미치는 대기오염물질로서 환경부령으
　　　로 정하는 것을 말한다.

〈대기환경보존법 시행규칙 주요 내용〉

[별표1] 대기오염물질(제2조 관련) 총 61종

1. 입자상물질	16. 황산화물	31. 카드뮴 및 그 화합물	46. 프로필렌 옥사이드
2. 브롬 및 그 화합물	17. 황화수소	32. 시안화물	47. 폴리염화비페닐
3. 알루미늄 및 그 화합물	18. 황화메틸	33. 납 및 그 화합물	48. 클로로포름
4. 바나듐 및 그 화합물	19. 이황화메틸	34. 크롬 및 그 화합물	49. 포름알데히드
5. 망간화합물	20. 메르캅탄류	35. 비소 및 그 화합물	50. 아세트알데히드
6. 철 및 그 화합물	21. 아민류	36. 수은 및 그 화합물	51. 벤지딘
7. 아연 및 그 화합물	22. 사염화탄소	37. 구리 및 그 화합물	52. 1,3–부타디엔
8. 셀렌 및 그 화합물	23. 이황화탄소	38. 염소 및 그 화합물	53. 다환 방향족 탄화수소류
9. 안티몬 및 그 화합물	24. 탄화수소	39. 불소화물	54. 에틸렌옥사이드
10. 주석 및 그 화합물	25. 인 및 그 화합물	40. 석면	55. 디클로로메탄
11. 텔루륨 및 그 화합물	26. 붕소화합물	41. 니켈 및 그 화합물	56. 테트라클로로 에틸렌
12. 바륨 및 그 화합물	27. 아닐린	42. 염화비닐	57. 1,2–디클로로 에탄
13. 일산화탄소	28. 벤젠	43. 다이옥신	58. 에틸벤젠
14. 암모니아	29. 스틸렌	44. 페놀 및 그 화합물	59. 트리클로로 에틸렌
15. 질소산화물	30. 아크롤레인	45. 베릴륨 및 그 화합물	60. 아크릴로니트릴
			61. 히드라진

[별표2] 특정대기유해물질(제4조 관련) 총 35종

1. 카드뮴 및 그 화합물	13. 염화비닐	25. 1,3-부타디엔
2. 시안화수소	14. 다이옥신	26. 다환 방향족 탄화수소류
3. 납 및 그 화합물	15. 페놀 및 그 화합물	27. 에틸렌옥사이드
4. 폴리염화비페닐	16. 베릴륨 및 그 화합물	28. 디클로로메탄
5. 크롬 및 그 화합물	17. 벤젠	29. 스틸렌
6. 비소 및 그 화합물	18. 사염화탄소	30. 테트라클로로에틸렌
7. 수은 및 그 화합물	19. 이황화메틸	31. 1,2-디클로로에탄
8. 프로필렌 옥사이드	20. 아닐린	32. 에틸벤젠
9. 염소 및 염화수소	21. 클로로포름	33. 트리클로로에틸렌
10. 불소화물	22. 포름알데히드	34. 아크릴로니트릴
11. 석면	23. 아세트알데히드	35. 히드라진
12. 니켈 및 그 화합물	24. 벤지딘	

[별표8-2] 설치허가 대상 특정대기유해물질 배출시설의 적용기준

(제24조의2 관련)

물질명	기준농도
염소 및 염화수소	0.4PPM
불소화물	0.05PPM
시안화수소	0.05PPM
염화비닐	0.1PPM

페놀 및 그 화합물	0.2PPM
벤젠	0.1PPM
사염화탄소	0.1PPM
클로로포름	0.1PPM
포름알데히드	0.08PPM
아세트알데히드	0.01PPM
1,3-부타디엔	0.03PPM
에틸렌옥사이드	0.05PPM
디클로로메탄	0.5PPM
트리클로로에틸렌	0.3PPM
히드라진	0.45PPM
카드뮴 및 그 화합물	0.01mg/㎥
납 및 그 화합물	0.05mg/㎥
크롬 및 그 화합물	0.1mg/㎥
비소 및 그 화합물	0.003PPM
수은 및 그 화합물	0.0005mg/㎥
니켈 및 그 화합물	0.01mg/㎥
베릴륨 및 그 화합물	0.05mg/㎥
폴리염화비페닐	1pg/㎥
다이옥신	0.001ng-TEQ/㎥
다환방향족 탄화수소류	10ng/㎥
이황화메틸	0.1ppb
총 VOCs (아닐린, 스틸렌, 테트라클로로에틸렌, 1,2-디클로로에탄, 에틸벤젠, 아크릴로니트릴)	0.4mg/㎥

비고 별표 2에 따른 특정대기유해물질 중 위 표에서 기준농도가 정해지지 않은 물질의 기준 농도
는 0.00으로 한다.

[별표10-2] 비산배출의 저감을 위한 시설관리기준(제51조의3제2항 관련)

구분	시설관리기준
가. 일 반 기 준	1) 사업자는 비산배출의 저감을 위한 시설관리기준의 관리 담당자를 지정·운영한다. 2) 사업자는 사업장 내외에서 제2호에 따른 업종별 관리대상물질의 대기환경농도 파악을 위하여 노력한다. 3) 시설관리기준을 준수하여야 하는 시설 중에서 다음 각 호의 경우에는 시설관리기준의 적용대상에서 제외한다. 　가) 연간 300시간 미만 가동하는 시설이나 장비(연간 가동시간을 확인할 수 있는 시설·장비나 자료 등이 있는 경우에 한정한다) 　나) 연구개발시설 　다) 상시 진공상태로 가동되어 관리대상물질이 외부로 배출되지 않는 시설 4) 시설관리기준을 충족하지 못하는 상황이 발생되는 경우 사업자는 45일 이내에 시설관리기준을 충족할 수 있도록 조치하고, 조치가 완료된 후 30일 이내에 결함 여부 등을 재확인하여야 한다. 다만, 시설의 수리를 위하여 전체공정의 가동중지가 불가피할 경우에는 유역 환경청장·지방 환경청장 또는 수도권대기환경청장(이하 "환경청장"이라 한다)과의 협의를 거쳐 수리기간을 다음 공정중지기간까지 연장할 수 있다.
나. 기록 기준	1) 이 시설관리기준에서 제시된 운영기록부는 별지 제20호의5서식에 따라 기록하고 보존하여야 한다. 다만, 상세내용을 기록해야 하거나 또는 운영기록부 서식에 기재한 사항 외의 사항을 기록하여야 하는 경우에는 사업장별 별도의 서식을 정하여 기록할 수 있으며, 모든 기록은 전산에 의한 방법으로 기록·보존할 수 있다. 2) 가목4)에 해당하는 경우에는 사건개요, 조치내용 및 조치 완료 후 점검·확인 사항 등을 운영기록부에 기록하여야 한다. 3) 제3호의 업종별 시설관리기준에 따라 기록·관리하여야 하는 사항을 기록한 운영기록부는 해당 연도 종료일부터 2년간 보관하여야 한다.
다. 보고 기준	1) 최초 점검보고서는 제3호의 업종별 시설관리기준에 따른 관리 대상 시설현황 등을 별지 제20호의6서식에 따라 작성하여 환경청장에게 제출하여야 한다. 이 경우 제출 시기는 기존 사업장은 이 표의 기준이 적용되는 해의 12월 31일까지로, 신규사업장은 시설의 설치가 완료된 해의 12월 31일까지로 하되, 8월 31일 이후에 설치가 완료된 시설은 그 다음 해 4월 30일까지 제출한다. 2) 연간 점검보고서는 제3호의 업종별 시설관리기준에 따른 준수사항을 별지 제20호의6서식에 따라 작성하여 다음 해 4월 30일까지 환경청장에게 제출하여야 한다. 3) 부득이한 사유로 기한 내에 최초 및 연간 점검보고서를 제출할 수 없는 경우에는 환경청장과 협의하여 제출 기한을 30일 범위에서 연장할 수 있다.

〈대기환경보전법상 사업장별 환경관리인의 자격기준(제39조 제2항 관련)〉

종별 사업장 구분	환경기술인의 자격기준
1종 사업장	대기환경기사 이상의 기술자격 소지자 1인 이상
2종 사업장	대기환경산업기사 이상의 기술자격 소지자 1인 이상
3종 사업장	대기환경산업기사 이상의 기술자격 소지자, 환경기능사 또는 3년 이상 대기분야 환경 관련 업무에 종사한 자 1인 이상
4종 사업장	설치허가를 받거나 배출시설 설치신고가 수리된 자 또는 배출시설 설치허가를 받거나 배출시설 설치신고가 수리된 자가 당해 사업장의 배출시설 및 방지시설 업무에 종사하는 피고용인 중에서 임명하는 자 1인 이상
5종 사업장	

8
수질 및 수생태계 보전에 관한 법률 주요 내용

[약칭 '수질수생태계법' 시행 2017. 1. 28.]

[법률 제13879호, 2016. 1. 27. 일부개정]

제1조(목적)

이 법은 수질오염으로 인한 국민건강 및 환경상의 위해(危害)를 예방하고 하천·호소(湖沼) 등 공공수역의 수질 및 수생태계(水生態系)를 적정하게 관리·보전함으로써 국민이 그 혜택을 널리 향유할 수 있도록 함과 동시에 미래의 세대에게 물려줄 수 있도록 함을 목적으로 한다. [전문개정 2013. 7. 30.]

제2조(정의)

이 법에서 사용하는 용어의 뜻은 다음과 같다. [개정 2016. 1. 27.]

1. "점오염원(點汚染源)"이란 폐수배출시설, 하수발생시설, 축사 등으로서 관거(管渠)·수로 등을 통하여 일정한 지점으로 수질오염물질을 배출하는 배출원을 말한다.

2. "비점오염원(非點汚染源)"이란 도시, 도로, 농지, 산지, 공사장 등으로서 불특정 장소에서 불특정하게 수질오염물질을 배출하는 배출원을 말한다.

3. "기타수질오염원"이란 점오염원 및 비점오염원으로 관리되지 아니하는 수질오염물질을 배출하는 시설 또는 장소로서 환경부령으로 정하는 것을 말한다.

4. "폐수"란 물에 액체성 또는 고체성의 수질오염물질이 섞여 있어 그대로는 사용할 수 없는 물을 말한다.

5. "강우유출수(降雨流出水)"란 비점오염원의 수질오염물질이 섞여 유출되는 빗물 또는 눈 녹은 물 등을 말한다.

6. "불투수층(不透水層)"이란 빗물 또는 눈 녹은 물 등이 지하로 스며들수 없게 하는 아스팔트·콘크리트 등으로 포장된 도로, 주차장, 보도 등을 말한다.

7. "수질오염물질"이란 수질오염의 요인이 되는 물질로서 환경부령으로 정하는 것을 말한다.

8. "특정수질유해물질"이란 사람의 건강, 재산이나 동식물의 생육(生育)에 직접 또는 간접으로 위해를 줄 우려가 있는 수질오염물질로서 환경부령으로 정하는 것을 말한다.

9. "공공수역"이란 하천, 호소, 항만, 연안해역, 그 밖에 공공용으로 사용되는 수역과 이에 접속하여 공공용으로 사용되는 환경부령으로 정하는 수로를 말한다.

10. "폐수배출시설"이란 수질오염물질을 배출하는 시설물, 기계, 기구, 그 밖의 물체로서 환경부령으로 정하는 것을 말한다. 다만, 「해양환경관리법」 제2조제16호 및 제17호에 따른 선박 및 해양시설은 제외한다.

11. "폐수무방류배출시설"이란 폐수배출시설에서 발생하는 폐수를 해당 사업장에서 수질오염방지시설을 이용하여 처리하거나 동일 폐수배출시설에 재이용하는 등 공공수역으로 배출하지 아니하는 폐수배출시설을 말한다.

12. "수질오염방지시설"이란 점오염원, 비점오염원 및 기타수질오염원으로부터 배출되는 수질오염물질을 제거하거나 감소하게 하는 시

설로서 환경부령으로 정하는 것을 말한다.

13. "비점오염저감시설"이란 수질오염방지시설 중 비점오염원으로부터 배출되는 수질오염물질을 제거하거나 감소하게 하는 시설로서 환경부령으로 정하는 것을 말한다.

14. "호소"란 다음 각 목의 어느 하나에 해당하는 지역으로서 만수위(滿水位)[댐의 경우에는 계획홍수위(計劃洪水位)를 말한다] 구역 안의 물과 토지를 말한다.

   가. 댐 · 보(洑) 또는 둑(「사방사업법」에 따른 사방시설은 제외한다) 등을 쌓아 하천 또는 계곡에 흐르는 물을 가두어 놓은 곳

   나. 하천에 흐르는 물이 자연적으로 가두어진 곳

   다. 화산활동 등으로 인하여 함몰된 지역에 물이 가두어진 곳

15. "수면관리자"란 다른 법령에 따라 호소를 관리하는 자를 말한다. 이 경우 동일한 호소를 관리하는 자가 둘 이상인 경우에는 「하천법」에 따른 하천관리청 외의 자가 수면관리자가 된다.

16. "상수원호소"란 「수도법」 제7조에 따라 지정된 상수원보호구역(이하 "상수원보호구역"이라 한다) 및 「환경정책기본법」 제38조에 따라 지정된 수질보전을 위한 특별대책지역(이하 "특별대책지역"이라 한다) 밖에 있는 호소 중 호소의 내부 또는 외부에 「수도법」 제3조제17호에 따른 취수시설(이하 "취수시설"이라 한다)을 설치하여 그 호소의 물을 먹는 물로 사용하는 호소로서 환경부장관이 정하여 고시한 것을 말한다.

17. "공공폐수처리시설"이란 공공폐수처리구역의 폐수를 처리하여 공공수역에 배출하기 위한 처리시설과 이를 보완하는 시설을 말한다.

18. "공공폐수처리구역"이란 폐수를 공공폐수처리시설에 유입하여 처리할 수 있는 지역으로서 제49조제3항에 따라 환경부장관이 지정한 구역을 말한다.

19. "물놀이형 수경(水景)시설"이란 수돗물, 지하수 등을 인위적으로 저장 및 순환하여 이용하는 분수, 연못, 폭포, 실개천 등의 인공시설물 중 일반인에게 개방되어 이용자의 신체와 직접 접촉하여 물놀이를 하도록 설치하는 시설을 말한다. 다만, 다음 각 목의 시설은 제외한다.

가. 「관광진흥법」 제5조제2항 또는 제4항에 따라 유원시설업의 허가를 받거나 신고를 한 자가 설치한 물놀이형 유기시설(遊技施設) 또는 유기기구(遊技機具)

나. 「체육시설의 설치·이용에 관한 법률」 제3조에 따른 체육시설 중 수영장

다. 환경부령으로 정하는 바에 따라 물놀이 시설이 아니라는 것을 알리는 표지판과 울타리를 설치하거나 물놀이를 할 수 없도록 관리인을 두는 경우

9
소음·진동관리법 주요 내용

[시행 2015. 1. 1.] [법률 제11669호, 2013. 3. 22. 일부개정]

제1조(목적)

이 법은 공장·건설공사장·도로·철도 등으로부터 발생하는 소음·진동으로 인한 피해를 방지하고 소음·진동을 적정하게 관리하여 모든 국민이 조용하고 평온한 환경에서 생활할 수 있게 함을 목적으로 한다. [개정 2009. 6. 9.]

제2조(정의)

이 법에서 사용하는 용어의 뜻은 다음과 같다

1. "소음(騷音)"이란 기계·기구·시설, 그 밖의 물체의 사용 또는 공동주택(「주택법」 제2조제3호에 따른 공동주택을 말한다. 이하 같다) 등 환경부령으로 정하는 장소에서 사람의 활동으로 인하여 발생하는 강한 소리를 말한다.

2. "진동(振動)"이란 기계·기구·시설, 그 밖의 물체의 사용으로 인하여 발생하는 강한 흔들림을 말한다.

3. "소음·진동배출시설"이란 소음·진동을 발생시키는 공장의 기계·기구·시설, 그 밖의 물체로서 환경부령으로 정하는 것을 말한다.

4. "소음·진동방지시설"이란 소음·진동배출시설로부터 배출되는 소음·진동을 없애거나 줄이는 시설로서 환경부령으로 정하는 것을 말한다.

5. "방음시설(防音施設)"이란 소음·진동배출시설이 아닌 물체로부터 발생하는 소음을 없애거나 줄이는 시설로서 환경부령으로 정하는 것을 말한다.

6. "방진시설"이란 소음·진동배출시설이 아닌 물체로부터 발생하는 진동을 없애거나 줄이는 시설로서 환경부령으로 정하는 것을 말한다.

7. "공장"이란 「산업집적활성화 및 공장설립에 관한 법률」 제2조제1호의 공장을 말한다. 다만, 「도시계획법」 제12조제1항에 따라 결정된─ 공항시설 안의 항공기 정비공장은 제외한다.

8. "교통기관"이란 기차·자동차·전차·도로 및 철도 등을 말한다. 다만, 항공기와 선박은 제외한다.

9. "자동차"란 「자동차관리법」 제2조제1호에 따른 자동차와 「건설기계관리법」 제2조제1호에 따른 건설기계 중 환경부령으로 정하는 것을 말한다.

10. "소음발생건설기계"란 건설공사에 사용하는 기계 중 소음이 발생하는 기계로서 환경부령으로 정하는 것을 말한다.

11. "휴대용음향기기"란 휴대가 쉬운 소형 음향재생기기(음악재생기능이 있는 이동전화를 포함한다)로서 환경부령으로 정하는 것을 말한다.

10
폐기물관리법 주요 내용

[법률 제13411호 일부개정 2015. 07. 20.]

제1조 (목적)

이 법은 폐기물의 발생을 최대한 억제하고 발생한 폐기물을 친환경적으로 처리함으로써 환경보전과 국민생활의 질적 향상에 이바지하는 것을 목적으로 한다. [개정 2010. 7. 23.] [[시행일 2011. 7. 24.]]

제2조 (정의)

이 법에서 사용하는 용어의 뜻은 다음과 같다. [개정 2007. 5. 17. 제8466호(수질 및 수생태계 보전에 관한 법률), 2009. 6. 9. 제9770호(소음·진동관리법), 2010. 1. 13. 제9931호(저탄소 녹색성장 기본법), 2010. 7. 23., 2015 .1. 20.] [[시행일 2016. 1. 21.]]

1. "폐기물"이란 쓰레기, 연소재(燃燒滓), 오니(汚泥), 폐유(廢油), 폐산(廢酸), 폐알칼리 및 동물의 사체(死體) 등으로서 사람의 생활이나 사업활동에 필요하지 아니하게 된 물질을 말한다.

2. "생활폐기물"이란 사업장폐기물 외의 폐기물을 말한다.

3. "사업장폐기물"이란 「대기환경보전법」, 「수질 및 수생태계 보전에 관한 법률」또는 「소음·진동관리법」에 따라 배출시설을 설치·운영하는 사업장이나 그 밖에 대통령령으로 정하는 사업장에서 발생하는 폐기물을 말한다.

4. "지정폐기물"이란 사업장폐기물 중 폐유·폐산 등 주변 환경을 오염

시킬 수 있거나 의료폐기물(醫療廢棄物) 등 인체에 위해(危害)를 줄 수 있는 해로운 물질로서 대통령령으로 정하는 폐기물을 말한다. [[시행일 2008. 1. 4.]]

5. "의료폐기물"이란 보건·의료기관, 동물병원, 시험·검사기관 등에서 배출되는 폐기물 중 인체에 감염 등 위해를 줄 우려가 있는 폐기물과 인체 조직 등 적출물(摘出物), 실험 동물의 사체 등 보건·환경보호상 특별한 관리가 필요하다고 인정되는 폐기물로서 대통령령으로 정하는 폐기물을 말한다. [[시행일 2008.1.4]]

    5의2. "의료폐기물 전용용기"란 의료폐기물로 인한 감염 등의 위해 방지를 위하여 의료폐기물을 넣어 수집·운반 또는 보관에 사용하는 용기를 말한다.

    5의3. "처리"란 폐기물의 수집, 운반, 보관, 재활용, 처분을 말한다.

6. "처분"이란 폐기물의 소각(燒却)·중화(中和)·파쇄(破碎)·고형화(固形化) 등의 중간처분과 매립하거나 해역(海域)으로 배출하는 등의 최종 처분을 말한다.

7. "재활용"이란 다음 각 목의 어느 하나에 해당하는 활동을 말한다.

    가. 폐기물을 재사용·재생이용하거나 재사용·재생이용할 수 있는 상태로 만드는 활동

    나. 폐기물로부터 「에너지법」 제2조제1호에 따른 에너지를 회수하거나 회수할 수 있는 상태로 만들거나 폐기물을 연료로 사용하는 활동으로서 환경부령으로 정하는 활동

8. "폐기물처리시설"이란 폐기물의 중간처분시설, 최종처분시설 및 재활용시설로서 대통령령으로 정하는 시설을 말한다.

9. "폐기물감량화시설"이란 생산 공정에서 발생하는 폐기물의 양을 줄이고, 사업장 내 재활용을 통하여 폐기물 배출을 최소화하는 시설로서 대통령령으로 정하는 시설을 말한다.